思趣语文的实践与探究

张吉爱 著

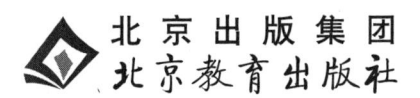

北京出版集团
北京教育出版社

图书在版编目（CIP）数据

思趣语文的实践与探究/张吉爱著.--北京：北京教育出版社，2023.7
ISBN 978-7-5704-5558-4

Ⅰ.①思… Ⅱ.①张… Ⅲ.①小学语文课—教学研究 Ⅳ.①G623.202

中国国家版本馆CIP数据核字(2023)第099374号

思趣语文的实践与探究

张吉爱　著

＊

北 京 出 版 集 团　出版
北京教育出版社

（北京北三环中路6号）
邮政编码：100120
网址：www.bph.com.cn
京版北教文化传媒股份有限公司总发行
全国各地书店经销
河北宝昌佳彩印刷有限公司

＊

710 mm×1 000 mm　16开本　19.75印张　313千字
2023年7月第1版　2023年7月第1次印刷
ISBN 978-7-5704-5558-4
定价：98.00元

版权所有　翻印必究
质量监督电话：（010）58572525　58572393
购书电话：18133833353

前言

因为热爱,方可致远。

伴随着从教时间的延长,我面对新一届学生,展读新课标、教学部编教材时反而生出了"面朝大海,春暖花开"之感,因为我的语文世界里早已是满园春色。如今的我和学生大手拉小手徜徉在明媚的春光里,欣赏嫩生生的绿色时,还依然记得乍暖还寒的时刻,那时春风劲吹,掠过山川和田野,一遍又一遍,那是我跋涉的足迹。

每一次教育的轮回都是生命与生命激荡的回响,都是一棵树摇动多棵树的执着,是突破、改变、主动撕裂舒适茧房的精进,是对思趣语文不懈的追求。

从一、二年级蹒跚着一路走来,从"春眠不觉晓,处处闻啼鸟"到"几处早莺争暖树,谁家新燕啄春泥",《小学生必背古诗词75+80首》我们已全部诵读完成,积沙成丘;从"春天站在门外,门才会笑口常开"到"云儿愿为一只鸟,鸟儿愿为一朵云",《日有所诵》一至二年级共320篇诗歌,我们已记诵过,非常熟练。我们一起在"童话嘴巴""童话思维"的"熏练"过程中和语言满怀拥抱,在语言的长河里拾起一朵朵优美的浪花,装点着我们的日记,我手写我心,童言童语中一派春色。到了中高年级,我们一头扎进宋词300首和小古文的世界里,在浩瀚的传统文化中遨游,尽情吸收优秀文化的精华并渐渐吐露芬芳。我们多次在县市举行的诵读比赛、国学竞赛中获得佳绩,每个学生的平均诵读量在800首左右,小古文写作也迈出步伐。日有所诵方可水滴石穿,学生的文化视野开阔了,学生的文化积淀丰厚了。

进入中段,我们开始了"读写一体化"探究,设置一个个缓坡而上的支架，增加小练笔的频次，加强读写方法指导，让学生在循序渐进的语文实践中得言得意。四年级下学期时，我和我的团队在"读写一体化"的基础上就开始了"主题式群文读写"及"任务群"的探索之路，意图引导学生成为主动的阅读者、积极的分享者和有创意的表达者，夯实文化自信，充分感受思趣语文的魅力。从中段的片段练写到高段的独立写作，学生已写了近300篇练笔，或稚嫩片语，或文意兼美，或幽默活泼，真诚表达如自由呼吸，学生写作难的问题得到了有效解决。

面对刚入学的小萌娃，他们被老师引领着先在"图画书的花园"里畅游，向往美好的情感、亲近母语的热情都在悄然增长。一年级下学期开始的"白色朗读之旅"拉开了大阅读的序幕，从聆听老师讲《小猪唏哩呼噜》到阅读短篇《中国寓言故事》，再到阅读大部头的小说，从"和老师一起读"到"阅读存折"，再到"共读团"，从几万字到几百万字，自由阅读如沐春阳，少的几十本、多的上百本的阅读量在悄然增长，渐渐地，已成习惯。胸藏文墨虚若谷，腹有诗书气自华。在整本书阅读的康庄大道上，我们一直阔步向前，从未停歇。

儿童是成人的希望，是世界的未来。为了让这希望的"根"更繁茂、更牢固，我们有必要在"根"上多下点儿功夫。就像浇一棵大树，不要把水洒在树叶上，而应洒在根基上。"根的工程"要做些什么呢？我是班主任，也是语文老师，只能在为他们提供健康、美好、上乘的母语营养之路上多做点儿事情，只能在关心每个学生，擦亮他们人生底色上尽心尽力。于是就有了前面提及的"日有所诵""真诚书写"和"大量阅读"，于是就有了家长进校听课，就有了各种特色奖励活动……然而，我发现这还远远不够，远远不能满足"满树的叶子"所需要的营养，于是我自编了《阳光读写》读本。读本内容是我从教20多年来的精心积累，涉及特殊结构的成语、古诗文名句及分类、趣味语文小知识、小古文、经典诗词等。材料来源于以前人教版、苏教版、北师大版、上海版等教材中的精华部分，以及我平时的积累，特别是随着部编教材的使用，我再次对《阳光读写》读本进行了充实，融入了很多与时俱进的内容。《阳光读写》读本是一本很实用的工具书，更是一本日积月累提升学生语文素养的好载体。我和学生大手拉小手，左手捧《阳光读写》，右手牵经典好书，在大量阅读的熏染下，朝着群文读写的语文大道迈步前行。

我期望孩子们能从此走向优秀，走向更加幸福的人生。

　　儿童是天生的学习者，只要我们无限相信他们每一个人都是怀着上进、求好的心态走进校园、对待学习的，就迟早能看到"小荷才露尖尖角""木欣欣以向荣"的景象。"坐看云起时"，欣赏"晨光之熹微"，希望我、我的学生还有家长朋友们，都以这样的恬静、欢欣和平常的心情去学习，去工作，静静期待花开。我作为一名有22年班主任工作经历的"老班"，始终秉承"爱和责任是教育成功的密码"这一原则，所以有了许多的家校教育指导的书信和班级日志，有了我与家长、学生的和谐共振，这都是我打造班级心灵栖息地的见证。如今，快乐"老班"的日志仍在续写，乐此不疲。

　　上述的点点滴滴都如一遍遍吹拂而过的春风，如吹响的牧羊的短笛，必将在孩子们的心田泛起生命的绿色，必将为孩子们的成长蓄积更多正能量。

　　以赤子之心，育岭上花开。很多事情因为坚持才看到了希望和成长，我把教育随笔结集成册凑成了这本简陋的书，以记录探索思趣语文的历程和作为"老班"的感人点滴，为岁月留痕，为坚持点赞。但因本人才疏学浅，恳请读者以去粗取精的心态去读，也恳请广大同人批评指正。

　　根的工程，花的事业。谛听花开的声音，化期待为行动，让我们携手出发！

张吉爱
2022年11月

目 录

上 篇

第一章 激情梦想，追寻思趣语文 ……………………………… 003
  一、我的梦想，我的思趣语文 …………………………………… 003
  二、与博客牵手的日子 …………………………………………… 006
  三、蓓蕾初绽的第一缕芳香 ……………………………………… 008
  四、做个会讲故事的老师 ………………………………………… 009
  五、减负≠减习惯 ………………………………………………… 011
  六、吹响牧羊的短笛 ……………………………………………… 012
  七、阅读图画书，播撒幸福的种子 ……………………………… 014
  八、历练从打开教室的门开始 …………………………………… 022
  九、我们，让改变发生 …………………………………………… 023
  十、"花婆婆"之约 ……………………………………………… 024

第二章 解读童书，走近思趣语文 ……………………………… 027
  一、小巴掌，大劲道 ……………………………………………… 027
  二、青铜，葵花，你们好！ ……………………………………… 030

三、《草房子》的幽香 ……………………………………… 032

　　四、怎一个"情"字了得 …………………………………… 033

　　五、秦文君笔下的少年 ……………………………………… 035

　　六、请用舞者的姿态 ………………………………………… 036

　　七、生命的舞裙 ……………………………………………… 038

　　八、苦儿的诗意人生 ………………………………………… 040

第三章　舐犊情深，打造心灵栖息地 ……………………………… 043

　　一、再论表扬的误区及对策 ………………………………… 043

　　二、四人圆桌会议 …………………………………………… 045

　　三、小组名称集锦 …………………………………………… 047

　　四、家校沟通的"多"与"少" …………………………… 049

　　五、我为"小班头"的短信点赞 …………………………… 051

　　六、悦读：请跟我来 ………………………………………… 053

　　七、亲近《经典阅读》 ……………………………………… 061

　　八、心平气和的一年级 ……………………………………… 064

　　九、悦读：再请跟我来 ……………………………………… 067

　　十、让智慧催开心灵之蕾 …………………………………… 074

　　十一、晒晒我班的"生日月庆会" ………………………… 076

　　十二、清明：护蛋在手·感恩在心 ………………………… 081

　　十三、教育丝语五则 ………………………………………… 083

　　十四、暑假网课二三事 ……………………………………… 087

下 篇

第四章 蒙以养正，"熏练"童话思维 ·············· 097
 一、低年级阅读"熏练"法探求 ·············· 097
 二、快乐为经线、想象为纬线的"熏练"之旅 ·············· 102
 三、授之以渔，游刃有"渔" ·············· 118
 四、大手拉小手的阅读时光 ·············· 122
 五、搭建有效支架，助力低段写话 ·············· 126
 六、浅谈低段写话的教学策略 ·············· 133
 七、与童话的美丽相约 ·············· 137

第五章 缓坡而上，实践读写一体化 ·············· 143
 一、主题式教学视域下"读写一体化"的实践研究 ·············· 143
 二、三年级上册随文读写实践课例 ·············· 149
 三、三年级下册随文读写实践课例 ·············· 166
 四、四年级上册随文读写实践课例 ·············· 178
 五、四年级下册随文读写实践课例 ·············· 180
 六、整本书阅读中的读写实践 ·············· 197

第六章 群文读写，构建学习任务群 ·············· 212
 一、共读团，你读书的样子真好看 ·············· 213
 二、整本书阅读，聆听成长的声音 ·············· 215
 三、浅谈大单元视域下的学习任务群整体构建 ·············· 225
 四、献给党的赞歌 ·············· 232

五、传统文化综合实践教学案例的开发研究……………………236

六、文学阅读与创意表达任务群的微案例…………………………250

七、"国学小名士"征战记……………………………………………259

八、浅谈跨学科设计在古诗教学中的应用…………………………264

九、借物喻人：群文阅读主题教学设计……………………………267

十、"一花一鸟总关情"主题教学设计………………………………272

十一、小古文学习的多样变奏………………………………………278

十二、《草船借箭》群文读写教学设计……………………………293

十三、从《威尼斯的小艇》到《家乡的石碾》……………………299

十四、为小学作跋，给未来写序……………………………………301

上 篇

第一章　激情梦想，追寻思趣语文

一、我的梦想，我的思趣语文

　　关于梦想的名言很多，催人奋进，慷慨激昂。这些名言大都有一个意思：有梦想是好事，它是很多伟大事情的催生婆，有梦想才有可能。暑假后，我就从一年级开始一轮新的征程，万里长征的第一步让我充满期待。要想给予孩子更优质的教育，我缺少的不是思想、理念，也不是专业知识层面的东西，往往缺乏的是积极的情感支撑和善始善终的毅力。种着别人的自留地，不能荒了自己的责任田。我也不敢奢望所有的地都硕果累累，但学生的基本语文素养还是要夯实的。随着年级的增高，我希望我班的孩子能够获得他们终生发展的习惯——每天都阅读，通过高品质的大量阅读和有意识的积累，能不愁写。下面的梦想算作"五年计划"，让这一个梦想激励我不断前行。

　　我很喜欢语文，喜欢母语这一桌满汉全席，它输送给我精神成长的养料，让亲近母语成为我的一种习惯。我每天都要读读背背写写，时而癫狂，时而文静，时而旁征博引，时而欲说还休。总之，我要让文字成为我手中的金箍棒，任由我差使，这是语文老师的看家本领。

学生喜欢我。因为我博学，因为我本身就是语文（薛瑞萍语），所以学生喜欢我，喜欢我这部活的语文百科全书。他们每天跟随我在琅琅书声中，认识朗朗乾坤，每天都能活泼泼地（商友敬语）学习：嘴巴活泼泼的，思维活泼泼的，耳朵活泼泼的，手也活泼泼的，他们像翻卷着水花的小溪，在不断地向前中变得丰盈。学生因我喜欢语文，因喜欢语文更喜欢我。

家长喜欢我。因为孩子喜欢我和我的语文，所以家长也与我十分亲近。亲其师，信其道。于是有越来越多的家长在我的"花言巧语"的攻心术下，从思想上渐趋被我俘获。后来，在我的循循善诱下，他们从行为上和我一路同行，以至于达到这样的境界：孩子每天都能在家中读读背背写写，家长也安静地、心甘情愿地参与其中，没有牢骚和不耐烦，只有心平气和。

放手的美丽。因为低年级段的用心经营，我、学生、家长、语文之间形成了一个和谐的"场"，每个孩子在和谐的场中不想学习都困难，他们个个如贪婪的书虫，主动与好书约会，主动积累、书写。由于低年级段成功地完成了"我们造成习惯"的任务，中高年级就"让习惯造就我们"。好，轻松一下，把精力放在给孩子设置一个个跳一跳就够得着的叫目标的果子上。想想很美好！

简单的教学。摒弃一切作秀，摒弃一切无用功。我潜心写好我的随笔；我读我需要的、喜欢的，读要求学生读的，为教学忙碌，不为材料奴役。

叫人喜欢的成绩。你想，有了前面强有力的支点，撬起什么样的成绩不容易呀？水到渠成，全线飘红。

超值幸福的体验，自我感觉都是成功人士，幸福的体验让我每天精神抖擞，乐此不疲，教师从事的是天底下最幸福的事业。

写完我的梦想语文，我仿佛看到又饥又冷的卖火柴的小女孩变成了高贵的公主，看到丑小鸭变成了美丽的天鹅……理想很丰满，现实有点儿骨感。不过都在我的驾驭之下，一切都向好的方向发展。

一个声音问我："梦想的舞台已经敞开，你准备好了吗？"

我大声说："我准备好了！"不求最好，只求更好，一切皆在路上。

于是，思趣语文的探究之路由此开始，道阻且长，行则将至，一行已有二十三载。

何谓思趣语文？思趣语文讲得通吗？

18世纪法国哲学家梅特里在《人是机器》中说过一句幽默的话："人们只是由于滥用名词，才自以为说了许多不同的东西，实际上他只是在说一些不同的词或不同的声音，并没有给这些词或声音任何真实的观念或区别。"这句话说得很实在，所谓的创新，前人都已实践过、总结过，用词不同而已。谁又能说自己的语文探索能超出浩瀚的传统教育教学理论和大量涌入的外国教育主张，只不过为自己的辛勤探索取一个别致一点儿的名称告慰不曾懈怠的自己罢了。所以，此书的"思趣语文"也仅仅如此而已，是对自己践行语文初心的一个总结，无哗众取宠之意。

教育的目的就是帮助学生学会思维，培养自由之精神和独立之人格。语文学科旨在让学生在语言学习、运用的具体过程中增益思维能力，提升思维品质。"思"强调了语文课要有思想的深度、广度，这与新课程标准中的核心素养要求是相符的，它既是教者的必要素养，也是学生的必备能力。

分析当前的语文教学现状，一些教师的教学方式单一，受应试教育的影响，不注重学生思维品质的培养，造成一些学生的语言思维水平不能适应学习要求。所以，我力求语文课堂上闪烁着思考的光芒，让负载人类思想光辉的语文课成为孕育学生思考的温床或渡口，让学生由此驶向更为广阔的学习之路。

何谓"趣"？那就是我在后边多次提到的"活泼泼"。思维活泼泼的，嘴巴活泼泼的，课堂活泼泼的。每个学生都能在我的语文课堂上找到生命成长的着力点，始终保持着学习语文的热情，课堂上充满了笑声。趣味性的课堂是对小学生心理及认知特点的最大尊重。为此，我精心备课，用心设计探究的问题，创设贴近生活的情境，搭建学习支架，让师生同读、同写、同成长。一切只为离我的梦想语文近一些，再近一些。

这本简陋的书就是我多年探求思趣语文的一个见证，对语文教学的思考愈是深沉和持久，就愈能唤起那种充溢着我的内心的敬畏和执着，故我对语文这片沃土的耕耘从未止步。

二、与博客牵手的日子

有一种文字叫幸福，有一种文字叫感动，那就是博客。在博客里，素面朝天收集一束阳光把自己温暖，编织一段文字点亮心房。这里永远没有退稿，心扉和思想却能在思考、书写中丰盈、敞亮，日渐茁壮。

再次面对成长，有点儿局促不安。错过最佳成长时期的我决心发奋。我知道心里的壁垒是最难攻破的，如果从内心深处不喜欢某件事，心中无激情，勉强做起来也味同嚼蜡。所以，决心化为一种逼迫——逼迫自己每天学一点儿，每天思考一点儿，每天写一点儿，然后每天收获一点儿。在点滴中积聚力量，在求索中发现自我，在成长中增强自信。不积跬步，无以至千里；不积小流，无以成江海。两年前的跬步走到现在更稳健，日益迸发出阔步向前的勇气和信心；两年前干涸的小流也缓缓流淌起来，涓涓滋润心田。如果用"春色满园关不住"来形容博客蓬勃的生命力，那我的博客只是满园春色中的一枝红杏，是众多枝丫中的一枝。这枝红杏不甘落后，努力汲取营养，在春风中摇曳、绽放。

思想的贫瘠永远使你走不远。所以我告诫自己"多吃些桑叶，才能多吐一些丝"，抱着虔诚的态度去学。大到教育智慧、教育策略运用到实践中，努力形成自己的教育艺术；小到学别人的一句话、一个词写到博客里，提高含金量。有时，也把别人辛勤积累的教学资源"引"来为自己"筑巢"。从校内的风呼舞雩到校外的李镇西、轻语飞扬，以博客为媒，谋面的，未曾谋面的，皆由博客一线牵；从《小学语文》到《中学语文》，从海蓝蓝作文网站到《人到中年》……以文字为媒，像搜街一样掠过或仔细挑选，收获当然高兴，无获也一身轻松。把捕获到的以"花絮、琐记、掠影、扫描"等模糊的形式记录下来。偶尔拾起一些赞美、鼓励的话，便满心欢喜。请不要小瞧这种偷学与整合，这是一种提高自己的好方法，快捷、易行。不要指望自己什么东西都原创，一切需要慢慢来。但不要为了提高博客数量而批量生产，那样的文章就是饲料，索然无味。

　　文字是个姿态万千的美人，阅读是沉醉。大量地、高质量地读；自由地、真诚地抒写；勇敢地、创新地思考——这，就是我跌跌撞撞一路走来越来越坚定的语文学习之路。在自己体验了写的酸甜苦辣后，我开辟了班级博客——蓓蕾初绽。我希望用我的做法、感受牵引出一大片绽放的花蕾。稚嫩的花蕊需要呵护，需要阳光雨露的滋润。我愿意做一个护花使者，让甘霖催开他们的豆蔻年华。当班级博客走过360个日夜，蓓蕾初绽成了一座小花园，花园里绿意盎然，各色鲜花有的刚刚露出羞涩的笑脸，有的含苞待放，有的正在养精蓄锐……这里成了我班孩子的乐园，成了他们驶向广阔语文天地的摇篮。

　　不是因为有些事情难以做到，学生才失去自信，而是学生对自己失去了自信，有些事情才难以做到。我把赏识撒播在学生成长的路上，带来了一片自信的阳光。我为此略感欣慰。

　　博客，我和孩子们的园地，我们以自己的方式累月经年地经营。没有奇花异草，有的只是想法的自然流露，对精神的自我关照。只言片语不是官方文件，不是渴望发表的论文，随意而生，真实为上，贵在及时。老师们很多创新做法、富有成效的工作因疏于总结化为泡影，再也拾不起来，这是让人惋惜的。因此，我们要学会利用琐碎的时间，在无数小时间里成就大事情。博客让我懂得了这一点，也让我明白了我最想要的是什么。

　　在喧嚣的课改背后，在鱼龙混杂的博客里面，我分明听见来自心底的声音：要沉静、深入、吸收、创造，用勤奋挖掘自己的唯一性。博客是个宽广的舞台，在这个舞台上，真实的自己和文字里的自己两情相悦，心心相印，我相信会越走越远……

（《山东教育》2008年第9期）

三、蓓蕾初绽的第一缕芳香

——第一本班级作文集诞生记

2008年秋,我敞开怀抱迎来了50位天使。你们写满童真的脸上荡漾着渴望长大的神色。2009年秋,升入二年级的你们不但身体长高了,对读书的热爱、对写日记的喜欢也在日渐提高。每当我欣赏你们洋溢着纯真、向善、尚美的日记时,我就会不由自主地笑起来,有时笑在脸上,有时笑在心里;每当我看见你们手捧童书,有时安静地读,有时你争我论时,我就想,一颗爱读书的种子正在你们心田悄悄发芽,将来也会长成一棵大树,满树的叶子就像满树的耳朵、满树的眼睛,引着你们看得更高,走得更远。

少而好学,如日出之阳。意思是说,少年时代勤奋好学,犹如初升的太阳,定会前程远大。在我们这个向上、团结的集体中,每个孩子都是好学、勤思、刻苦、认真的好少年。我们用慧眼观察世界,用心灵感悟生活,用妙笔描绘理想,写出了一篇篇妙趣横生、感情真挚的好作品。这本册子中的10位同学就是他们中的代表。打开来,定会让你开阔眼界。从他们的字里行间,我们可读出"一树梅花千首诗"的味道,我们成人亦会遗憾再也回不到你们这时的童年岁月了。

写文字讲究"我手写我心",还有人说"文以载道",到底写文章真正追求的是什么?这个问题正如德国哲学家莱布尼茨那句"世上没有两片完全相同的树叶",对于同一片下落的黄叶,每个人所见不同,自会生出不同的感受,诉诸文字便会有不同的表达。不管怎样,一个人思考了,心有所得,写下来,也就证明了自己在某时存在的意义。

值得欣慰的是,孩子们已经明白了这一点,清澈的心灵,透明的文字,令人一读顿生感慨万千之念。我们的班级博客——蓓蕾初绽,更成了孩子们自由、真实书写生活的舞台。老师、家长都手执赞美的笔,为孩子真诚地开出鼓励的花,一朵、两朵……含苞的蓓蕾便有了绽放的勇气,缕缕芳香再也按捺不住地飘逸而出,博客的百花园里便有了越来越多的小舞者。

人非生而知之,都是学而知之。学然后知不足,教然后知困。暂时还没有露出尖尖角的同学也不要气馁,下定决心,树立一个个目标,扎扎实实地读书,认认真真地动笔,让文字传达你的喜怒哀乐,用文字记录你的所见所闻,让日记成为你们心灵的一方绿洲,让老师成为你成长的伙伴。

同学们,常学才能机敏,多思方可善论,炼点滴之感,发一时之悟。成功要从改变自己开始,但相信自己才可改变一切。

蓓蕾初绽的娇美让老师相信你们都能行,谁都能做得更好!对于写作,老师将和你们一道,始终要做的是:多读书,多书写。唯此道能达到"下笔如有神"的境界。

四、做个会讲故事的老师

姥姥是个讲故事的好手。小时候,每逢周末我都要到姥姥家,倚靠在她身边缠着她给我讲故事。每当我回忆起和姥姥度过的美好童年,我眼前依然能清晰地浮现出她那双洞察世事的眼睛,依然能回味她讲故事的声音。姥姥的故事是童年回忆中最亮丽的风景。

后来,家里有了收音机。夏日的夜晚,许多大人小孩围坐在一起听评书,那场景热闹又宁静。一个个津津有味的故事,滤去了烦躁和旁骛,净化了心灵,就连周围的空气也变得纯净与美好。

为人师后,我很想成为讲故事的能手。因为我发现聆听也是阅读,特别在低年级,听故事不只是孩子的渴望,也是老师开展阅读活动的有效手段。还好,我有幸多次聆听上海师范大学教授、著名儿童阅读推广人——梅子涵老师讲故事:他总是满怀深情地、生动活泼地将一个又一个可爱的故事娓娓道出，令人心旷神怡。

还有一个讲故事的高手，是草根"看云"——薛瑞萍老师。几次参加"亲近母语"活动，我都深深被薛老师丰厚的文化底蕴所折服。她在孩子心中种下母语的种子、真善美的种子。人会长大，记忆也会长大。他们长大成人，回忆在小学度过的时光时，定会想起薛老师讲过的那些温馨甜美的故事，故事里满载着爱和希望。

林海音自传体小说《城南旧事》中的英子是作者童年时的缩影。英子特别爱听故事。正是有了故事满满的童年，才有了纯美动人的《城南旧事》。《一千零一夜》用故事改变了国王的残暴，展现了讲故事的魅力。

"婆婆世界，耳根最利"的话告诉我们，耳朵聆听了对生命的感知。聆听亲近的人讲述故事不仅仅是听故事本身，也提供了一种温暖和关爱。

一年级入学后，我尝试着给孩子讲故事。我知道比技巧更重要的是热情和爱。在游刃有余的状态里，我希望把他们喂成故事小猪。一年多来，我们沐浴在《爱心树》的树荫下，手捧《爷爷一定有办法》，跟随《小猪唏哩呼噜》去历险；我们在《小巴掌童话》里一起写《蚯蚓的日记》，在《农夫去旅行》的路上遇到了《小魔怪要上学》……

我讲着故事的时候，也就是故事不断产生的时刻。我和孩子们在这美妙的时刻都成了诗人、创作者。如果我一时想不起确切可用的词语，孩子们就提示我。渐渐地，我发现孩子们的眼睛更有神，目光更集中，思想更敏锐，思维往往可以凭借故事的翅膀飞向更广阔的世界，他们每天怀着惊喜到校，满载着快乐回家。

一年多讲故事的经历告诉我：故事犹如一把刀具，它能刻画出孩子思维最细微的特征，同时能拨开他们的心扉，就连班里最落后的孩子也开始翻阅起图书来；故事还促使班集体建立起一种微妙的群体智力关系，那就是孩子们会彼此询问——昨晚你读了什么书？这样的询问必然促使更多的孩子捧起更多的书，亲近母语，走向丰富。因为这是来自孩子们内心的力量。

随着学生年级的升高，我开始把历史、整本书阅读、人物故事、生活琐事等融入教学中，往往一堂课尽和孩子在拉呱、唠嗑中悄然走过，笑声不断，掌声不息，孩子们听得如醉如痴，我讲得不亦乐乎。下课铃一响，才恍然这节课的内容还没开始。如此乐此不疲，孩子的语文素养却如芝麻开花般节节攀升。

我羡慕并祝福我的孩子们,他们小小的身体里孕育着优良的种子。这些种子会在他们走得很远很远的时候迸发出耀眼的绿色。

做老师真好,做一个会讲故事的老师更好。

(《山东教育》2012年第6期)

五、减负≠减习惯

在一次减负检查中,领导询问一个二年级孩子:"你们家庭作业需要多长时间?"孩子大声说:"至少10分钟。"领导认真地记着,孩子挺高兴地补充说:"老师要求我们每天晚上至少读10分钟的书,我看了好多书呢!"检查组临走时,对我校领导千叮咛万嘱咐,一定要落实一、二年级不留作业的要求。

看到这一景,我想起了美国诗人惠特曼的诗:"有一个孩子每天向前走去,他看见最初的东西,他就变成那东西,那东西就变成了他的一部分……"如果是早开的迎春花,那么它会变成这个孩子的一部分,引领孩子走向阅读的春天;如果是杂乱的野草,那也会变成孩子的一部分,引领孩子走向阅读的荒原。

然而谁不想看见孩子一步步走进经典,走向优秀。一个希望优秀的人,是应该亲近文学的,亲近文学的方式当然就是阅读,阅读那些经典和杰作,在一行一本间得到和世俗不一样的气息,优雅的心情和气质与此同时也就滋生出来。

减负是件好事,督促老师提高业务水平,向课堂教学要质量。但我们清醒地认识到,减负应减掉的是机械、重复的作业,减掉的是不符合学生认知特点的一味拔高的要求。我们清醒地知道,随着阳光体育运动的开展,孩子在校活动的时间不少于学习时间。我们不但要培养体格强健的人才,更要培养精神强健的人才，一个人的精神发育史就是他的阅读史。

在减负的今天，就让孩子回家读书吧！每天读 10 分钟、20 分钟。让家不仅仅成为物质的存在，更成为精神的栖息地。试想，在暖暖的灯光下，父母拥着孩子翻阅着一本本书，多么温馨。

减负不等于弱化对学生习惯的培养。播种一种行为，收获一种习惯。不在每天播种下读书的行为，又怎能收获读书的习惯呢？请领导不要谈"减负"色变。希望在减负的大潮中，广大教师和领导要放远眼光，着眼未来，多做教育的乘法，少做或不做教育的减法。

减负，还孩子一个快乐的童年；阅读，还孩子一个幸福的童年。

（《山东教育》2008 年第 6 期）

六、吹响牧羊的短笛

我是喜欢梅子涵先生的，特别喜欢听他讲故事，虽然只听过一次，就已经心驰神往了。梅先生把不朽的故事和童话一个接着一个地讲给孩子们听，也讲给我们这些天天生活在"童年"里的人听，讲得神采飞扬，结果孩子们就笑啊，吃惊啊，目不转睛地盯住了他那一张嘴巴看！我们这些为童年工作的人也万分惊讶，眼前这个"老顽童"的嘴巴、思维是不是专为故事而生。梅先生的嘴巴于是成为一扇神秘的门！从里面走出的每一个字、发出的每一声喘息都能让心跳变得急促，让心情变得欣喜，让世界变得宁静，让呼吸变得可以听见。

快开学了，不少人心头多少有些郁闷。但我觉得，能从工作中获得满足感，应该是幸福的。就像中央一套《五星红旗迎风飘扬》中的老一辈科学家们，他们在一种伟大使命的驱使下，真正做到了物我两忘，志存高远，淡泊名利，心中只有工作，只有科研，只有祖国。看这样的电视节目，我在心生崇敬之外，也深刻地看到了自己的"小"。我是需要时刻激励自己而喜欢工作的，是需要不断地自我实现而喜欢工作的。所以，我需要不断地去汲取一些鼓舞士气的东西来填充自己此时空洞的心灵，就像春天一样，需要润物无声的春雨，需要和煦的春风。于是我就读到了下面具有扶正祛邪作用的文字：

我们是一些每天和孩子们在一起的人。就像一个牧羊人，每天和羊儿们在一起。一个像模像样的牧羊人，他把那成群的羊儿带到草滩上，让它们在山坡上追逐的时候，都会吹起牧羊笛。他是想让诗一样的心情掠过草滩，温柔地盖在羊儿们的身上，于是山坡上的阳光真的就格外灿烂了，风把羊儿身上的毛抚摸成了一块软和的毯子。我们是一些像像样样的为童年做事的人，我们还站在讲台前，指着很远处的草滩和山坡对孩子们说，你们以后的日子、以后的幸福是在那儿的，他们就撒开了腿往那个方向奔了。于是我们的牧羊笛也纷纷吹起来，它们就是那些不朽的故事和童话。

——梅子涵《相信童话》

我的"牧羊笛"也已经吹响，虽不很嘹亮，不很悠扬，但它已在辽阔的草滩上响起，于是我敲动键盘，告诉还在家的"羊儿们"：

孩子们，老师已经上班，正等着你们归来。希望大家利用这两天的时间，按照在校的作息时间进行收心，全面检查作业，查漏补缺，以便尽快适应新学期生活。所有作业我们都将打出分数记入本学期的习惯成绩。良好的开始是成功的一半，你准备好了吗？

我一直信奉"开始我们造成习惯，后来习惯造就我们"的力量。所以我总是不厌其烦地向家长推荐我的"论调"——一只不爱吃草的羊，无论笛声多么悠扬都是无济于事的。所以，我们要让"羊儿们"养成专心吃草、不断寻找新鲜草的本领，那就是一种叫"习惯"的东西。还好，在我的大力"鼓吹"之下，家长认同了我的观点并在积极"造成习惯"，主流的方向正朝着"远处的草滩和山坡"奔去。

我又读到了何达的《快乐的思想》：

做每一件事情，

都给它一个快乐的思想，

就像把一盏盏的灯点亮。

在砍柴的时候，

想的是火的诞生，

在锄草的时候，
想的是丰收在望。
与你同行，
想着我们有共同的理想，
与你分手，
想着我们会师时候的狂欢。

既然事情都要做，为何不赋予它一个快乐的思想呢？快乐是一天，愁苦也是一天。我确信快乐多的人，一定也是更有创造力和激情的人。我是这样的人，开学了，和快乐一起出发。

春天来了，让我们这些"牧羊人"吹响生命的短笛，开始激扬生命的行程，让我们播种下幸福的种子，期待果实累累的秋天。

七、阅读图画书，播撒幸福的种子

家长朋友们：

大家晚上好！

今天坐在这里和大家探讨孩子阅读的问题，我感到很吃力，一来我不是专业搞阅读研究的，二来我对幼儿教育更是知之甚少。很担心今天的内容太小学化，但孩子进入大班，大家势必要考虑幼小衔接的问题。那今天我就斗胆从幼小衔接的角度谈谈大班该读什么，该怎么读才能更好地实现幼小衔接。我和大家交流的内容是图画书阅读，让快乐说话。

（一）阅读的意义

1. 几个事例与说法

关于阅读，咱们先从几个事例谈起：毛主席无论是长征途中还是新中国成立后，最不能丢的就是书。著名教育家苏霍姆林斯基曾说："30年的经验使我深信，学生的智力发展取决于良好的阅读能力。"他从心理学的视角分析道："缺乏阅读能力，将会阻碍和抑制脑的极其细微的连接性纤维的可塑性，使它们不能顺利地保证神经元之间的联系。谁不善于阅读，他就不善于思考。"他还指出："凡是那些除了教科书什么也不阅读的学生，他们在课堂上掌握的知识就非常肤浅，并且把全部负担都转移到家庭作业上去。由于家庭作业负担过重，他们就没有时间阅读科学书刊，这样就形成一种恶性循环。"前世界首富比尔·盖茨从小酷爱读书，他7岁时最喜欢读的书是《世界图书百科全书》，经常一读就是几个小时。他父亲藏书极其丰富，涉及历史、法律、文学等方面。盖茨成天泡在书堆里，书开启了他通向理智世界的大门，为他日后的以观念制胜的事业打下了坚实的基础。直到成功后，读书仍是他的最大乐趣。

当当网畅销教育书籍《好妈妈胜过好老师》作者的女儿16岁考取清华，她在书中的第二章用了很多篇幅阐述了她是如何引导女儿阅读的。其中有一段话我深有同感，是这样说的："被'魔杖'点中的孩子学习能力强。""'魔杖'是什么？就是课外阅读。它有一种魔力，不显山不露水地赋予孩子不同的能量——凡从小有大量课外阅读的孩子，他的智力状态和学习能力就会更好；凡缺少阅读的孩子，学习能力一般都表现出平淡；哪怕是写作业速度，一般来说他们也比那些阅读多的同学要慢得多。"这种情况，只要孩子一上小学，马上就可以看到。

从我带一年级的经历来看：上了小学就意味着各种习惯要派上用场，要开始为学习服务。如果我们认为上小学后再培养各种习惯那就晚了，必然使孩子在开始时就处于一种吃力追赶的状态，易挫伤孩子的自信心。家长也因此感到劳累，因为我们需要拿出很多时间陪孩子学习。事实证明，如果家长很早就开始读书给孩子听，孩子在上学后会感到轻松。阅读习惯越早养成越好，因为在早期，其他人可以助一臂之力，也就是说，家长可以读书给孩子听。然而，如果在学龄前没有投入这些朗读时间，那么入学后，孩子必须独自接受挑战。我校同事特别注意从孩子很小时就培养阅读习惯，孩子上了小学后不但学习轻松，成绩优异，口头表达能力、写作能力、自信心方面也很突出。我班的许多学生因为父母的着力培养，二年级时就开始阅读篇幅较长的文章、人物传记等，每学期的阅读量在150万字左右，学习轻松，思维敏捷。在学习上，聪明的家长和老师要相信习惯的力量。

2. 阅读习惯的培养

播种一种习惯，收获一种性格；播种一种性格，收获一种命运。那么，哪些习惯会直接影响孩子上小学后的学习呢？我认为最主要的有两点。

一是孩子的专注能力。专注能力直接影响孩子上课是否坐得住，直接影响听讲的质量，自然直接影响孩子的学习效果。事实证明：凡是上课坐不住、精力不集中的孩子，无论课下老师、家长多么努力帮他，他的学习都不会很好。然而孩子的专注能力并不是轻易建立起来的，而是通过一分钟一分钟、一天一天的努力训练建立起来的。和孩子一起阅读，给孩子读书听是培养孩子专注能力的一种有效途径。书本上内容的多少是判断孩子注意力集中时间是否延长的一个依据。

我女儿暑假后也上大班，我和她一起阅读了大量的绘本。没上幼儿园时到小班这段时间，她阅读的多是这样的绘本（手拿几本，边说边翻看）：画面是单幅的，字数较少，字很大的，页数也不多。一本读完需要七八分钟，一次读两本需要15分钟左右，也就是一次有效注意的时间在15分钟左右。而现在她阅读的多是这样的（手拿几本，边说边翻看）：画面是多幅的，字数较多。读完一本需要15～20分钟左右，读两本30～40分钟，也就是一次有效注意的时间在35分钟左右。我们知道小学一节课35分钟，需要孩子有效注意的时间在20～25分钟左右。老师不可能一节课都在讲重要内容，总会留出时间让孩子消化。也就是说在上小学前，咱们孩子的有效注意时间至少在20分钟以上。做不到这一点，孩子完成学习任务多少会有点儿困难。

二是孩子的词汇量。我说的是词汇量而不是识字量。词汇量的多少决定了孩子对老师的话、对书面语言理解的程度。幼儿园更多学习的是口语，进入小学更多学习的是书面语。一般的口语交流是平淡简单的，只使用3 000个基本词语，这3 000个基本词语并不随孩子年龄的增长而改变。而在学习中，影响理解力的主要因素是生僻词。老师课堂上说的话，书面语言比口语更规范，生僻词也会更多。词汇量大的孩子对生僻词理解就容易一些，反之，词汇量小的孩子理解力就弱，在课堂上就坐不住。也就是上学前大量听父母读书的孩子，即使识字不多，他的学习也会很好，并且识字会突飞猛进。然而，事实是，读书多、大量听父母读书的孩子一般也是识字很多的。

那丰富的词汇来自哪里？当然来自书中。现在年轻的父母不但注意引导孩子从书中获得规范的语言，也比较注意在口语中教给孩子规范、丰富的语言。

综上所述，从现在开始阅读的意义在于，培养孩子一种好习惯，为孩子的一生幸福奠基。

（二）图画书的阅读

1. 图画书阅读的意义

明白了阅读的意义，那对于幼儿园的孩子来说，我们不可能要求他们自己去读，只能是亲子阅读。亲子阅读是投入，独立阅读是产出；亲子阅读是成本，独立阅读是效益。

亲子阅读读什么？就读图画书吧！图画书，是指以大量图画为主体，结合较少文字或没有文字，让幼儿看图画讲故事或向幼儿传递信息的书。在图画书中，图画是主体，具有讲述故事的功能，它本身就承担着叙事抒情、表情达意的任务。而一般故事书中的插图只是能使故事更形象、更直观的辅助手段。

在图画书中，图画不是对文字的解释，而是有着自己独立的价值，优秀的图画书一定是美术、文学、教育三者完美的结合。所以，我们在选购图书时，一定要分清里边的图画是电脑喷绘的，还是有功底的绘画大师画的，大家主要看看封面上有没有图作者就可以。我女儿很喜欢画画，我想这跟她读了比较多的图画书多少有点儿关系。

幼儿、儿童时期是一个人形象思维发展最快的时期，彩色的图画带给孩子视觉、心灵上的感受与记忆是黑白的文字所不能代替的。如果孩子的早期阅读只停留在文字层面或粗浅的图片阅读层面，将会影响他一生的阅读记忆。《幼儿园教育指导纲要(试行)》明确提出，要"利用图书、绘画和其他多种方式，引发幼儿对书籍、阅读和书写的兴趣，培养前阅读和前书写技能"。图画书凭借丰富的色彩、图像、文字或成人形象的讲读对学前儿童的语言、想象、思维、情感及审美能力都具有重要的启迪价值，是孩子日后进行大量文字阅读的必经之路。一句话：图画书最适合幼儿和小学低段孩子阅读。

2. 阅读图画书的注意事项

读书有技巧，但任何技巧和一个坚持给孩子读书的父母相比都显得苍白无力。就像这句话说的："你或许拥有无限的财富，一箱箱的珠宝与一柜柜的黄金，但你永远不会比我更富有——我有一位读书给我听的妈妈。"

在开始阅读前，我们要牢固地树立这样一种认识——阅读是"熏"的过程。今天你和孩子读书，效果也许在小学才显现；小学阶段持续地阅读，效果也许在初中、高中才显现。爱读书的孩子后劲大，有了这样一种认识，我们要做的就是以下两点。

（1）努力做孩子的榜样。好习惯是训练出来的，坏习惯多是模仿出来的。家长的榜样不可能是装出来的，是最自然的流露，而且在孩子眼里，家长就是榜样，不是正面的榜样就是反面的榜样。我们同为父母，要知道好的阅读习惯不是靠谆谆教导教导出来的，而是靠长久的训练和父母的榜样影响出来的。因此，我们也要努力做读书人，坚持每天都看一会儿书，特别是在孩子读书时，我们是不可以看电视、玩手机的。

（2）给孩子买足够的书。好书值得买，值得藏，值得反复看。把书放在孩子伸手够得着的地方，让孩子看到书的机会与看到玩具和电视的机会一样多。然后抽空，最好每天都揽孩子入怀，或坐在孩子一边，随意在一个地方，和孩子一起阅读，或者花一些时间和孩子讨论一下故事内容。

这两点是最基本的，如果连这两点都做不到，任何技巧都是纸上谈兵。

下面我们再来说说几点注意事项。

（1）孩子往往喜欢反复看同一本书。看某部电影一次以上时，我们才会了解第一次观看时漏掉的细节。孩子看书也大致如此。孩子反复看同一本书时，所吸收的东西是不一样的。此外，重复看同一个故事，有助于孩子树立自信心。因为孩子反复听同一个故事，可以预测接下来的情节，这使孩子感到生活中有一小部分是他们可以预测的，这有利于孩子建立自信，对阅读产生好感。所以，当孩子要求再读时，我们当家长的要有耐心。

（2）听故事时尽量同时看书。研究证明，一边听故事一边看书，对于学习有困难的孩子特别有帮助，对于识字量小的孩子也更有必要。一年级时，我的做法是：在学校里读书给学生听，再让他们回家读一遍，识字量会迅速提高。在阅读中识字比单纯的识字印象更深，还不造成负担。

（3）朗读要有始有终。一旦开始读一本书，我们就尽快读完。不要让孩子等上三四天，这样会大大削弱阅读兴趣。

（4）不要把讨论变成测验。阅读时适当和孩子讨论，如问问孩子："你认为，接下来会发生什么？"可增强孩子的参与度，训练想象力，提升理解力。但不要把讨论变成测验，带有测试性质的问题会引起孩子反感，削弱阅读兴趣。

（5）父亲在给孩子朗读方面应更努力。因为小学老师大多是女性，因此小男孩会把阅读与女性、家庭作业画上等号。在我教学的经历中，班里学习吃力的孩子多是男孩，并且这些男孩的爸爸和孩子一块阅读的不多，这是一个值得研究的问题。父亲在孩子年幼时进行亲子阅读，可以帮孩子更快地建立起对书籍的好感，更容易在孩子心中种下理智、善于思考、博览群书的种子。所以，我在这里以母亲，也以老师的身份大声呼唤男家长们积极行动起来，多为孩子读点儿书吧！

以上是在亲子阅读方面的几点注意事项。总的原则是亲子阅读，快乐为上。目标是培养阅读兴趣，希望量变促进质变。

3. 图画书教学的具体流程

具体到一本从未读过的图画书，我以《爷爷一定有办法》为例，说说大致的流程，这样的流程主要针对教学，作为家长也不妨听听，可以更好地配合学校，形成教育的合力。

（1）从封面到扉页。封面相当于电影的海报，包含丰富的信息，有整本书的基调、主要的形象、文作者、图作者、译者、出版社等。引导孩子念念题目，让孩子猜猜看："这个故事会讲些什么？"最好设置个小悬念，如："爷爷遇到了什么难题，又会想出什么办法呢？让我们往下看吧！"如《臭臭的比尔》这本图画书，"这是一只多么脏的狗呀！它是怎么搞的？让我们往下看吧！"

接下来翻到扉页。扉页常常是用来营造气氛、发出信息的。在《爷爷一定有办法》中，我们会发现扉页上像星空一样的图案就是那块蓝色的布料。对于幼儿园的孩子来说，孩子发现这里就很了不起了。像这一本《懒奥西》，扉页上点明了故事发生的地点以及彼此之间的关系。等读完了故事，可借助扉页来梳理故事流程。

（2）在指导中讲述。讲述是图画书教学的核心环节。我们在讲述中可进行如下几个方面的指导。

①让孩子猜猜接下来的情节发展。每次约瑟拿着老旧的毯子、外套、背心、手帕去找爷爷时，爷爷一定有办法。可以问问："小朋友们，你们猜，爷爷可能会把它做成什么？"以此培养学生的想象力。

②让学生仔细阅读画面。图画书的很多意蕴是通过图画来表达的，如果没有老师和家长的指导，孩子往往不会注意，阅读也是浅层次的。像在这里，约瑟不愿意丢掉毯子，可以引导孩子看看约瑟的表情："小朋友们，你们来看看，约瑟什么表情呀？"引导学生观察出约瑟瞪大了眼睛，双手使劲扯着毯子想挣脱妈妈的手这一点，然后再问："从约瑟的表情你看懂了什么？"孩子也许会说出约瑟不舍得丢掉毯子，自然而然锻炼了孩子细致观察图画的能力。还有这里："这个小宝宝是谁？"引导孩子翻到前面寻找。孩子会发现这个小宝宝是约瑟的妹妹，会发现妈妈的肚子越来越大的变化过程。所以说每一本图画书都是一本培养孩子细致观察力的教材，就看我们怎么利用。

③补白。图画书的语言很简洁，意蕴却很丰富，往往存在很多语言训练和想象训练的空白点。如这里："约瑟穿上这件奇妙的背心来到学校，同学、老师都瞪大了眼睛看着他，大家根据画面想象一下，他们会说些什么呢？"孩子经过观察可能会说出多种想法："同学们都很惊讶，他们都张大了嘴巴。"有的说："约瑟，这是谁给你改的衣服，太合适了！"还有的说："我的爷爷不会改衣服。约瑟，你爷爷真厉害！"

（3）讨论，让阅读走向深入。我们不能期望幼儿园的小朋友能读出深刻的道理来，但可以设计一些话题引导他们走向深入。在讲完故事后，我们可以设计以下话题展开讨论：

①为什么约瑟舍不得丢掉那些老旧的毯子、外套、背心和手帕呢？

②那颗纽扣究竟到哪里去了？

第一个问题指向这本书的主题，那就是让孩子体会到人间的真爱、亲情的无私；第二个问题指向蕴含着的另一个故事，引导孩子注意老鼠一家的故事。通过话题讨论，我们可以引导孩子在阅读中观察，在阅读中思考。

（4）延伸，链接生活。在最后一个教学环节，我们要注意由阅读到生活的延伸，也是通过话题讨论来实现的。例如，我们设计两个话题：

①约瑟的爷爷对约瑟的爱藏在那一件件温暖的外套、背心里,你的亲人(爸爸、妈妈、爷爷、奶奶等)对你的爱藏在哪里?

②我们怎样表达对他们的爱呢?

图画书教学更关注孩子的情感。特别是第二个话题:我们怎样表达对他们的爱呢?这个看似简单的话题,一方面可以检测孩子在生活中是否注意观察,是否了解亲人的生活习惯;另一方面可以引导他们学会感恩,学会对亲人表达爱。

图画书教学大致可经历四步:从封面到扉页—在指导中讲述—讨论,让阅读走向深入—延伸,链接生活。但这不是固定不变的,有些图画书我们可以把第三、第四环节合为一个环节,有的图画书没有渲染气氛的扉页,当然不必讲解。具体情况大家视图画书特点来定。

如何购得图画书?简装本在10元左右,从网上购买6~7元。推荐几个系列:海豚绘本花园、爱心树绘本馆、暖暖心绘本系列、聪明豆绘本系列。推荐一个购书网站:当当网。推荐一本手册:《朗读手册》。很多事情只有我们明白了意义才会坚持去做!另外要说明的是,孩子读什么样的绘本,到时老师会推荐,今天这五个老师所讲述的就是孩子们接下来要读的。我们家长首先要做的是给孩子买书。学校的想法是,每个班买一本,到时五个班交换看。

家长朋友们,很少有孩子会主动喜欢上阅读,通常都必须由某个人引领他们进入书中的奇妙世界。让我们行动起来,从现在开始,大声为孩子读书吧!一年以后,你也许会惊奇地发现孩子已经认识了许多字,提高了词汇量和注意力,还有更多不时表现出的惊喜在等着你去欣赏,比如绘画能力、口头表达能力等。这是一个慢慢播种的过程,一旦播种成功,一辈子都能收获它带给我们的丰硕果实。

(此文是在一年级全体家长阅读培训会上的稿子)

八、历练从打开教室的门开始

> 关起教室门来上课的教师，不能称为公共教育的教师。因为他们只是把教室、学生当作私有财产，把教师这种职业私有化而已……如果不是所有的教师都打开教室的大门，那么学校的改革是不可能实现的。
>
> ——题记

当我们苦闷于如何成为一名更优秀的教师时，当我们试图在教师这一职业中有所作为时，肯定会思索实现的捷径是什么，根据我的经验，多上公开课是最快捷的办法之一。

请注意，我说的公开课包含两个方面：一是具有评优、研讨、展示性质的课，二是把每一次家常课当作公开课的一种状态课。我是一个梦想着向优秀迈进的教师。从我自身的成长经历来看，正是公开课让我不怕上公开课，主动上公开课，让我有了打开教室门上课的勇气。

刚参加工作时，学校每学期举行两次大型的讲课比赛：一次是学期初的立标课，另一次是学期中的讲课比赛。我在刚入职第一年的讲课比赛中获二等奖，是新教师中为数不多的一位，这给了我极大的鼓励。第二年，我主动请缨上立标课，课后请校长评课，校长褒长贬短地给予我一番鼓励，我就更像初生牛犊一样在公开课的田地里乱撞，有时上阅读课，有时上作文课，有时上口语交际课。老前辈们也用宽容、帮助、赞美为我鼓起了继续摸爬滚打的勇气。

正是刚开始几年的"不知好歹"，让我不害怕讲公开课。后来，从学校走向县里，从县里走向市里，也参加过全国的 NOC 大赛。我渐渐从"师渡"走向"自渡"，从"不知好歹"走向"理智成熟"。

纵观这些年上过的大大小小的公开课，一路走来，最大的感受就是公开课是最好的"熔炉"，语文取经路上的十八般武艺都可在这里得到最好的淬炼。后来，我渐渐在家常课上有了公开课的激情。希望每节家常课也有公开课的宽度、厚度和创意。公开课带来的"高额利息"让我把家常课也上得滋润丰盈。

公开课，让岁月水一样起舞，生命花一样绽放。公开课，为专业成长提速，为学生幸福把舵。

九、我们，让改变发生

生命本身没有意义，你必须赋予它意义。而其价值也透过你所选择的意义而彰显出来。

——卢梭

移动公司的广告词：移动，让改变发生。

有"藏獒"之称的张继科，第一次参加伦敦奥运会就勇夺金牌，实现大满贯，让改变发生。16岁小将叶诗文，不畏强敌，不畏质疑，夺得两块奥运游泳金牌，让改变发生。举重冠军吕小军双破纪录，让改变发生。

是什么让改变在他们身上发生？

答案很多，我认为他们不囿于当下的现实，总是怀着积极向上的心态，在不断的自我涅槃中才拥有了让改变发生的力量和勇气。"竹杖芒鞋轻胜马，谁怕？一蓑烟雨任平生。"试问，我们有这样的力量和勇气吗？作为语文教师的我们，如何在改变中向着优秀成长呢？我谨结合我个人的成长，提出一点儿粗浅的看法。

永葆向着优秀的激情——生命与激情同在。奥运冠军们同样在渴望金牌的激情驱动下，数年如一日地艰苦训练，最终修成正果。都说教师是个属于年轻人的职业，越老越没有价值。其实不然，有这种看法的人，是把自己看轻的人。永葆向着优秀的激情，不会因年龄的增长、环境的变换、收入的多少而改变，并最终内化为自己的一种精神状态。像许多老艺术家一样，越老精气神越足，艺术青春越活跃。

  历练向着优秀的风格——风格就是卓越。国家督学成尚荣先生强调：教学风格的形成需要内心的宁静与丰富，需要坚持不懈的努力，需要长期的探索，需要大家的合作，最终"在众多合唱声中唱出领唱者的旋律"。只有把这样历练的决心贯穿到每一天的教学中，风格才能逐渐清晰。

  积淀向着优秀的能量——生命存在需要能量，向着优秀状态的生命更需要强大的能量。读书、写作、业精于勤，是蓄积能量的法宝。最好是与学生携手一道的共读共生，既关注五谷杂粮的读，又倾心专业发展的读。默读涵泳，静思体悟，高声吟诵。天长日久，发挥"1.01 的 365 次方等于 37.78"的毅力，养浩然之气，让汩汩能量每日而生。勤于阅读，述而也作，写作让浮华走向理智。每一个优秀身影的背后，都有一串串咬紧牙关的奋斗足迹。奥运冠军如是，做人类灵魂事业的我们更如是。于无声处、在不为人知时默默努力的人，定会活成自己想要的样子。

  敞开向着优秀的胸怀——坐井观天、闭门造车是自设围场，是圈养自己。家事、国事、天下事，事事关心，是一种学习能力的体现；和学生一道敞开向着优秀的胸怀，开放你的课堂，每学期至少两次面向教师或家长开课；开放你的思想，多与别人交流，利用一切可以展示的机会对外展现你的努力，创造一个让自己更优秀的"场"。

  如果继续写下去，关于优秀的关键词还有很多。"路曼曼其修远兮"，孔子"乐在其中"，颜回"不改其乐"。

  我们呢？我，我们，在改变中向着优秀，都在路上。

十、"花婆婆"之约

  现在虽是"足蒸暑土气"的大暑节气，但我们这里的夏天很是"夏禾自欣欣"。乘着凉爽的夏风，来到宜人的朱家户村参加"新华大讲堂"经验座谈活动，真的很荣幸。来的又都是同一个战壕里的兄弟姐妹，有共同语言，那更是高兴。能有这样一天，我们暂时脱离锅碗瓢盆、大娃吼小娃叫的围困，心情倍儿爽。

我们都是农民的儿女，对农村有天然的亲和感。特别是美丽乡村建设以来，出现了很多像朱家户这样的美丽乡村，走进这样的乡村，心旷神怡，看到朴实的乡亲，特亲切，连空气都是甜的。

所以，感谢"新华大讲堂"这个平台，这个平台是一座桥梁，把学校、书店、教育管理部门的共同心愿连接起来，把教师、家长、学生的共同诉求连接起来，以公益之心做公益之事！还得感谢我们的带头人王老师的积极倡导和各方奔波，在他的努力下搭建起的这个切磋交流的平台，促使我们在书香之路的建设上走得更坚定。这是社会需求，更是个人对社会需求的敏感反应和积极应对，体现的是王老师作为"沂河之爱"总负责人的高度社会担当。感谢在座的公益讲书人，我们以纯粹之心做纯粹之事，不是自己的学生却因我们受益，不是自己学生的家长也因我们改变。我们的小步子带来家庭的大改变、社会的微变化。我们力所能及地在书香家庭、书香社会建设之路上做点儿事情，是我们的荣幸，也是我们的责任。从公益讲书活动效果来看，我们做得已有一定水准，我们更将义无反顾。

"新华大讲堂"自开展以来，共举办了20期活动。既有阅读分享，也有心理辅导；既有面向学生的指导，也有针对家长的沟通；既有整本书阅读，也有主题性探究。内容丰富，涉猎广泛。参与教师20人，受益学生及家长1 400余人，深得家长和社会的好评。我作为讲书人之一深切感受到，学生对经典书籍的渴望犹如焦渴之人渴望一股清泉，我们需要做的就是弱水三千，只取一瓢饮。用我们的导读点燃星星之火，进而形成燎原之势。我们的每一次讲书带来的都是一个个优秀的孩子与一本好书的遇见，遇见更美好的自己。所以，我们是最美的"花婆婆"。

教育不能一条腿走路。当前教育弊病较多，其中家庭教育还未得到足够重视，家长教育水平良莠不齐是其中原因之一。"新华大讲堂"公益讲书活动无疑是让家庭教育更有力的一个举措。若没有疫情，这项活动会更加如火如荼，也正是因为疫情，学校教育的不可替代性得以凸显，教师的面对面教学才备受重视，学校和教师的教育主体作用更增强了。所以，我们可作为的空间也在扩大。今天，我们在教育管理部门的引领下，借助新华书店的资源优势做公益讲书活动；明天，我们继续在教育管理部门的引领下借助其他各类社会资源做公益活动。若把这样的活动移植到学校里，定期给家长和学生做公益推广，更是功德无量。我们这些"花婆婆"的努力一定会换来无数"花婆婆"的出现，书香家庭、书香社会也就不会远了。

奋斗未有穷期，只为书香满园。前前后后的系列活动，我们看到了教育管理部门的良苦用心，看到了新华书店的社会担当，深受感动。作为一线老师，我们将全力配合教育局和新华书店的工作，认真备课，竭尽所能，既造福学生和社会，也成就自己。

因上努力，果上随缘。我们因阅读结缘，我们通过阅读一起努力，共期美好未来。

（此文是在全县公益讲书人座谈会上的发言）

第二章　解读童书，走近思趣语文

一、小巴掌，大劲道

——读《小巴掌童话》琐记

蝴蝶会读报纸，可惜我们不认识他们的字。
卷心菜会说话，可惜我们听不懂他们的话。
还好还好，一个神奇的人记下了他们的故事。
这个神奇的人就是张秋生。
这个神奇的故事就是《小巴掌童话》。

——题记

（一）耳朵的享受

鲁迅先生的学生曾回忆说，鲁迅先生讲课的声音并不抑扬顿挫，也不慷慨激昂，但他的每句话、每个字都充满着感情的魅力，使学生觉得意味深长，引人入胜，使每一个接近过他的学生都感到有一种信念的力量浸透在自己心里。据说，鲁迅先生当年讲中国小说史，连走道上都站满了学生。

我想那是多美好的声音，是对学生耳朵和心灵多珍贵的馈赠。我想鲁迅先生不单是用嘴巴来讲课的，更是用心灵来讲课的。这样物我两忘的境界，让我在和学生同捧《小巴掌童话》时，想着自己多少也能有点儿鲁迅先生的风范。

在轻快的音乐声中，一个接一个的小巴掌童话汩汩流出，像山泉一样，叮叮咚咚，喂饱了耳朵，颐养了心灵。你听……

太阳，你是一个粉刷匠吗？蝴蝶在读香喷喷的报纸；星妈妈喜欢织毛线，她在夜空里织啊织啊，织出好多漂亮的云朵，让它们在天空中飘；小螃蟹每天在沙滩上写下一行一行的诗，然后轻轻地吟诵它们；月亮高高地悬挂在天上，看似很守规矩，其实是最爱翻跟头的一个；奇古拉国王把吃的果核随手扔在窗外，结果只能来回地爬树进出……

清雅的语言、合理俏皮的构思，于平凡的生活里发掘无限丰富的诗情和画意。只有对生活无限热爱的人才能有这样的眼光和情调。鲁迅是这样的人，张秋生是这样的人，我希望我和学生也是这样的人。

（二）不可多说的教益

梅子涵在《书的里面 怀抱的外面》中写道："宁可让孩子们去阅读阿力们的故事，也别唠唠叨叨尽说些自己的无趣的道理。无趣的道理不如有趣的故事。有趣故事里的道理也可以吸引人！故事里的那一条路比爸爸妈妈爷爷奶奶们指的路都容易令人喜爱踏上。"

在《去童话王国的路》中，张秋生先生写道："去童话王国的路，不能一直走。要拐弯，拐弯，再拐弯……在每一个拐弯口，都会有新奇的故事；在每一个拐弯口，你都能找到真诚的朋友……"

正是因为书里有那么多新奇的故事和真诚的朋友，所以《小巴掌童话》就是一条让人愿意踏上，甚至遗憾踏上太晚的"路"。好的童话只是开了一扇窗，窗外所有的风景可以让心灵丰富的孩子细细填充和体味。在这个"小巴掌"里，有锯成两半的月亮，有没有脑袋的鸟，有哭鼻子的小灰狼，也有会说猫话的老鼠和会说鼠语的猫，里边的狮子不会哭也不会笑，那一只倒霉的鸭子差一点儿变成了狼和狐狸，鳄鱼则是会讲恐怖故事的"恐怖分子"……

《鲸鱼和小鱼》提醒孩子要多交益友,并且朋友不分大小,就像鲸鱼和小鱼:

鲸鱼讲了很长很长的故事,小鱼很爱听。

小鱼讲了很短很短的故事,鲸鱼也很爱听。

《奇怪的雨伞》是一首母爱的赞歌。妈妈的爱是什么?高举的小手告诉我:妈妈的爱是下雨时倾斜的雨伞,妈妈的爱是头上跳跃的小辫,妈妈的爱是每天可口的饭菜,妈妈的爱是读书时陪伴的身影……

善意的谎言是幽默、变通、爱的代名词。在《玩滑梯的小星星》这篇童话中,刺猬妈妈用小刺猬能够接受的方式有趣地解释了流星这种现象:"傻孩子,哪里是星星小弟弟摔下来了?那是顽皮的星星弟弟在玩滑梯,他一下子滑得好远,你没有听到他的笑声吗?"刺猬妈妈用孩子的眼光,用一颗童心安慰了伤心的小刺猬。

蜻蜓无心地落在小浣熊的鱼竿上,却帮助小浣熊钓上了它渴望已久的鱼。这个故事告诉我们,静气、定力是做成事的关键。《森林,请开步走》闪动着绿色的希望,两只小松鼠都竭尽全力让森林往前延伸,我们人类不就更应该让绿色大踏步往前伸展吗?

赠人玫瑰,手有余香。《香蝴蝶》告诉我们,帮助别人的同时,我们也赢得了很多,给予比索取更让人快乐。《阳台栏杆上的小猫》则诠释了思念是一杯老酒的说法,时间愈长,被拉得越远,充满爱的心灵能够装下许多人、许多事,不要一味生活在思念里,要学会忘却和接纳新鲜的东西。

……

每个故事都如一道风味小吃,让人回味。学生品读,是不能强求他们完全领会其中要义的,这样的要义只能留存于孩子对故事本身的美好感觉里。否则,童话的美就荡然无存了。相信孩子的悟性,终有一天,这些温情的要义就像陈年老酒,自会飘出更浓的酒香。

(三)心灵的馈赠

浓缩的都是精华。张秋生把童话写作当作一项绿化心灵的工程对待。好东西不必多,张秋生寥寥几笔就勾勒出一个个美妙的童话,让人读来感到轻松亲切,不经意间就翻过好多页。

诗人圣野写道："阅读张秋生，像阅读一部绚丽多彩的童话。"真正的童话不是写出来的，而是从心底里流出来的。就像当年贝多芬看着月光下热爱音乐的穷兄妹俩，心底悠悠然流淌出《月光曲》一样。张老先生就是一个看到什么、想到什么就会把什么写成童话、写成诗的人。

他从月亮边上的星星看到了奶奶慈祥的面容，因为奶奶曾在上面藏过许多许多的巧克力；原野上，盛开的第一朵花、那几片飘落的红叶、躲在树上的雨滴、开放的矢车菊、矗立的小烟囱……经张老先生一写都耐人寻味起来，多姿多彩起来。小巴掌，大劲道，小中见智慧。更像是一首首诗的童话渗透着张秋生爷爷对孩子们的一片深情。这份深情化为孩子们阅读时一串快乐的音符，他们一个拉着一个的手，那快乐的笑声像春风拂过。

一个个优美的故事，一个个贴切的想象，经过耳朵直达心灵，犹如种下一颗颗真善美的种子。这些种子会在某个时候发芽、开花、结果。我们要做的只不过是让孩子手头上有这本书，大手牵小手每天忘情地读一两篇。

二、青铜，葵花，你们好！

——读《青铜葵花》

青铜会说话了！在内心澎湃感情的撞击下，聪明的哑巴——青铜说话了，他用平生气力喊出了"葵花"。这声"葵花"承载着他的神奇心灵飞越千山万水，让每一个读者涌动着沉甸甸的欣喜。

葵花走了，带着一万个不愿意与无奈走了，回到了生她的地方。但她是多么眷恋养她的地方——大麦地、葵花田、芦苇荡；她是如此渴望留下来和青铜哥哥疯玩，到芦苇深处逮鱼，当嘎鱼放鸭时捣乱……当泪眼消失在远去的浪花中，我们这些善良的读者也想踏上船看看葵花在以后的生活里是否受到了委屈。

青铜是个勇敢、倔强、聪明、能干、懂事、善良、坚韧、性格孤僻又不失豪气的小男子汉，是葵花的保护伞。葵花乖巧、体贴、聪慧、漂亮、性格开朗又有些多愁善感，是青铜的小尾巴。他们用稚嫩的心灵感受生活给予的一切——苦难与幸福，他们学会了感恩、付出、挑战，并最终学会了生活。

作品写苦难——大苦难，将苦难写到深刻之处。葵花，雕塑家的遗女，寄养在青铜家。青铜家在火灾、水灾、蝗灾的打击下，一贫如洗。那是个贫穷、愚昧的年代，苦难当然就不约而至了。我读到伤心处竟责怪起作者来，为什么一定要把苦难写得如此淋漓尽致？总害怕稍有不慎，主人公就离开了作者的笔。

作品写美——大美，将美写到极致。人美，大麦地人更美。他们虽饱受贫穷之苦但仍保持着人的尊严和骨气，在灾害面前自力更生，决心用劳动改变生活，这也是苦难的恩典吧！情美，那是真情，是同饮一方水，共踏一片土，一方水土养育出的真情。邻里之间，上下辈之间，不是血缘胜似血缘。青铜一家从葵花走进家门的那一刻起就认定了她是家中的一员，是公主，是天使，是丫头，也是个"小畜生"（奶奶语）。读罢他们的故事，你就不再对"人之初，性本善"产生怀疑。景美，爽朗的天空，一望无际的芦苇荡，清澈的河水，泛着金光的茅草屋顶、暖和的芦花鞋，一切都像是在画中。

作品写爱——至爱，将爱写得充满生机与情意：小处，青铜一家对葵花的爱，无血缘关系却的确血浓于水，纯洁、无私、博爱、远大；大处，大麦地人对青铜一家的同情、帮助是真诚的、不求回报的；细处，葵花的爸爸对雕塑事业的热爱是炽烈的、执着的；深处，对生命的敬重，对尊严和美好未来的追求，人穷志不短，都彰显出作者对生命的深刻思考和眷恋。

《青铜葵花》保持了曹文轩一贯追求的纯净、唯美的个人风格。语言富有诗意，情景交融。场景美丽幽雅，乡村气息浓郁，读来身心在至爱、至纯的情感中和自然质朴的乡村风景中净化、升华。

花儿为什么这样红？

读罢，揣摩作者的写作意图，他是想告诉当今的孩子和家长："每一个时代的人，都有每一个时代的人的痛苦，痛苦绝不是今天的少年才有的。少年时就有一种对痛苦的风度，长大时才可能是一个强者。"一方面，独生子女在青少年时期倍受呵护，不曾经历风雨；另一方面，他们长大后面临严峻考验和激烈挑战，前后落差之大让很多人难以应对，甚至产生极端行为。作者想告诫当今的孩子、家长、老师，让孩子多经历些风雨吧，让他们在经历中培养责任感、信心、勇气和态度，只有这样，孩子才能成为社会的栋梁。

掩卷沉思，真实、回味无穷。

三、《草房子》的幽香

读完《青铜葵花》，我便钻进了《草房子》。我想了解曹文轩其人和其文。自知悟性浅薄，但喜欢本身是没有对错的。

《草房子》泛着金色的阳光照射到我心里。读它，我透过斑驳的光影看到了很多童年时的情景，历历在目，闪烁着"童年"的字样和光彩。

《草房子》里藏着一个叫"美好""善良"的天使，她浑身散发着温馨、清爽、悠远的气息，叫人感动、回味、入神。

《草房子》里弥漫着真诚的情感，里面住着的每个人用悲悯的情怀包容、接纳着生活及生活中的人；里面住着的每个人用坚定的信念、昂扬的精神、不屈的脊梁撑起阴晴圆缺的人生天空。桑桑、桑乔、细马、杜小康、纸月、陆鹤、白雀、蒋一轮、秦大奶奶……他们对生活都有响当当的尊严，都有种强者风度。打开《草房子》的门，走出一位少女，她谈吐优雅，低吟浅唱，讲述着一个个感人的故事，如歌如诉，凄婉、纯美，让你总是在静心中品味，而不忍心大声召唤她。

《草房子》里挂着一幅画：江南水乡图。蜿蜿蜒蜒的河道、成群的鸭鹅、茂密的芦苇、错落有致的草房子、朴实可爱的乡人，贫寒但不乏生机。

法国哲人帕斯卡说过："人只不过是一根芦苇，是自然界最脆弱的东西，但他是一根能思想的芦苇。"文中人物就是一根根经受风吹日晒的芦苇，他们虽然不起眼，但都伸张着一股对生命的韧性。陆鹤并不因秃秃的脑袋而放弃做人的尊严；纸月柔弱中透着内在的坚韧与沉静；细马小小年纪就挑起了

"当家人"的担子;大红门里的杜小康,因家道一落千丈而失学,其在痛苦中的沉沦与奋争像一只海燕,更是撼人心魄。桑桑的"侠骨柔情",秦大奶奶执着的守望,蒋老师与白雀热烈而无望的爱情,温幼菊忧郁、感伤的无词歌,桑乔在屈辱中抗争的骨气……活生生的人物跃然纸上,萦绕内心。小说结尾说:"他不知道,是不是所有的人,都是在这一串串轻松与沉重、欢乐与苦涩、希望与失落相伴的遭遇中长大的。"其文旨与《青铜葵花》相得益彰。

作家肖复兴赞誉"《草房子》是一首诗"。儿童文学评论家路文彬赞许《草房子》"恰似'众语喧哗'之外一声清丽的歌吟……"我想起了黑柳彻子的《窗边的小豆豆》,同为"清丽的歌吟",其中滋味各有千秋。

四、怎一个"情"字了得

——读《城南旧事》

《城南旧事》是中国台湾作家林海音的纯美式自传体小说,记述了英子在北京城南的童年生活。这本书是在学习她的课文《窃读记》(新课标人教版第十册)时,我推荐给孩子,并同孩子一起读的。

读《城南旧事》心得概述:人一生有很多难忘的美好片段,也许有些事过后,你会觉得像过往烟云,慢慢飘远。但曾经感动过你的人、事和文字,会留在你心中久久难以忘怀。

读《城南旧事》的感情基调:多情自古伤离别。"一种相思,两处闲愁。此情无计可消除,才下眉头,却上心头。"写着"离别"二字的暗线连接起一个个人物。他们在生活的历程中偶然相遇了,熟识了,但最后都一一离去了。秀贞和妞儿是那样,小偷是那样,宋妈是那样,最后,连父亲也是那样。这一切偶然中的必然留给英子的却是无尽的忧愁和迷茫。在英子纯洁的内心世界里,她不明白自己所喜欢的这些人为什么生活得如此负重却如此心地善良,为什么当他们在英子心里种下很多美好的东西后就永远离去了。"人生自是有情痴，此恨不关风与月。"对人性的赞美、对底层人民生活困苦的同情、对人生的思索构成了作品的基调——淡淡的哀伤，浓浓的相思。在这里自然要感谢林海音女士尽量从小女孩英子的视角来描写当时的社会生活，雾里看花般朦胧，若要按照大人的眼光来描写，作品的感情基调也许会变成浓浓的哀伤中透出的淡淡的相思，读来定觉压抑与无味。

《城南旧事》的语言：读《城南旧事》的感觉，犹如一位历经磨难但依然风韵犹存的中年妇女坐在梳妆镜前，静静地欣赏自己时的静思默想，旁边放着青春年华时的照片，在质朴的外表下流淌着清而淡的怀旧情怀。《城南旧事》的语言也是这种味道，"细致而不伤于纤巧，幽微而不伤于晦涩，委婉而不伤于庸弱"。对于气氛的渲染，更是天成。沉浸在字里行间，想起"明月松间照，清泉石上流"的清幽，会为"吟安一个字，捻断数茎须"的情景而难过。在幻想小说、各种历险书籍泛滥的今天，这种生活气息浓郁、语言像家常话一样的书是不多见的，所以感觉格外亲切。

《城南旧事》的人物：我非常喜欢书中的小英子，特别在看了电影以后。她聪明伶俐，心如早晨的朝露，如傍晚的霞辉，她用澄澈的眼睛观察世界。别人眼中的疯子，在她看来是心地善良、再正常不过的好人；当她与靠偷东西供弟弟上学的小偷成为朋友，她萌生出更多憧憬；当她目送小偷朋友被警察带走，所有的憧憬立刻变成了惶恐。我忘不了当时她百思不得其解的眼神，忘不了英子总问爸妈"为什么"时的渴望，在她精灵的内心世界里，她是渴望看透一切的。庆幸的是林海音女士没有把这一切写透，不然英子就老了。回味小英子的形象，我告诫自己：儿童是世界的希望，我们要全身心地呵护他们，不要过早让成人世界的沉重压小了他们。

掩卷，回味。

心头涌动着泰戈尔的诗：

"你将默默地居住在我的心里，

犹如满月居住在夏夜里。

……

你的气息将像夏夜的满月在我梦上翩跹，

使梦境芳香馥郁。"

怎一个"情"字了得，这样的美妙感受，为我独享，乐哉乐哉！

五、秦文君笔下的少年

——读《男生贾里》《女生贾梅》

如果时间可以倒流，那我一定一手捧《男生贾里》，一手捧《女生贾梅》，大声说，我要过这样的少年生活——真诚、向上、友爱、刺激、苦恼，酸甜苦辣的成长滋味。

这两本书，似乎是在冥冥之中补偿我那有点儿灰色的初中生活，勾起了我对自己初中生活的诸多回忆。或快乐，或苦恼，不也一样值得在以后的道路上反复品味吗？不同的是秦文君的视野在城市，我是乡村娃。

秦文君行笔幽默、诙谐，富有时代气息。读来轻松畅快，犹如一道丰赡的盛宴，给予每一个当代少年以心灵慰藉，他们定会从中找到自己成长的影子；她用一颗敏感又细腻的童心为我们塑造了贾里、贾梅等一系列呼之欲出的当代青少年形象，把发生在当代青少年身上的一些"芝麻小事"写得引人入胜，颇有情趣；她用"穿糖葫芦"式的结构把一个个鲜活、生动、有趣的故事徐徐展现在我们眼前，跳跃在字里行间的俏皮劲儿让阅读变得惬意。

感谢秦文君，她告诉我们成长不是随心所欲的事情，只有心中有理想、敢想敢做、行动上坚定并敞开胸怀准备接纳一切的少年才能成长得更快、更优秀、更完美。梅子涵称自己是"童年阅读的点灯人"，我想秦文君也是。一部好作品不就是一盏永不熄灭的灯吗？

如果说秦文君作品中的瑕疵的话，我想主要还是在语言上。我更希望语言在幽默、富有情趣的基础上再规范、优美、深刻些。比如，对人物心理活动的描写全书似乎就少了点儿。我的学生也在读秦文君的著作，我希望他们即将展开的初中生活更生动、更丰富，希望他们能像贾氏兄妹那样，把初中生活演绎得有滋有味，让青春拔节、开花。

六、请用舞者的姿态

——读《舞蹈课》有感

读三三的《舞蹈课》，在张弛有度的叙述里，体会青春期女孩那淡淡的爱恋，回忆青春时的自己，畅想女儿的青春。因为家有小女，我对这样题材的文章自然亲近。因为身为人师，我又经常面对孩子的"早恋"问题，所以对这样的文章情有独钟。然而当我合上最后一页，发现占据我思维焦点的不是"早恋"，而是"舞者"。一个颇带哲学色彩的字眼，我的智力不能完全理解的字眼，只能结合作品谈谈自己的感受。

以舞者的姿态开始。"扶把练习，准备！"在舞蹈老师童家棣的命令下，十四岁的女孩盛拍拍起舞了，"像云一样柔软，像风一样轻。"

她时不时地瞟几眼她们的童老师，那个严厉中有温情、古板中带风趣的童老师，身上散发着令青春期女孩心动的成年男子气息的童老师。拍拍对年轻的童老师的朦胧好感，在几次和他吃饭之后变得更"美丽而动荡"，甚至想象着"听任星移物转，沧海桑田，我都愿意随他到任何一个地方"。这最纯、最美、最初的爱恋在拍拍的内心翩然起舞，她无限憧憬地想象着、舞蹈着，那姿态就像她的年龄一样动人，惹人关注。

以舞者的姿态落幕。外婆，拍拍继母的妈妈，一个"那时早恋，耽误了学业，后悔了一辈子"的外婆，一个"对这事儿深恶痛绝"的外婆，也是一个对孩子极度负责任的外婆，毅然决然地阻止了这段爱恋。继母又现身说法，通过和拍拍聊自己的早恋经历和感受，消除了拍拍心中的迷茫。

受伤的地方生长思想，盛拍拍最终明白了：爱情就像是穿在模特身上的衣服，穿在别人身上总是得体而美丽，而穿在自己身上就完全没有这种感觉。于是，当盛拍拍"看着远去的童老师像一个正在远去的梦，渐渐模糊起来……"她舞出了情感的旋涡，也收获了亲情。

再以舞者的姿态启航。一扇门关上，必定有另一扇门打开。当苦涩的情感之门向盛拍拍关闭时，另一扇更阳光、更美好的门向她敞开了——盛拍拍学会了选择和放弃，在取舍间她觉得自己长大了，成熟了。经过了这段情感风雨，她相信更纯真、更美好的情感在等着她。旋转的舞鞋注定了要不停地旋转，盛拍拍带着亲人的关心，带着阳光的自信再次以舞者的姿态启程。当拍拍再次起舞，她"看到碧空如洗，天空如此之蓝"，感到"身体涌动着无限的力量，简直要飞翔起来"。

请用舞者的姿态起舞。舞蹈，是一种姿态，一种持续不断练习的姿态，一种追求完美、不断向上的姿态。那些或舒缓，或激情，或跃动，或静谧的肢体语言里，充满着梦想。心有多大，舞台就有多大。人生大舞台，请用舞者的姿态起舞；面对困难、失败，请以舞者的姿态对待；心若在，梦就在，再以舞者的姿态从头再来。

学生是舞者，教师是指导者。在教育的舞台上，师生共舞。每个学生都有着不同的舞蹈姿态，教师的舞蹈应是谦和规矩、平稳中和的，只为能与学生真诚地交流；教师的舞蹈也应是有力度、有高度的，只为"授之以渔"。教师应做蜜蜂一样的舞者，采得百花酿成蜜，把精华传授给学生，期望他们尽快成长为独立的舞者。

跳吧！在三三的美丽旋律里，让我们一起舞出蔚蓝色的心情，让年少时光的纯真永远珍存在生命里。

七、生命的舞裙

——读《一百条裙子》

我是一个容易在阅读中感动的人，这回又被《一百条裙子》的故事感动得心痛起来。这种心痛在读《窗边的小豆豆》时有过，在读《特别的女生萨哈拉》时有过。因为这些作品都深刻地触及了漠视与被漠视、"看见"与"看不见"的生命领域。

主人公小女孩旺达是孤独、卑微的，更是漂亮的。这种漂亮是内在的，是皱皱巴巴的蓝裙子所遮盖不住的，是她的才气折射出的隐隐的漂亮。旺达其实是聪慧的，其绘画的灵感和热情是让每个瞧不起她的人望尘莫及的。从她笔下流淌出的一百条样式各异的裙装设计，六十双风格不同的鞋子款式都实实在在地证明了旺达的才华横溢。每条裙子、每双鞋都荡漾着她美丽的梦想——那是旺达默默追求的一生的梦想，是冲破贫穷樊篱的梦想。

然而这一切都被无情地漠视了。

旺达，一个被老师、同学边缘化的孩子。因为她"每天都要从波金斯山的乡间小路一路走着来上学，而且经常弄得脚上满是泥巴"；因为她仅有一条皱巴巴的连衣裙；因为课堂上她总是"呆呆地看着她的课本，什么都读不出来"。在周围人一次次的漠视中，旺达成了惊弓之鸟，过着丑小鸭般的生活。旺达总是胆怯、扭捏，说话语无伦次。每次，旺达满怀希望地靠近那帮喜欢捉弄她的女孩子，得到的却是她们"不曾记得她的存在""还是不跟她说一句话"，甚至是"笑得流出眼泪""放声尖叫"。极度压抑的旺达不得不像背课文一样重复着那句话"我有一百条裙子，它们全都挂在我的衣柜里"。旺达不得不"闭上薄薄的嘴唇陷入了沉默"。沉默，成了旺达的存在方式。忍受，成了旺达对付嘲弄的唯一方式。当这么个柔弱的女孩子忍受不了被戏弄的痛苦时，她选择了离开。

旺达走了，再也不会回来。一百条裙子却留下来，永远飘在十三班孩子心中，特别是佩琪和玛蒂埃，这两个可爱的小姑娘在追悔中学会了尊重、欣赏别人。这一百条裙子也永远飘在看过这本书的人的心中。旺达，离去吧，当你没法改变别人时就改变自己吧！祝你在"大城市"里活得快乐。

什么是悲剧？悲剧就是把美好的东西毁灭给人看。这是一个被漠视的悲剧。由此我想到了：凡·高割掉耳朵，摆脱诋毁的世俗困扰；屈原跳河自尽，表明自己不与世俗同流合污；老舍投湖自杀，成全自己的清白和尊严；英年早逝的王小波也是《沉默的大多数》中的一个被"看不见"的人，却是最优秀的人，冰山一样的外表，火山一样的内心，心灵就在这冷热中煎熬，要么灭亡，要么喷发。许多大器晚成的人在童年时期被无情地漠视：爱迪生被老师视为不可救药的孩子，梅兰芳也被看作不是唱京剧的料……世俗、功利的眼光，带给教育无限的痛，带给孩子一生的自卑。

我的心在战栗。我把感动释放在教室里，让五十多位孩子和我一起为旺达加油，五十多双澄明的眼睛告诉我，他们不做佩琪，不做玛蒂埃，他们团结友爱，互相帮助。

思绪回到我的初中，那也是一段被漠视的日子。因为家境窘迫，家离学校又远，我没有自行车，每天步行十多里上学，下雨、下雪时就像旺达一样满身狼藉地到校。每逢交学费，总是拖拉到很晚，学习也不很出色。在老师经常的数落和同学们异样的眼光中，我也变成了旺达，每天小心翼翼。天不再蓝，风不再轻，话不再多。庆幸的是，这样的日子很快被我一位可亲的老师结束。他的一次家访、几句鼓励，甚至为我付学费，唤醒了我灰暗的心，学习渐渐好了，为此我百般感恩！

任何阅读都是对自身的反省。当班主任以来，我曾像旺达的老师一样漠视过孩子吗？我的学生中有没有这样的漠视现象呢？我的学生中有"旺达"吗？我是孩子的老师，我能够聆听每一个孩子的心声吗？当小心灵需要帮助时，我知道并给予帮助了吗？……我不停地追问自己。

我想是有过的，可能不曾给孩子带来旺达一样的痛苦，但可能会给孩子小小的心灵蒙上了阴影。事过之后，我们都忘却了，但很多年以后，学生依然记得。这样的伤痛会在某个时候流淌出来，教师的形象也就在每一次流淌中变得污浊。想想好害怕！每个孩子都应该有自己的位置，都有被平等接纳和交流的理由。我们不应该"看不见"他们。为师者切记："你的教鞭下有瓦特，你的冷眼里有牛顿，你的讥笑中有爱迪生。"

记得刚工作时，我把"制怒"两字贴在办公桌前方，时刻提醒自己对孩子多点儿耐心，多点儿等待。几经修炼，现在我能用平和的心境对待教育，"享受"后进生的磨蹭。我想，最好的教师应该对教育怀着爱的情怀，让每个孩子有勇气向着远方的梦想努力。

感谢有这么好的书，让我们这样的人感动。向善的人，心儿都是柔软的，都是向着弱小的人敞开同情的心房的。让我们怀一颗感恩的心，真诚地为每一个生命，特别是柔弱的生命，开赞美的花，开赏识的花，如此，世界会更美。

耳畔又响起《感恩的心》的旋律：

"我来自偶然，像一颗尘土，有谁看出我的脆弱……感恩的心，感谢有你，伴我一生，让我有勇气做我自己……"

（《小学语文教学·会刊》2010年第6期）

八、苦儿的诗意人生

——读《苦儿流浪记》

假期里，我看完了法国十九世纪作家埃克多·马洛的《苦儿流浪记》。作品以主人公雷米跌宕起伏的经历展开故事情节，引人入胜，耐人品味。

当雷米年迈，向孩子讲述他的人生轨迹时，我想他应是用一种品诗的语气，犹如《泰坦尼克号》的女主角晚年回忆年轻时的辉煌经历一样深情款款。那是一首哲理诗，题目是"人生"。

（一）一叶浮萍归大海

雷米被贪财如命的巴伯兰以 20 法郎卖给了维泰利斯——一生穷困潦倒的街头艺术家。从此，雷米便如一叶浮萍在一切未卜的人生大海中开始了颠沛流离的生活。

（二）千磨万击还坚劲

雷米和师傅在永无休止的街头演出中受尽欺凌，挨饿，受冻，露宿街头，漫天风雪中遭受野狼侵袭，过了这一天就不知明天会怎样，挣扎在生死线上，但他们从没有低下尊贵的头颅去乞求施舍。生活的磨砺让雷米愈加坚强和忍辱负重。读雷米的故事，你会时常听到他对艰辛的生活常说的"千磨万击还坚劲，任尔东西南北风"。

（三）柳暗花明又一村

生活的艰辛在有意志的人面前总显得底气不足。天行健，君子以自强不息。雷米凭借坚定的步伐和对美好生活的执着追求，用永远向善、向美的心灵赢得了很多热心人的关爱：巴伯兰妈妈视他为亲生骨肉；维泰利斯师傅和蔼可亲，教他谋生的技能；阿根老爹及他的孩子们从不认为雷米是乞丐；米利根夫人（他的亲妈妈）用博大的母爱接纳他……苦儿雷米的故事告诉我们：生活中有荆棘，更有爱；有黑夜的寒冷，也有温暖的阳光。心中珍藏爱和阳光的人，定会走出荆棘和寒冷。雷米的起伏经历就是"山重水复疑无路"的迷茫和"柳暗花明又一村"的惊喜的交响曲。

（四）天若有情天亦老

天下没有不散的筵席。雷米在一次次得到爱，享受温暖不久，又再次踏上独挡风雨的路。老天又怎么忍心将一个孩子推向生活的泥潭！天若有情天亦老，孩子的坚毅、善良、懂事，人们的热心与真诚总会感动上天的，丽丝最终能说话不就是一个见证吗？

（五）历经磨难母子团圆

雷米终于找到了母亲——米利根夫人，一个朴实、善良、智慧的贵夫人。

母亲，永远的港湾。历尽艰辛的雷米，一颗漂泊的灵魂回家了！

（六）化作春泥更护花

拥有资产、家庭的雷米没有忘记向他伸出友爱之手的人们，他给予了他们更丰厚的回报：巴伯兰妈妈成了他家的保姆；阿根老爹在他的帮助下还清了债务；马西亚成了小提琴家，雷米还成立了帮助流浪小乐师的专项资金……当雷米老去，咀嚼人生，他化作温润的春泥，托起一朵朵灿烂的春花。

（七）后记

当我读完《苦儿流浪记》，再读《雾都孤儿》时，心中如沉满碎石。苦儿的苦又怎能和孤儿奥利弗的苦相比呢？前者只能算"小巫"了。狄更斯笔下的那个时代定是要烂掉前的发霉期。《雾都孤儿》的故事戕害了我的心灵，因心情极不愉快，所以丢至一边。

第三章　舐犊情深，打造心灵栖息地

一、再论表扬的误区及对策

——与郑群英老师交流

夸奖是老师和家长常用的一种激励措施，巧用夸奖能激发孩子"做好人"的愿望，起到很好的教育激励作用。

2009年第1期《班主任之友》刊发了郑群英老师的《警惕"表扬"的八大误区》一文，笔者读后受益匪浅。用心才能创造感动，感动于郑老师的爱心与细心。笔者回顾反思自己的教育，再论表扬的误区及对策，与郑老师交流。

误区一：对人不对事，含糊其词。

分析：常用表扬语有"你真棒""好样的""真佩服你""不错，你给了我们一个惊喜"等。

当孩子表现出令人满意的行为时，这些表扬语的落脚点是孩子本人，弊病是以偏概全。经常这样表扬，容易给孩子留下这样的印象：值得表扬的不是事情，而是自己很棒。听多了这样的表扬，孩子易形成以自我为中心、听不得批评的骄横心理。

对策：对事不对人，具体到位。

把表扬的落脚点放在孩子做的事情上，表扬孩子做某事的动机及好的影响。比如，"你把自己的床铺得很整齐，自己的事情自己做，减轻了妈妈的负担，整个家也漂亮了"。经常这样表扬，孩子就知道，他受到表扬是因为某件事做得好。

误区二：只知其然。

分析：只表扬了孩子表现出的行为结果，忽视了产生结果的原因。经常这样表扬，孩子容易学会投机取巧。

对策：知其然，更要知其所以然。

表扬孩子时，教师要告诉孩子为什么得到表扬。比如，"你按时、独立完成了作业，质量很高，为此表扬一次，奖励你一面小红旗。"经常这样表扬孩子，会有效巩固孩子表现出的好行为，事半功倍。

误区三：频率失当。

分析：频率失当表现为前松后紧或中间紧两头松。其结果是不利于孩子养成良好的习惯，事倍功半。

对策：表扬频率前紧后松。

在开始养成习惯时，教师要抓典型、抓时机地表扬，从不同侧面表扬。比如，为了督促孩子养成上课认真听讲的习惯，教师要表扬不同孩子认真听课的习惯："你上课坐得真端正。""你上课回答问题很积极，给了我们很好的启示。""你上课从不乱说闲话，听讲认真，带动了周围的同学。"然而，当孩子学会了一种新行为并理智地实施这一行为时，教师不要每次都给予夸奖，要拉大夸奖的时间间隔，实施间断性或随意性的夸奖。

误区四：标准不一。

分析：对同一好的行为，表扬的标准不一样会损害老师在学生心中的公正形象，削弱表扬的功效。比如，同样表扬孩子拾金不昧的行为，这次你用口头表扬的方式，下次你用物质奖励的方式，在孩子眼中都是不公平的。

对策：标准一致。

对同种性质的学生行为，老师的表扬要前后一致。如果需要特别看待，教师一定要跟学生说明原因，使孩子心服口服。

误区五：表扬范围太大。

分析：这更多地表现在家长表扬孩子时。家长往往把孩子的优点逢人就说，这容易滋长孩子的虚荣心，使孩子形成自以为是的不良习惯。

对策：限于熟悉的人。

表扬孩子的行为不要到处张扬，仅限于了解孩子的人或彼此熟悉的人为好。

误区六：表扬随意。

分析：很多时候的表扬是口头表扬，形不成足够动力以让孩子追求下一次表扬，其作用微弱。

对策：表扬点要承前启后。

要考虑让这次表扬成为孩子追求下次表扬的基础，形成系统。教一年级时，我采用表扬的交换制度。学生每获得5个贴画，就可换得一支铅笔；每获得4支铅笔，老师就奖励一本书。书是家长悄悄买给老师的，孩子不知道，老师写上奖励的话。这样的表扬有痕迹可循，能刺激出更多、更好的习惯。

愿每一位老师牢记陶行知的教育箴言："你的教鞭下有瓦特，你的冷眼里有牛顿，你的讥笑中有爱迪生。"用心表扬孩子，远离表扬误区，用表扬鼓起孩子远航、自信的风帆。

（《班主任之友：小学版》2009年第5期）

二、四人圆桌会议

一年级刚入学时，我班的心雨（化名）同学总闹着不来上学，每天折腾得父母焦头烂额。好不容易被拖到教室里，孩子撕扯着父母不让父母离去，引得很多孩子围观，产生了不良影响。父母毫无办法，向我请求帮助。

我详细询问了家里情况，得知：心雨是弟弟，上面还有个姐姐，心雨从小娇生惯养，滋生了不少毛病。他的这些毛病在幼小衔接这个关键时刻"大显威风"，父母伤透脑筋后，决定不管他怎样闹腾，都要毅然决然地把他送到学校。

人是到学校了，然而心却在家里。本来识字量就极少的心雨，在识字的关键时期，显得更是力不从心。父母焦急，孩子不急。为此，我在和父母达成一致意见的基础上，组织了四人圆桌会议。

我、心雨、孩子父母围坐在桌子四周。我率先说话了："心雨，我知道你刚上小学有点儿不适应，早晨要早起，晚上还要写作业，不像幼儿园里那么自在了。每个人都有点儿不适应，这是正常的。"我首先要认同孩子的这种表现，从而消除孩子的紧张情绪和抵触心理。

在我的认同下，孩子抬头看了看我，表情自然了很多。我接着说："虽然不适应，但还是要来上学的，这是每一个孩子都要做的，并且是必须要做好的事情。这样，为了帮助你尽快适应学校生活，今天我们都坐下来商量商量如何解决这个问题。我们都把自己的想法说出来，写在纸上，然后讨论一下哪些要留下，哪些要去掉，好吗？"

在融洽的氛围中，我们讨论如下：

（1）我们欢迎心雨同学天天快快乐乐地来上学。（张老师）

（2）你必须来上学。（爸妈）

（3）不要总逼着我认字。（心雨）

（4）每天把学校里学的字认过，自己再多认3个字。（张老师）

（5）每天把学校里学的字认过，自己再多认10个字。（爸妈）

（6）每天把学校里学的字认过，自己再多认5个字。（心雨）

（7）晚上可以看会儿电视。（心雨）

（8）可以看会儿电视，但必须先做完作业，9点前入睡。（爸妈）

（9）到了该睡觉的时候，爸爸妈妈会提醒你，你要赶紧去睡觉。（爸妈）

（10）我也同意看点儿有益的节目，每晚不超过半小时。（张老师）

（11）不会的题目，爸爸妈妈要给予帮助，不能心烦。（心雨）

（12）一周都能愉快上学，父母给予一定奖励。（爸妈）

（13）能连续两周愉快上学，我表扬你，奖励一本书。（张老师）

（14）每晚不能硬逼着我读书20分钟以上。（心雨）

（15）每晚读书不少于10分钟，天天坚持，快速识字。（张老师）

（16）父母把读书情况写成签条的形式，带给我，每坚持一周，我就表扬你。把自己认识的字写在"我的识字本"上，一周我看一次。坚持下来的话，也要表扬你。（张老师）

大家都没有意见了，我们就开始讨论哪些想法我们都能接受，哪些需要删掉。经过讨论，我们保留了第1，2，3，6，8，9，10，11，12，13，14，15，16项。

找到让大家都满意的解决办法后，我们感到很欣慰，特别是心雨。同时，为了把计划变为行动，我们又讨论添加了以下内容：

（1）心雨负责的项目有2，6，8，14项。

（2）父母负责的项目有3，6，9，10，11，12，15，16项。

（3）张老师负责的项目有1，13，16项。

（4）每周父母、心雨、老师都总结一次。

我们把以上的讨论结果抄写了三份，一份给孩子，让他贴在他的书桌前，一份给父母，一份给我。

我们欣喜地看到心雨坚持了一周、两周……很愉快！

（《班主任之友：小学版》2010年第1期）

三、小组名称集锦

小组，班级管理的基本单位，是培养学生合作意识、团队意识和集体意识的基本单位。科学、合理地进行小组管理不仅锻炼了学生，老师也会更省心，一举两得。我在长期探究小组管理、小组学习的基础上积累了一些小组名称，整理出来，希望对大家有所帮助。

两字小组名称：

先锋组　梦扬组　奔驰组　坚信组　灵巧组　壁垒组　寻根组

探究组　骑士组　争霸组　求真组　朝阳组　群英组　创新组
春风组　劲草组　龙凤组　腾飞组　海燕组　飞扬组　精诚组
天使组　雄鹰组　拳头组　阳光组　智慧组　细心组　春笋组
嫩芽组　奋进组　活力组　卓越组　彩虹组　快乐组　精灵组
冲锋组　展翼组　霹雳组　知音组　开拓组　躬行组

三字小组名称：

红帆船组　小脚印组　三人行组　诺贝尔组　急先锋组　红笔头组
艳阳天组　早起鸟组　爱迪生组　真善美组　螺丝钉组　里程碑组
多面手组　执行者组　智囊团组　群英会组　巡洋舰组　划时代组
尖尖角组　比翼鸟组　从头越组

四字小组名称：

三味书屋组　梦想成真组　一鸣惊人组　只争朝夕组　卧虎藏龙组
勇往直前组　灌篮高手组　最佳拍档组　学无止境组　我行我秀组
发愤图强组　天生我材组　志在千里组　孜孜不倦组　百尺竿头组
青出于蓝组　持之以恒组　业精于勤组　行成于恒组　天行其健组
百家争鸣组　畅所欲言组　博文精思组　舞文弄墨组　玉洁冰清组
心心相印组　无与伦比组　志存高远组　黄金搭档组　有志年少组
有容乃大组　知难而进组　始于足下组　心有灵犀组　一枝独秀组
疾风劲草组　源头活水组　轻语飞扬组　长风破浪组　蓓蕾初绽组

多字小组名称：

学习加油站　女生最前线　快乐大本营　奔跑的阳光　胜不骄败不馁
功夫到自然成　欲穷千里目更上一层楼　成功在久不在速
飘扬的红领巾　十三岁的天空

（《班主任之友：小学版》2010年第3期）

四、家校沟通的"多"与"少"

有位专家曾经说过:"如果在你的班主任工作中,缺少了家长这方力量,你永远是一条腿走路。"此话引人深思。家庭教育是一切教育的起点,也是一股强大的中坚力量。实践证明,良好的家校沟通更有利于学生的成长,有利于班级工作的开展。如何有效地沟通?有哪些注意事项呢?以下是我的浅见。

(一)少用手机,多见面

手机联系只能长话短说,点到为止。家长往往知其然,不知其所以然,不利于问题的解决。面对问题学生,家长和老师还是要多见面细谈,把细节说清楚,把原因分析透,把家校合作的注意事项讲透彻,才有可能真正解决问题。

(二)少独霸话语,多倾听

面对无助的家长,老师不要总站在自己的立场上讲话,真诚地倾听家长的心声,尝试着站在他们的角度去思考家校联系的着力点,才利于形成教育合力。倾听时可说出自己的感受,如"这件事的确让人很头疼""我能体会到你们着急的心情"。老师通过这样的感受认同营造和谐、平等的沟通环境,给家长树立我们负责任的形象。

(三)少"以偏概全",多"以全概偏"

家长批评孩子时,要就事论事,不要小题大做。尽量不使用"你总是""你从来""你一向"等词语来否定孩子的努力,打击孩子的自信心。尽量少使用绝对性关键词,如"你必须""你一定""你保证"等词语。这些带有"以偏概全"色彩和指令性味道的词语,往往会把事情搞得更糟糕。

同样，老师向家长反映学生情况，要多从"以全概偏"的视角来进行，即通过放大学生的优点来凸显不足。我们来比较下面的说法。

第一种说法：你看你的孩子，总是这么调皮，惹是生非的。

第二种说法：（手拍学生的头）这个孩子聪明活泼，接受东西很快；同时有点儿调皮，偶尔会惹点儿小麻烦。我们来商量个解决的办法吧！

第一种说法直接给孩子贴上"总是调皮"的标签，把孩子看作麻烦的制造者。经常这样说，孩子就认定自己是调皮生，从而给管理转化工作带来无形的障碍。第二种说法从孩子的优点说起，拉近了沟通的距离，把孩子看作解决问题的积极参与者，从而为解决问题铺设好了接纳的道路。

（四）少用"你们、你"，多用"我们、我"

"你""你们"多带有责备、说教和推卸责任的意思；"我们""我"则温和地传达出患难与共、责任共担的态度。我们来比较下面的说法。

第一种说法：你看你，多粗心！稍微认真一点儿，能考这么差吗？作为家长，你们不着急吗？

第二种说法：我看到你试卷上之所以出现了这么多不该出现的错误，是因为你做题太粗心。如果再认真、扎实一些就不是这个样子了。我知道作为家长也一定很着急。

第一种说法的出发点是指责孩子的成绩差，向家长泄愤，容易激起家长的不满情绪，打击孩子的信心。第二种说法的出发点是心平气和地分析问题、解决问题，不推脱自己的责任，更利于调动家长、孩子的积极性。

（五）少些比较，多些赞扬

从一定意义上说，好家长是夸出来的。班主任要善于发现家长在教子方面做出的努力，多用赞赏的语气描述自己看到的和感受到的，不要总拿他们和优秀生做比较。我们来比较下面的说法。

第一种说法：他（学生）的作业完成得很不好，书写差，出错多。你看，我班×××的作业，这才是作业。

第二种说法：孩子的作业完成得比以前工整多了，出错率也在下降。我们看着很舒心，很高兴，想必你们也花了不少心思。以后我们继续努力。

第一种说法是在向家长和孩子传达这样一个信息——在老师看来×××的作业才是值得赞扬的,你的作业即使有了进步仍然很糟糕,给家长和孩子树立的是暂时难以企及的高度。当目标很遥远时,谁又会信心百倍呢?第二种说法向家长、孩子传达的信息是——我只看重你自己是否在进步,是否在做最好的自己。给家长和孩子树立了一个跳一跳就够得着的目标。目标贴合实际,自然成为激发好行为的动力。

教育是座立交桥,只有无障碍地有效沟通才能让家校、师生紧紧相连。揣摩沟通中"多"与"少"之间的关系,让教育智慧和人性关怀走进每个学生、每个家庭。沟通从"心"开始,从细节入手,方可进入沟通的美好境界——言有尽而意无穷。

(《班主任之友:小学版》2011年第1期)

五、我为"小班头"的短信点赞

儿子今年上一年级。虽然我也是老师,但依然为儿子担心——他能否顺利度过这一转折时期呢?看着他握着铅笔就像抱着一棵大树一样的费力样子,我就感叹:这些足岁上学的孩子都如此吃力,那些让孩子过早上学的家长是怎么考虑的?怎么应付这抄抄写写的作业?正担忧着,收到儿子班主任发来的短信:

家长朋友们,孩子们到了上学的年龄,但他们的手部肌肉可没有做好准备,此时的手部小肌肉群正慢吞吞地走在半路上呢,所以孩子写字、画画时特别费力,动作稚拙,姿势也变形。怎么引领孩子度过这一特定时期呢?不是多让孩子写写抄抄,而是多做一些手部游戏。从今晚开始,我们就和孩子一起回到我们的童年——抓石子,每晚不少于5分钟。我们要一边和孩子玩儿,一边跟他们讲讲我们小时候的游戏。每天我都会让孩子讲讲他们抓石子的情况,以此训练他们的表达能力,激发他们抓石子的热情。这可是一项长期作业呦！

　　还有这样的作业？这个小班头还真有自己的一套想法呢！是啊，当今的家长更多地注重孩子的智力发展，疏忽了孩子感觉统合能力的发展。这在一年级的课堂上表现得最明显，孩子对知识学习绰绰有余，而行为自控能力却不足。我赶紧为老师的大智慧点赞，一百个响应。

　　因为有了这条短信，因为有了第二天的交流，儿子抓石子的热情很高，陆续学会了抓单个石子、抓多个石子、过河、撑桥等花样。小手越来越灵活，写起字来也轻松了许多。

　　后来我又收到"小班头"的一则短信：

　　这几天外面雾大，我领着孩子们学习了手指操，大部分孩子已经学会。大家可搜索"小学生手指操"，再跟孩子们强化几遍。晚上，不愿意抓石子的小朋友可做手指操。如果家长能跟着一起做，那就更好了，没有哪一个孩子喜欢孤军奋战的。记得每天晚上不少于5分钟，每天要交流呦！快乐手指操，开发左右脑。大家一起来！

　　好温馨的短信，好与时俱进的短信。多日的雾霾影响了孩子外出玩耍，这个小班头就立马与孩子一起做起了手指操，够敏锐！有这样负责、创新的老师，我马上点赞，一百个响应。

　　两个月后，儿子连着几天带着拼图和拼插玩具上学校。原来小班头利用每天最后一节活动课时间领着孩子们玩拼图。有时，儿子还带回别的小朋友的拼图来玩儿。你看，小班头又发来短信：

　　这几天，孩子们玩拼图玩得不亦乐乎。这可是一件一举四得的好事情：一是减缓了从幼儿园到小学的坡度，让孩子缓坡而上；二是培养了孩子合作、分享的意识；三是锻炼了孩子手部小肌肉的发展及协调能力；四是孩子不用偷偷摸摸地带玩具到学校里来了，有的孩子还学会了按拼插顺序说一段完整的话呢！从今天开始，每晚孩子可抓石子，可做手指操，可玩儿拼图，依然不少于5分钟。

　　好一个"缓坡而上"！我真服了这个小班头。新招不断又一脉相承。在单一游戏中融进智力开发与学科教学。摒弃急功近利，着眼长远发展，娓娓道来引你"上钩"，让你心甘情愿、死心塌地跟着她走。我赶紧点赞并把佩服之情传至她的手机。

就这样，儿子顺利、愉快地度过了第一学期。当然，我们还陆续收到了让人点赞的短信，如指导亲子阅读的短信，指导我们辅导作业的短信，指导我们如何表扬孩子的短信等。这些温情脉脉的短信短小灵动，闪耀着智慧的光芒，像春风，抚慰了家长们的焦急心态，吹开了孩子们对小学生活的美好向往。

小班头，小短信，大智慧，真教育。我永远为你点赞！

（《班主任之友：小学版》2014年第12期）

六、悦读：请跟我来

（一）开学初写给家长的信

家长朋友：

大家好！

小学生活开始了，伴着几多憧憬、期盼。期盼孩子能有更大进步，学习上的，思想上的，体格上的……一切为了孩子，我们做过很多，即将要做的更多。为了孩子，咱们的心是相通的。低年级要做的事情千头万绪，只要我们家校合一，一切皆有可能！虽然低年级以识字为主，但识字是为了流畅阅读，加之我班大部分孩子识字量较大，适量的读书课也将展开。学校已为我班做好了两个大书橱，正等着孩子们在它空落落的肚子装满好看、有趣、有益的童书。让读书触手可及，让阅读随时随地。为此我们做出如下要求：

（1）每个孩子至少捐四本书，多多益善。

（2）所捐图书最好带拼音，字体较大的为好。

（3）所捐图书七成新以上，无缺页现象。

（4）所捐图书内容高雅，品位上乘，适合低年级孩子阅读。

（5）在所捐图书封皮显眼位置写清孩子姓名、班级。

书放在家里，就是一本，孩子不一定喜欢读；放在学校，孩子们传着读，就变成许多本，在我们的鼓动、交流下，孩子会爱上阅读。书，有可能被弄丢，也有可能被弄脏，但这与被束之高阁相比要强得多。我们会做好相关的登记和借阅记录。另外，我将协调家长委员会的三位成员，用班费购买新课标推荐的"一、二年级书架"中的部分图书，图书角预计藏书达 400 册。

　　捐书，从明天开始。参与，从现在开始。参与，方有可能成功。悦读，请跟我来。以后，我将以一封信的形式和大家交流师生共读、亲子共读的情况，大力宣传我班在亲子共读方面身体力行的家长，这只是个开始。

　　另外，拼音教学还没有结束，我早已开始给孩子大声读书了。朗读，让孩子静下来，定能生慧，静纳百川；朗读，让六七岁的娃娃懂得真正的语文在文字，不在拼音；朗读，给孩子一片快乐的天空；朗读让孩子的心灵变得澄澈。我主要给孩子读了《吹牛大王历险记》《小猪唏哩呼噜》《大头儿子和小头爸爸》。我想通过朗读推荐这些经典名篇，我用大手牵着孩子们的小手，走进经典。如果你们愿意，也加入到这个行列中来吧！督促孩子在家里再读读学校里听过的书，一方面促进识字，另一方面在回味中重温经典。走在前面的家长，孩子也绝不会落后。下面我提出两点建议：

　　（1）给孩子买上几本我上面提到的书，天天放在书包里。

　　（2）每天坚持和孩子读书，从 5 分钟开始，慢慢延长读书的时间。

　　道阻且长，行则将至。让"悦读"尽早发生，让阅读带我们回家。

　　让我们期待，更让我们行动！

你们的朋友

（二）做孩子成长的领路人

家长朋友们：

　　大家好！

　　从教以来，我喜欢称所有家长为朋友。朋友多了路好走。特别是在教育这条路上，大家更是教育的原生力量和主力军。我是教师，更是母亲。通过教育我的孩子，我更深刻地认识到家校教育的合力是学校教育所不能比拟的。好家长胜过好老师。我这样说，不是推脱学校教育所担负的责任，而是肺腑之言。所以，我希望通过我的努力提升大家家校配合的能力和意识，从而形成教育合力，让我们携手做孩子成长的领路人。我愿意，我正在努力。

从这封信开始，我将陆续把我的一些教育理念、需要大家配合的地方以及大家在教育孩子中的困惑，通过书信的方式和大家交流。

拼音还没有学完，我们已经开始阅读。我提出的目标是：让阅读成为习惯，让书香浸润童年。在我看来，没有大量阅读的童年是灰色的，没有亲子阅读的童年是不完美的。这样的不完美不仅表现在孩子学习吃力上，更表现为易造成孩子自信心的缺失。所以，我想告诉大家的是，把教育的眼光放长远些，着眼于为孩子蓄积勃发的力量，那就是坚持不懈地陪伴孩子读书，鼓励孩子多读书。不要贬低孩子表现出的任何对书籍的亲近行为，即使他学习当下的课程很吃力。我们要无限相信，热爱读书的孩子迟早会产生一种魔力，那就是融会贯通。

有了这样的认识，我们还要注意以下细节。细节决定成败。始于精细，方可创造精彩。

细节一：给低年级的孩子买书，一定要买字大的书。字大易于孩子看清字形、分辨行数，眼睛还不会太疲劳。

细节二：对于识字量小的孩子，一次自主读书时间不要太长，从5分钟慢慢增加到10分钟，再增加到15分钟。如果孩子畏难，大家不妨先读给他们听后再要求他们自读一遍。鼓励孩子用手指着字读，这样做的目的是促使孩子关注字形，强化识字。

细节三：对于识字量大的孩子，就不要再让他们指读，也不要刻意要求孩子读出声来，这样可以锻炼孩子提高阅读速度。持续、快速地默读是提高阅读能力的重要手段。

细节四：对于低年段孩子来说，只要他们读就行。不要求孩子记住多少，更不要出问题考他们。在他们跟你们说书时，只要肯开口说就好，说的过程就是梳理、再思考、再输出的过程，不要在说话的逻辑性、生动性等方面提过高要求。快乐阅读是现阶段阅读的首要原则。

细节五：好行为持续的时间长了就转化成好习惯。为了促使孩子养成读书的好习惯，请大家把孩子的优秀阅读行为写在纸条上反馈给我，或者直接发在班级群里。对待低年段孩子请不要吝啬你的鼓励。我会及时表扬并加分奖励。用赏识激励孩子，让成功赢得成功。

为此，我向家长朋友提出如下要求：

（1）经常给孩子买书。现阶段主要买一些带图画的书。

（2）每天在特定时间陪孩子阅读，以便形成条件反射。

（3）孩子写作业的时候，请保持安静，关闭电视。

天下最幸福的事莫过于看到孩子成长。人是吃饭长大的，更是读书长大的。长大和长大也是千差万别的，让我们手挽手做他们成长的领路人，让他们在我们这里点亮生命的底色。

阅读，可以实现我们的愿望。让我们期待，更让我们行动！

你们的朋友

（三）让阅读丰满起来

家长朋友们：

好长时间不和大家絮叨了，我觉得又积攒了很多话要说，因为这些话是伴随着学生身上暴露的问题而来的。我曾在两次家长会上反复强调阅读的重要性，也曾反复申明我的教学观——让书香浸润童年，为学生的终生发展奠基。为了实现这一夙愿，我们要坚持不懈地走在塑造习惯的路上，因为习惯的力量是智商所远不能及的；为了这一夙愿，我们更要坚持不懈地走在阅读的路上，因为阅读力就是学习力，阅读力就是理解力。阅读，是后期培养智商的最主要的方法和途径。

因此，我要求每晚读书10分钟，写反馈条；要求每个周末读书1小时，写反馈条；要求我自己每学期至少和学生一道读两本书；要求大家每隔一段时间用读书卡片的形式向我反馈孩子的阅读情况……为此，我班每学期举行一次淘书活动，每学期去一次新华书店（看书、买书），日有所诵从未间断，学期末评选"小书虫"……一直以来大家都努力地跟着我的脚步牵着孩子的小手走在阅读的路上，对此，我感到欣慰，也衷心地感谢大家的大力支持。我热爱阅读，更希望我的学生也爱上阅读，如果能带动大家也亲近阅读，那自是收获甚丰。在欣慰之余，下面我也摆出其中的问题，以引起大家的重视，因为细节决定成败。

问题一：部分家庭里没有足够的书读。

从孩子反馈回来的读书条看出，一部分家庭无书可读。孩子在家仍然在读学校里已经反复读过的语文课本和《日有所诵》。这就相当于在短时间内反复吃吃过多次的饭，反复咀嚼没有滋味的口香糖，这不但不会给孩子带来多样的营养，更会败坏他们的阅读胃口，导致知识的"海洋"变成知识的"浅水洼"。因此，我希望大家多给孩子买些书看。孩子过生日，就送书吧！孩子进步了，就奖励书吧！逢年过节，多给孩子买几本书吧！外地出差，顺便捎回几本书吧！当我们家长从内心深处把阅读看作天下最美好的事情时，孩子自然会受到感染；当我们家长把书看作最珍贵的礼物时，孩子自然就用爱读书的习惯回报你的付出。巧妇难为无米之炊，没有大量好书的陪伴，孩子又怎能养成读书的习惯？就像鸟儿离开天空，又怎能展翅翱翔？

问题二：太早放手让孩子自己阅读。

对于识字少的孩子，现在的阅读无疑是有难度的。那就像满屋子的人没有几个是自己熟悉的，这样的场合肯定很难为情。识字少是制约阅读习惯养成的最大瓶颈，但是我们不能因此不要求孩子读书。那样的话，就是舍本逐末，就是买椟还珠。等到孩子识字足够多了再让他去读书，就已经错过了孩子对阅读的敏感期。这就像孩子不喜欢吃一种蔬菜，我们可以把这种蔬菜换一种做法做给他吃。因此，对于识字少的孩子来说，我还是提倡家长陪读，或是家长给他读一遍之后，再让孩子凭借记忆囫囵吞枣地读。坚持，是不变的法门；坚持，是爱上阅读的捷径。也许有一天，我们会猛然发现，在不知不觉间，孩子突然识字多了，能自己读书了。

问题三：总要求孩子读不一样的内容。

一般，孩子会喜欢读他已经读过的书，这不是坏事。反复读一本书，对于识字而言是个再次见面的机会，更利于孩子增进与书籍的亲近感。这就像我们人与人之间的感情，越是交往密集，感情越是亲密。这还像看一部电影，第一遍看了解故事，第二遍看感受细节。所以，大家不要苛求孩子天天读不一样的内容。当他们重读完以前读过的书的时候，你也要毫不犹豫地反馈给我，在我看来，这跟孩子又读了一本新书一样有意义！

十年树木，百年树人。何况，孩子刚刚踏入一年级，他们的学习之路才展开一角，谁又能预料他们的人生画卷是什么样的呢？不过，可以肯定的是，一个喜欢阅读的人生，一个与好书为友的人生肯定是有滋有味的，肯定是游刃有余的，肯定是丰满的。

让阅读丰满起来，从给孩子买书开始，从充实你家的书橱开始。

你们的朋友

（四）学期中写给家长的信

家长朋友们：

大家好！

一个希望优秀的人，是应该亲近文学的。亲近文学的方式当然就是阅读。阅读那些经典和杰作，在一行一本间得到和世俗不一样的气息，优雅的气质与此同时也就培养出来。

读书，应是一个人一辈子的功课。学这门功课，离开大家的支持将收效甚微，离开良好的家庭教育，我们很难教会孩子真正阅读。我想大家是不愿意碰上一个只会做无用功的笨老师的。

古训说："身教重于言教。"

著名教育家苏霍姆林斯基说："凡是道德修养好的、有自觉精神的劳动者，都是在对书籍抱着深刻尊重态度的家庭里长大的。"

由此看来，读书不应成为孩子一个人的功课，那样将孤掌难鸣，而应首先成为你的功课，其次是我的功课，最后是孩子的功课。只因你们是孩子的第一任老师，也是永远的老师，只因我们深切懂得"其身正，不令而行；其身不正，虽令不从"的含义。

在为学生减负的今天，就让孩子回家读书吧！每天读10分钟、20分钟。让家不仅仅成为物质的居所，更成为精神的栖息地。试想，在暖暖的灯光下，父母拥着孩子翻阅着一本本书，多么温馨。

学校已给我们制作了一块很大的读书榜。每个孩子的名字都喷绘在上面了。正等着孩子把他读过的书写在卡片上贴在其名字上方。为此，我向大家提如下建议：

（1）从今天起，当孩子读书学习的时候，把电视机关掉，把手机放下。

（2）当孩子读完了一本完整的书，让他给你说说故事的内容，他喜欢谁，哪些地方给他留下了印象，也就是让孩子说书给你听。然后，你给予评价写成纸条反馈给我，我就可以在读书榜上给孩子贴上读书卡片了。

一学期下来，当再来开家长会的时候，大家就可以看到自己孩子读书的情况了。我们将把这些纳入对孩子的评价。

"阅读"变"悦读"的路不算漫长,坚持两年足矣。享用一生的好习惯,只需要两年的陪伴。让"悦读"带我们回家。让我们期待,让我们行动。

你们的朋友

(《班主任之友:小学版》2008年第9期)

(五)学期末写给家长的信

家长朋友们:

大家好!

诵读是深层次阅读。入学后的第二天,我和孩子同捧一本书——《日有所诵》,引导孩子在读读诵诵中亲近母语。80篇诗歌,我们就在每天的咿咿呀呀中熟记于心,兴味盎然,识字,明理,养诗性。新鲜丰富的语言如汩汩流淌的清泉,滋润孩子绽放的心田。诗情也在想象中插上翅膀,孩子在模仿中创造,所作的诗充满了童趣和善良。整个过程是"'熏练'童话嘴巴"的过程,打开了孩子亲近母语的一扇门,门那边风景无限。这些,大家在期末举行的《日有所诵》展示活动中是有目共睹的。事实证明,每天的诵读能让孩子日渐变得有修养,有定力,文雅而富有灵气。

因此,假期里,不要忘记提醒孩子每天背背《日有所诵》中下学期的内容。科学证明,假期里的孩子容易变"笨"。每天让孩子在规律的玩耍中闻闻书香,是提高孩子阅读兴趣的最好方法。

大量高品位的阅读是我和孩子的追求。开学以来,我们已经认识了聪明、憨厚的《小猪唏哩呼噜》,在《爱心树》的树荫下,找寻爱的种子,一起读了《蚯蚓的日记》,时常被《大头儿子和小头爸爸》之间有趣的事情逗得捧腹大笑。在笑声中,我和孩子度过了入学以来难忘的一段时光。孩子们更是如一只只小书虫,在不间断的阅读中渐渐长大。可以说,他们已经养成每天读书的习惯,读书渐趋成为这些孩子的一种生活方式。大家要记得,假期里,不要打破孩子的这种生活方式,在宽松而有规律的假期里,要时常提醒孩子捧读一会儿《不一样的卡梅拉》,翻翻《列那狐的故事》。开学后,我们将组织读书展示活动,还将开展"书香家庭"的评选。大家要适当拍些亲子阅读的照片、视频,还要和孩子一起谈谈读后感呦!

假期的阅读应成为滋养孩子心灵的最好土壤。一日读书一日功，一日不读十日空。让"悦读"带我们回家。让我们期待，让我们行动。

你们的朋友

（六）暑期给家长的一封信

家长朋友们：

大家好！

首先感谢大家一学期来对我工作的支持，因为有了你们，孩子成长得更快，更踏实，更有后劲。因为有了你们，我工作得更愉快，更有干劲。

暑假，一段容易让人"变笨"的时间。生活中没有了约束和竞争，吃得多，睡得多，学得少，人慵懒，克服变笨简易可行的方法就是读书。对于低年级的孩子来说，阅读的意义不单单是防止"变笨"，更是养成习惯。好习惯，受益终身；坏习惯，贻害终生。通过这一学期的学习，我更深刻地发现，孩子间的差距主要是习惯的差距。对于语文学习来说，不阅读或阅读少的孩子，学习上就容易捉襟见肘，疲于应付。这样的差距如果得不到有效"补养"，会越来越大。因此，和各位家长明确假期要求如下：

（1）读完《大个子老鼠小个子猫》全套，这是必读书目。再读两本自己选定的书目。每读完一本，孩子向家长说书，家长给予评价，填写完读书卡片。

（2）以上是统一要求，学有余力的孩子可以好好利用这段时间与好书为友，把读书所得简单记下来。开学后，我们将展开评比，对表现好的孩子给予奖励。

（3）练笔方面，统一要求写十篇日记，有能力的孩子多写。有时间的家长可以把孩子写得较好的日记整理成电子稿发到班级群里，增大读者面，激发孩子写作积极性，我将修改后放到我们班级的公众号里。开学后，我们将以"小脚印漫步"为名编辑成册子，希望看到每个孩子的作品。对于勤写多练的孩子，我们将予以表彰。

（4）背诵《日有所诵》前20首和《小学生必背古诗词75+80首》的第40至50首，鼓励往下背。天天背诵点儿东西是提高记忆力的最好方法，而记忆力的强弱是决定学习好坏的关键因素。每天早晨，鼓励孩子进行晨诵，用琅琅书声开启一天生活，这是我要求每个孩子努力去做的，更是需要家长做好监督的方面。

（5）至于课本，我认为大多数孩子是不必看的。识字还较少的孩子可以提前认认字。

（6）建议大家开学前的两三天，约束孩子按照在校的作息时间有规律起居，每隔35分钟休息一次。孩子可以看书，可以画画，可以做手工等，但就是不能随便出入。用这样的方式帮助孩子尽快"收心"，提前进入学校生活节奏。

（7）提高孩子的安全意识，度过一个安全、快乐、充实的假期。

日有所读，日有所诵，是假期语文学习的两大法门。

最后祝大家工作顺利，合家幸福！

你们的朋友

七、亲近《经典阅读》

今天是购买《日有所诵》的日子。

先是上当当网和卓越网浏览一番，《日有所诵》一年级版全部脱销。再上"亲近母语"的网站，还好有存货。搜索到负责的陈老师，不停地给他发短信："陈老师，我是山东淄博的一名老师，今年要教一年级，希望购买46本一年级用的《日有所诵》，你们那里有没有这么多的存货？希望看到您的回复。"

我等待一个上午对方也没有回信，就继续发短信，同样的内容发了三遍。

千呼万唤，终于盼到银铃般的声音："你是购买《日有所诵》的老师吗？"喜不自胜，我们进行了一番交流，另外我还买了一年级用的《经典阅读》和《全阅读》，敲定价格，提钱，到农行付款，回"已汇款"的短信。

扬州发回短信："款已收到，我们会尽快发货。"

深呼吸，我完成了一项贯穿整个学年的工作，很快乐！

日有所诵，诵读的是经典，练就的是定力和静气。水滴石穿，绳锯木断，优雅、智慧和不一样的眼光就像大雨过后的山泉一样，从孩子的眉宇、言谈之间汩汩流出。

背诵就是锤炼心智的过程，就是凝神聚气的过程。不单是增长了语言的素养，更是培养持久注意力和记忆力的过程。这对低年级活泼好动的孩子来说是非常必要的。

每个孩子就像沙粒下的清泉，挖掘越深水越清澈。"问渠那得清如许？为有源头活水来。"我愿用日有所诵的点滴，引得那新鲜活水的喷涌。

家

蓝天是白云的家，
树林是小鸟的家，
小河是鱼儿的家，
泥土是种子的家。
我们是祖国的花朵，
祖国是我们的家。

多好的诗歌，由此我们还可以引申出"花园是蝴蝶的家""夜空是星星的家""花园是花儿的家"……

我想通过我的努力，开发属于我的、适合我特点的一本小册子，为我所用。把这样鲜活的、新鲜的语言集结成册，每天和学生诵一诵，一起在语言的长河里做一条条快乐的小鱼。唉，只是时间老人似乎不太欢迎我做此事，一个劲儿往后拖。无谓的忙碌害死人。

还好《日有所诵》来了！从扬州"亲近母语"实验基地来了。千里迢迢扑面而来，孩子们早已敞开怀抱等它入怀。

家长会上跟家长朋友们细说我的教学主张和以后的打算，赢得家长的一片赞许。《日有所诵》随即发给了孩子们，我想留给家长说到做到的印象。人生有许多的不能等待：孝敬老人不能等待，教育孩子不能等待，锻炼身体不能等待……我希望家长在我的带动下，在教育的路上雷厉风行，知行合一，不要等待。

孩子早就背过了《蜻蜓》《弹钢琴》《小溪给咱洗脚丫》，打开书立刻发现了它们，亲近感倍增。

好吧，一天背一首，坚持下去，让每天的诵读成为孩子们心灵的栖息之家，涵养心性，锤炼品格。相信坚持的力量、语言的力量都会从孩子们那里得到映射。

我要给孩子读故事了，很想从自己的学生身上验证薛瑞萍老师所说的那种"想怎么掘就怎么掘"的惬意与快感，想看看孩子因为听故事而表现出的向往、渴望的眼神。

为了确保给孩子读的故事是经典，是上品，为了让这样的朗读持续不断，我给孩子购买《日有所诵》时也给自己买了"亲近母语"系列的一年级用的《经典阅读》和《全阅读》，这是我开展"白色朗读"的第一套资料。

《经典阅读》确定的目标是：从阅读走向经典。编选的都是古今中外的名家名篇，有些是从爸爸、爸爸的爸爸开始就盛行于世的，至今仍然屹立不衰；有些经典如人正值壮年，英姿飒爽，风度翩翩，浑身散发着无穷无尽的魅力；还有些经典虽然如婴儿般刚诞生不久，却因可爱备受众人关注……

《经典阅读》讲述了小猪唏哩呼噜的故事，讲述了狐狸列那的故事，还引领我们走进了"草房子"，更有经久不衰的格林童话和小巴掌童话，大头儿子和小头爸爸的故事作了头版头条……它们像开启的窗户，给我和孩子展现了一个精彩的世界；像行驶的渡船，载我们到缤纷奇妙的心灵港湾；像一束灯光，点亮了孩子向往的灯盏。

打开这些经典，大声诵，小声吟；默默看，静静想。眼到，便知梗概；口到，得意忘言；心到，得失寸心知。走进去，一切都是我；走出来，我就是经典。

遥想，薛瑞萍老师就是这样，整天和孩子读一读，听一听，天长日久，薛老师就有了"我就是语文"的底气。行走在教语文的路上，轻松，游刃有余。自然间，浑身上下就流露出语文的气质，孩子在不经意间就习得了语文的素养。一切功到自然成。

只是孩子们没有书，真委屈了我的嗓子，我得大声读给他们听。孩子们倒是专心致志，我的嗓子却不愿意了，干涩发炎。我告诉自己悠着点儿，悠着点儿！每天一篇、两篇……尽管在捡拾的课堂上，孩子们也很想听，我也只能视而不见、充耳不闻。

相比《经典阅读》的纤巧文雅,《全阅读》更像一桌满汉全席，多了些不同的滋味。看《全阅读》犹如欣赏大嘴巴、大屁股的西方美女。这样的欣赏在累了的课后、在喋喋不休的会场上，都是一道美味的小菜。

如果用美国诗人惠特曼的名言"有一个孩子每天向前走去，他看见的最初的东西，他就变成那东西，那东西就变成了他的一部分"来衡量我的话，我显然已被拒绝在优秀的门外，但我愿意大手牵小手，引着儿女、学生亲近经典，走向优秀。

作为教语文的班主任，我力求探索出一条融合语文教学和班级管理双重效益的路子。磨刀不误砍柴工，事半功倍是我想要的。坚定不移地搞好大阅读。新一届学生，一派新气象，就从读书给孩子听开始。

八、心平气和的一年级

我一再告诉自己，教一年级要心平气和。对于刚入学的孩子，对于差别大的孩子都要心平气和，要悉心教导，要循循善诱。理念指引行动，在这种思想的指引下，我做到了不发火，不动气，以理服人。家长会前，我精心准备，想以此和家长统一认识，统一行动。教学中，我三次给家长写信，"调教"着他们和我的教学同步。对于表现欠佳的孩子，我给家长发短信、写便条，和他们商量解决的办法。摆正心态，说到做到，以服务的心态和家长沟通，以努力的姿态促进自我成长，以精进的姿态搞教学。无论家校联系，还是日常教学，都按照计划有条不紊地实施。一切因努力而皆有可能。

感谢我的学生，他们大都体贴我，从不大声嚷嚷，写字、听故事时，全班也会安静得像高年级的孩子。没有很调皮的，女生多于男生，班级纪律可用"井然有序"来形容。

感谢我的家长，他们积极主动地参与我的教学活动。在我的引领下，他们和孩子积极认字，搞亲子阅读，时常和我电话联系。他们通情达理，不为个人的一点儿得失和我斤斤计较，无论我做什么，他们都表示支持。他们争先恐后地走进课堂，听我的课，和孩子们一起跑操，就像一群好学的小学生，家委会的成员更是未雨绸缪，想我所想，一切都默契得如挚友。感谢他们的信任，我唯有做得更好才对得起这份双向奔赴。

感谢我的副班主任——小房老师。她勤劳、善良、能干，经常在晚上或放学后帮我打扫教室，她负责的环境一尘不染。特殊情况临时调课时，她也毫无怨言地上几节。小房教两个班的数学，这个班里多上一节，那个班里多上一节，想想也是挺累的，但她从不说累。年轻人，好样的！

感谢学校。感谢学校为我提供了优越的教学条件，感谢领导对我的关怀和认可。跟着这样的领导，干着带劲。

最后，感谢一下自己。感谢自己的身体给我提供了努力工作的资本。尽管瘦，但不是弱不禁风。尽管嘴唇、嗓子上火，但丝毫不影响我给孩子读《小猪唏哩呼噜》。感谢自己以积极的心态面对工作，有点儿想法并付诸实施，而且取得点儿成绩。最近收到《山东教育》和《班主任之友》的样刊，我知道自己又发表了点儿铅字文，甚是高兴。这完全是凭借自己的努力得来的，为以后的投稿积累了经验，增加了信心。我会继续笔耕不辍，"不求闻达于诸侯"，只求躬耕于文墨。

怀一颗感恩的心，揣一份火热的情，用心平气和的态度对工作、对家庭、对自己。相信，我会走得更稳健、更有力。

宋朝苏轼在《菜羹赋》中写道："先生心平而气和，故虽老而体胖。"这里的先生是不是指教书的，我无从得知。我只知道，我是教书的，因时常心不平气不和，所以体不胖。在别人追求苗条的时候，我却天天喊吃肉，吃了肉，仍不见长肉。我对象嘲讽我说"就是吃猪饲料恐怕也不行"。那只能把增肥的愿望寄托在心平气和上，这是题外话。

我真正想说的是，期末是容易上火的阶段，告诉自己一定要心平气和，宁静致远。

面对学生心平气和：薛瑞萍在《心平气和的一年级》中提出"放松，恰是意味着对其学习兴趣的呵护，何必在意一屑一砾的得失""靠天收吧，让他们投身于学校生活的洪流，高高兴兴跟着混，顺势而行，能走多远走多远。心急火燎、怒火冲天地抓，只能使他们对功课产生畏惧和抵触情绪，走向愿望的反面"。是的，对学生的教育，有时就像手攥一把沙子，越用力攥，漏得越多，反而在你揽拢的时候，手里的沙子最多。对学生，爱在心平气和。

面对成绩心平气和：教育上，死缠烂打式的消耗战，我很不擅长。所以我班的成绩会有所波动，对此我心平气和。因为，我所带给孩子的远非当下几张试卷所能评定的。我敢公开挑战：哪个班的孩子能在一年级时就累计背诵120余首诗？哪个班的孩子天天书不离身？哪个班的图书角每天借阅者在15人左右？哪个老师能主动在孩子面前说书，以此引起孩子读书的兴趣？哪个班师生每学期同读书超过4本？哪个班真舍得每周拿出2节课让孩子大量阅读？我做到了。那这些又怎样考核？成绩上暂时显现不出来我又该怎么办？我义无反顾，因为我心中有远方和诗意。你说我好高骛远也罢，自我陶醉也好，标新立异也罢，只要有利于孩子的，只要我喜欢的，我就不撞南墙不回头了。面对成绩，心平气和。

面对荣誉心平气和：荣誉，一时的光环，是我们这样的小人物眼中的太阳。面对评优，整个学校的上空弥漫着沉郁的气息。荣誉，可遇而不可求。不是你的，强求也没用。是你的，在转角的地方等着你。"牢骚太盛防肠断，风物长宜放眼量。"命里有时终须有，命里无时莫强求。面对荣誉还是顺其自然一些好。

面对自己心平气和：天天为自己的心灵开一朵花，花上沾满露珠，晶莹透彻，让宁静的幸福呼之即来。我的方法是上班时多看书，在书中沉静，让书荡涤苦恼；下班了，回到家，和儿女疯玩。有空了，就敲打几篇碎语，鼓励自己，沉淀自己。赏心乐事谁家院？就在自己手中、心中。

九、悦读：再请跟我来

（一）写给家长的知心话

家长朋友们：

关于大阅读的重要性，不需多言。家长和老师观念一致，孩子可能会更快地进入阅读世界。我将拉着孩子的手，一同走入美妙的阅读世界，头一年或两年需要家长的鼎力支持，我们才能在以后的教育之路上轻松前行，孩子也才能更优秀。阅读是有关键期的，就像幼儿说话有关键期一样。如果入学前，我们不曾关注孩子的阅读，那就从现在开始吧，跟随我两年，孩子一定会爱上阅读。

和大人一起读的要求：

（1）刚开始，小手指字，大声朗读3遍，有能力的背过最好。小手指字的目的是快速识字。

（2）有能力的家长，可以让孩子读后演一演，说说读懂了什么。

（二）秀秀我的书房

家长朋友们：

为了给孩子创造更好的阅读环境，营造"我阅读·我快乐·我成长"的氛围，我们将开展一系列的活动。在接下来的两周内，我们将开展"秀秀我的书房"活动。具体要求如下。

第一步：准备书架。给学生创造一个安静、温馨的学习阅读区，最好是单独一间房。房内放一个便于放书、取书的书架，书架最好是开放式的。开放式书架不设防，让阅读触手可及。若家中已有封闭式书橱，可为孩子买一个简易的小书架，便于放在孩子床边或学习桌旁。

第二步：备书。把家中适合孩子小学阶段阅读的书都放在书架上，越多越好。书多了才有书房的感觉。千万不可把书藏起来，压在箱子里。谁也不愿意翻箱倒柜大半天才找到书，那样会造成读书兴趣大减。有些书孩子当下没兴趣，但几个月后会翻阅；有些书，孩子今天翻看几页，明天又翻看几页，随意翻也是在阅读，勿强求孩子在读同一本书上善始善终。现在只需要连滚带爬地读，囫囵吞枣地读，只要读起来就好。

第三步：秀书房。当孩子在你精心布置的书房里不由自主地沉醉时，当家长和孩子一道徜徉书海时，拍下这最美时刻吧。照片要做到人在书中，书在手中。把这最美时刻分享在班级群里，记得写上几句应景的话语。

第四步：收集整理。专人收集照片和文字，做成"美篇"，留下大家陪伴的痕迹。陪伴是最好的教育。

让孩子参与整个过程，也是一种无形的阅读熏陶。参照我发的例图和文字，赶紧行动起来吧！

（三）家庭整洁与阅读凌乱

家长朋友们：

今天，和大家交流的是"家庭整洁与阅读凌乱"的问题。

曾看过一篇文章，题目是"家有孩子，屋子乱好还是整洁好？心理学家告诉你"。主要观点是生活在很整洁环境中的孩子，玩玩具的热情不如其他孩子，因为他们有不愿破坏这份整洁的心理趋向。当大人收拾好玩具，这些孩子大多选择不去触碰，因为父母不良的态度，就像给玩具涂上了一层毒液，让孩子抗拒。如果乱七八糟的玩具间意味着捣蛋的孩子，那么过分整洁的玩具间则意味着童年的空白。

推而广之，若孩子阅读的书总是被压箱底或者不允许孩子这里一本、那里一本地放，孩子阅读的兴趣也会大打折扣。所以，我们要允许孩子因为阅读把屋子弄乱，允许孩子把书放得到处都是。当然，我们可以想出折中的办法。比如，每到周末，让孩子参与家务劳动，开展"让书回家"活动，把凌乱的书归位。这样形成循环，一举两得。

（四）抓根本养孩子

家长朋友们：

今天和大家聊一聊"大宝与小宝"的话题。

自从有了小二，我喜欢叫老大"大宝"，叫小二"小宝"。儿女绕膝，很是幸福。"老大照书养，老二当猪养"这句话用在我家两个孩子身上很合适。"老大照书养"的最大表现是老大知书达礼，很有教养，喜欢阅读和写作，习惯很好，不用人操心。年近四十的我，很多时候力不从心。但不管小二怎么"当猪养"，我始终注意对孩子读书习惯的培养。从两岁开始，每天晚上陪他读书，读绘本，给他讲故事，听故事，背诗词。我买了播放器，当孩子情绪好，自得其乐时，我就把一些好听的东西放给他听，只是听，没有任何要求。久而久之，我发现小家伙会背很多东西，会说很多"稀奇古怪"的词语。

我从网上买了简易书架，老大马上把她小时候读的"幼稚"书踢出来，放在儿子的书架上。真得感谢二孩政策，不然，老大那么多书利用率就低了。老大时常对小二说："你读的书都是我读过的，来，我给你读书吧！"很是省心。

说了这么多，我的意思是，不管跟我读书的孩子是你家大宝还是小宝，我们都要抓根本。是大宝的话，要抓，因为他可以成为你的帮手，成为小宝的榜样。是小宝的话，更要抓，因为一不小心真的会把他养成坏习惯多多的"小猪"。

当我们满足于有孩子真好时，更要为他们能有美好未来而引导他们在当下多努力。当下努力的最好切入口就是培养他们对书的亲近感。

（五）相信日积月累的力量

家长朋友们：

今天交流的是关于购买《日有所诵》的事宜。

随着拼音掌握得更加熟练和阅读的持续推进，学生的识字量在悄然增加，学生对阅读的渴求也更明显。但总体上受识字量的限制，孩子还不能读较长的故事。因此，结合我以往带班的做法，在一、二年级，引领学生阅读童谣是培养孩子诗性、提高孩子记忆力、帮孩子快速识字的好方法。童谣，篇幅简短，节奏感强，韵律明显，贴近学生，易读易记。每天一篇，在日积月累中涵养诗性，亲近经典。

家委会牵头统一购买《日有所诵》，大家可以自己去买，也可集体去买。剩下的工作就交给我吧！下学期，邀请大家到校听课，检阅孩子日有所诵的成果。

（六）特别的作业

崔家润、张铭轩、徐乾生、武欣睿、唐睿泽、任纪钰、孙睿秋的家长：

今天布置假期作业时，发现你家宝贝的背诵任务都已提前完成，为你们有规划的家庭教育点赞，更为孩子的自律、自觉点赞！响应你们的要求，我就推荐几个长篇让孩子尝试着背。为什么不鼓励孩子往下背呢？因为班级的教学进度是关照大多数学生的，提前背了后边的内容，当大多数同学再背时，他们还是在"陪读"，浪费他们的时间。建议让孩子背诵长篇的经典诗词，如果背过了这些长篇再背短篇，那可真是"张飞吃豆芽——小菜一碟"了。这些长篇基本都是初中、高中学习的内容。对于孩子来说，就是背诵，无需解释。童子功的力量是强大的，愿意尝试的家长，可以尝试。如果孩子背过了，开学后告诉我，我表扬他们，并给他们展示的机会。

下面是推荐的几首诗：白居易《长恨歌》《琵琶行》；张若虚《春江花月夜》；刘希夷《代悲白头翁》；李白《将进酒》《行路难》《蜀道难》。

（七）家长的真情反馈

张老师：

您好！我是崔家润的妈妈。崔家润埋怨我对您说的话不准确，我原先对您说，崔家润背诵的长篇古诗词不流畅，他听后很不高兴，让我重新告诉您。那就这样说吧：崔家润背诵得还行，原先就会背《长恨歌》，中班时我和孩子晚上睡觉前背诵的。《春江花月夜》《将进酒》《琵琶行》是大班时背诵的。寒假里重新梳理了几遍，还好忘记得很少，稍微提示就能顺上。假期里背诵了《短歌行》《蜀道难》《代悲白头翁》和《行路难》，这几篇都背得很好。《爱莲说》和《前赤壁赋》背诵得还不很流畅，个别地方需要提醒。孩子表现欲望看来强了好多，希望得到老师的表扬，在您的引导下，崔家润进入小学后进步特别大，我们都感到不可思议。

（这段话是崔家润的家长发给我的，我转发到班级群里，并有了以下文字）

（八）我愿意，我愿意

家长朋友们：

上边的第（六）部分是放假前我发给几个孩子的家长的，第（七）部分是崔家润的妈妈发给我的。询问了这几个学生，他们都能背诵3～5篇长篇诗词，比较突出的是徐乾生和崔家润，他们都在班里进行了展示，我也不遗余力地表扬了他们。这几个学生的家长可以趁热打铁鼓励孩子在学有余力的时候继续背诵长篇诗词，需要我推荐时留言。为了有说服力，假期里，我也重新复习了这几首长篇诗词。我想说的是，孩子的潜能是无限的，有时候，我们觉得是给孩子增加了负担，其实是没有找到激发孩子潜能的方法。方法对了，没有难易之分。

我愿意为每个有特殊需求的孩子量身定做教育，只要你提出需求，我就尽力。绝不奢求每个孩子都一样，也绝不奢求所有的家庭教育都像徐乾生和崔家润的家长开展的那样。作为家长和老师，我们只要尽力就好，只要负责任就好。

不提倡让孩子提前背诵后边的古诗，因为我们仍会照顾大多数，拿出时间来背。孩子若提前背过，反而在课堂上无所事事，浪费时间。

（九）我们三年级啦

家长朋友们：

大家好！

经过两年的家校共育，我看到了成长的美好。两年来，我们大手牵小手，为了成长的厚度，我们一起培育希望。我们相互扶持，默默坚守童年的真善美，为他们提供着丰富、优质的母语成长环境。进入三年级，我欣喜地看到如下情形，心里满是收获的喜悦。

情形一：学生早晨一到校，不是值日生的同学手捧《日有所诵》或《阳光读写》开始了晨诵，尽管不是专心致志，或者是小和尚念经，但他们在没有老师的情况下已经形成了诵读的习惯。昨天，我们努力造成习惯；今天，习惯回馈给我们优异表现。在我和孩子看来，诵读的意义在于过程，而不是结果。晨诵首先在于唤醒孩子的各种感官，让耳朵倾听那些灵动的语言，让嘴巴咀嚼那些有滋有味的情感，让眼睛在白纸黑字间寻找一种敏锐，让心灵在日不间断的诵读中得到滋养。正是因为我们从不铁着面孔去诵读，所以孩子伴着轻松的心情记住了更多内容；正是因为我们从不抱着功利的目的去诵读，所以我和孩子才可以尽情享受母语的温度。

情形二：中午一到校，孩子都习惯性地读起课外书。尽管走廊里其他班的同学在喧闹，在摔卡拍掌，他们依然沉浸在书的海洋。你瞧，崔家润正在读《射雕英雄传》，金庸的武侠小说他已经看了三本；唐睿泽却在读《康熙大帝》，我真不知道，孩子哪来的定力捧读这样的大部头，我诧异又惊喜。当然，有些孩子正在津津有味地看漫画，只要不是天天看，我也不会制止。在我看来，只有毫无压力地、轻松地阅读，才可谓"享受"阅读。不以经典为上，是我们在小学阶段要始终贯彻的阅读原则。

情形三：课间，我总要到教室里转一圈，看看又哪些小书虫不肯出去玩。像张铭轩、徐艺嘉、赵月曼、魏陈梓轶等见缝插针看书的孩子，我总担心他们的视力和身体因此受到影响。于是，我就往外撵，"出去玩一会儿，对于你们来说，玩比读书更重要。"我希望每个孩子都与好书为友，但我更希望每个孩子都拥有阳光、健康的体格。

情形四：晚上，孩子阅读得怎样，我无法完全掌握。但从反馈回来的读书卡来看，我知道他们中的绝大部分每天晚上都是要看一会儿的。家，已不只是吃饭、睡觉的地方，更是享受阅读的地方。当家成为阅读的天堂，我们就不用为"电视迷""网虫""低头族"的出现担心了。

所以，我现在更想称大家为朋友，志同道合者为朋友。道不同，不相为谋。在教育的路上，志同道合太重要了。因为，这份美好的成长里渗透着你们的付出。朋友多了路好走；朋友多了，教育的路上，我从来都不孤单。

转眼，孩子已经升入三年级。这是一个容易分化的年段，也是一个全新的年段。语文上不再以识字、写字为重点，转为理解和运用，这是一种更高层次的智力活动，没有大量阅读来保证，单学课本是无法完成这一阶段提升学习能力要求的。那这一阶段，我们主要应读什么书呢？我认为主要应读两类书：

一是文学类的书籍，以儿童小说为主。我们将师生同读"国际大奖小说系列"，不少于6本。因为阅读小说是一个人阅读能力成熟的标志，是培养孩子持续默读能力的良好载体，而一个人的持续默读能力是理解能力的外显。

小说以生动的情节吸引孩子去持续默读。

二是科学类的书籍。我是语文老师，但我不赞成一味让孩子读文学方面的书。海纳百川，有容乃大。读书应如养生，五谷杂粮都要吃，粗粮细粮混搭，做到"百搭"才能去粗取精。就像孩子背诵的名言："在新的科学宫里，胜利属于新型的勇敢的人，他们有大胆的科学幻想，心里燃烧着探求新事物的热情。"从孩子心理发育的特点来说，现在的孩子都属于新型的勇敢的人，他们有大胆的幻想，心里也燃烧着探求新事物的热情。因此，阅读科学类书籍是保护他们这种热情和幻想的最好策略。

为此提出如下要求：

（1）给孩子购买"国际大奖小说系列"不少于6本，特别推荐《苹果树上的外婆》，罗尔德·达尔的《了不起的狐狸爸爸》《查理和巧克力工厂》和《蠢特夫妇》，购买《我们爱科学》和《昆虫记》彩绘本。

（2）配合老师要求，给孩子创设独立阅读的时间，每天不少于20分钟。

（3）尽量陪同孩子阅读，以身作则。这一点怎么强调也不为过。

（4）不要求孩子写任何的读后感或做笔记，孩子读完一本书后，写出简单的反馈卡给我即可，我将以此作为评选"小书虫"的依据。

书山有路勤为径，愿我们再次携手前行，牵着孩子的手共同走好三年级这个特殊又重要的阶段。

阅读已入佳境，更需小心呵护。让我们期待，更让我们行动。

你们的朋友

此文删减版发表于《班主任之友：小学版》2011年第7期、第8期合刊

十、让智慧催开心灵之蕾

——"蚯蚓哥"的故事

他很聪明却学习一般。他用左手画画，画得极好。他个子很小却打仗很厉害。他不会与别人交流，最常见的交流语言是"生抢硬夺"。他就是"蚯蚓哥"，还叫"青蛙王子"。因为他经常满手泥巴，一只手攥着蚯蚓，另一只手捏着青蛙，经常带它们一起上课。

下雨了，下课了，他不见了？！

他在草地上、在操场上、在隐蔽的地方找啊，挖啊，寻找着他的最爱——蚯蚓和青蛙。

你瞧，他满手泥巴，一只手紧紧攥着，里边有只小青蛙在试图逃走……但没有可能，除非他想放掉它。

一次，两次，我决定出着儿……

我和他约定，十天之内不在学校里逮抓蚯蚓和青蛙，更不把它们带到课堂上，我奖励给他一本书，一本超乎他想象的书。

联系父母，给他安排下课任务，班干部与他"一对一"结对帮扶，他勉勉强强坚持了十天，我奖励他一本《蚯蚓的日记》。

读书课上，我坐在他的身旁，和他一起读，一起画，一起续写新版《蚯蚓的日记》，取名为《"蚯蚓哥"的日记》。

蒙蒙细雨后的周末，我提醒他父母一定要尽情陪他寻找蚯蚓和小青蛙，要求他们一起观察，一起记录，一起诵读关于小动物的儿歌，再把它们放生。

等到全班共读《蚯蚓的日记》时，我让他做了"小老师"，并呈现了他创编的"大作"——《"蚯蚓哥"的日记》。

我在专门为他写的教育故事中写道："'蚯蚓哥'的本心不是去伤害蚯蚓和青蛙，他只是童心、好奇心所致。世界杰出昆虫学家法布尔不就是痴迷于观察各类昆虫才写出了享誉世界的《昆虫记》吗？因此，我既要维护好班规的威严又要保护好他观察昆虫的兴趣，说不定也能培养出一个有作为的动物学家。"

我们再约定，他若再坚持两周，我再奖励他一套他更意想不到的书。这次，他比较轻松地做到了。我双手捧上无字书6本——《男孩与青蛙》。

他奉若珍宝。父母、老师继续和他一起读，一起添加文字，一起画，一起编……取名《"青蛙王子"的故事》。

他爸爸把他的两部绘本作品装帧得很精美，在班内传看了很久，班内的每个孩子都赞叹不已，其中《"蚯蚓哥"的日记》还获得了市里的绘本比赛一等奖。"蚯蚓哥"的绘画天赋得到了充分的展现，他旺盛的精力找到了安放的地方，童年所特有的想象力在这里放飞，孩子脸上荡漾着灿烂的笑容。

我继续在属于他的教育故事中写道："通过近两个月的努力和两套书的阅读及创作，'蚯蚓哥'对蚯蚓、青蛙、各类小虫虫的兴趣越来越浓厚，但他已不再逮抓玩一会儿后随便丢弃，这是最可喜的变化。他开始喜欢在阅读中了解它们，为它们画'肖像'、写'传记'，然后编成属于自己的书。这是个多么曲折又美好的蜕变。投我以桃，报之以李。巧妙利用孩子的兴趣点和闪光点顺势而为，定会水到渠成，定能生慧。我确信！"

然而有一天，他故意把一条小蚯蚓连同泥土放进了同学们的空水杯。我气得很想把他团成蚯蚓扔得远远的。

然而想到前边的苦心经营，想到他已经开始的"美丽转身"，想到千里之堤如何毁于蚁穴，想到孩子父母的殷切期盼……我再一次谋划起教育的良策。

在班级故事会上，我戴着蚯蚓妈妈的头饰，给孩子深情演绎了如下故事："一天，雨下得很大。大雨过后，我们一家都出来透气。孩子们都很兴奋，不知不觉间，我最小的宝宝就不见了。你们见到他了吗？你们见到他了吗？……"

第二次上课，我又戴着一个蚯蚓爷爷的头饰，继续给孩子们讲述："我最喜欢最小的孙子了，他聪明可爱，喜欢画画，还会写《蚯蚓的日记》。可惜他走丢了，我们都很着急。如果你们见到了他，一定记得把他送到树底下的家里……"

等到我再去上课的时候，水杯里的蚯蚓已经不见了。我的"私家侦探"告诉我说，"蚯蚓哥"已经悄悄地把蚯蚓送回树底下，并认真清洗了水杯。

这一天，我们全班都以"走失的蚯蚓"为题写了一篇日记。"蚯蚓哥"写道："老师，我错了。其实，你早已知道是我干的，但你为了让我自己教育自己，保护我，才如此用心良苦。老师，请原谅我吧！我会做最好的自己的。"

我写下如下批语："走失的蚯蚓回家了，让老师牵着你的手回到 50 个孩子的大家庭中，我们都相信你会做得更好。"

我的教育故事中又有了下面的感悟：我很庆幸没有一针见血地处理这件事情，峰回路转、柳暗花明的美好让我感喟教育是门大学问。就像苏霍姆林斯基说的那样："真正的教育是自我教育。"此话意味深长。

此事之后，"蚯蚓哥"的怪异行为明显少了，在我的持续关注下，他更多地参与协办黑板报、制作手抄报，参加儿童绘画比赛活动。他也渐渐体会到给别人带去"正能量"的价值。我满心欢喜。

等到第二年夏天来临的时候，再也不见"蚯蚓哥"冒雨逮抓小生灵的行为。我把为他写的教育故事装订成小册子，取名为"'蚯蚓哥'成长记"给了他。他十分意外。

第二天收到他父母的回信："看了您写给孩子的文章后，我们万分感激、欣慰。您不辞辛苦，独具匠心地关心着孩子的成长……这样的文章是您送给孩子的最珍贵的童年礼物，谢谢，致敬！"

由此，当我一次次面对"小屁孩"们成长过程中的问题时，我总能尽量地蹲下来，沉下去，用智慧催开童年之蕾，让学生从我的教育中获得生长的内在力量，我的教育便也开始春暖花开。

十一、晒晒我班的"生日月庆会"

自学生升入四年级后，我在班里开展了"生日月庆会"活动。因为四年级学生独立意识渐趋增强，学识不断丰富，渴望结交更多朋友，同时开始出现攀比心理，对物质的欲望也在提升，对他们进行感恩教育、爱国教育、劳动教育、节俭教育等就显得非常重要。于是，"生日月庆会"负载着我的诸多良苦用心被安排进每月的班主任工作计划中。

生日月庆会，顾名思义就是同一月过生日的同学的集体庆祝活动。这一活动是由老师精心谋划，结合特殊节点、特别节日、典型活动，负载教育意义的主题式活动。

（一）基本形式

"生日月庆会"以学生的阴历生日为准，这样在上学期间，每个月过生日的同学都能囊括在内。具体庆祝时间、地点灵活多变，总的原则是结合"特殊节点"，实现教育内容的主题化、教育意义的最大化。

月庆会前：班委会提前敲定几个节目，确定主持人；不过生日的同学每人出3~5元自己的零花钱，凑钱买个蛋糕；小寿星给父母准备一份小礼物并想好寄语；父母为孩子准备一份适宜的回礼；班主任为进步的小寿星准备特别礼物。

月庆会时：集体唱生日歌—小寿星发表感言并把礼物送给父母—父母回礼并寄语—许愿，分吃蛋糕—班主任寄语，为进步大的小寿星赠送特别礼物。整个过程穿插着节目，环节也可适时调整。

（二）总体设计

生日月庆会总体设计如表3-1所示。

表3-1 生日月庆会一览表

月份（阴历）	月庆会主题关键句	教育节点（要素）
1月	新起点，新奔赴	开学初的立志教育
2月	夸夸我的多面妈妈	"三八"节的感恩教育
3月	不负年少好读书	"世界读书日"的系列活动
4月	争当劳动能手	"五一"节的劳动教育

续 表

月份（阴历）	月庆会主题关键句	教育节点（要素）
5月	父母给我庆节日，我给父母过苦日	"六一"节的节俭教育
6月、7月	我的少年爱国心	建党节、建军节的爱国教育
8月	圆梦微心愿，一起向未来	共建班级联谊活动
9月	让五星红旗更鲜艳	国庆节的爱国教育
10月	"我是一块宝藏"冬学季1	"我能行"的自信教育
11月	"我是一块宝藏"冬学季2	"我能行"，表彰冬学之星
12月	这一度春秋	元旦节的回顾展望

精心谋划是成败的关键。总体设计先行，灵活应变次之。去年10月份，全体四年级学生分批到"圣佛山综合实践基地"锻炼两天，我们就把阴历9月的月庆会安排进日程里，并且是同去的三个班的所有小寿星一起过的，场面热烈活泼，别开生面。受活动限制，主题式教育意义不足，不必强求。

（三）活动再现

（1）夸夸我的多面妈妈。

阴历2月的月庆会主题：心怀感恩，夸夸我的多面妈妈——"三八"节特别月庆会。

地点：班内。

典型场景1：在音乐声中，一个小寿星手托一盘蛋糕，走向妈妈，喂妈妈一口蛋糕，把对妈妈的赞美娓娓道来："我的妈妈是个多面好手，既下得厨房做得美食，又能玩转电脑做个职场达人……今天，我要为妈妈颁发我的自制奖状……"其他小寿星一一夸赞自己的妈妈。

典型场景2：拍照留念，小寿星的妈妈坐在所有同学的中间，同学们在外围排成"心"形，表示众星拱月般爱妈妈。

（2）父母给我庆节日，我给父母过苦日。

阴历5月的月庆会主题：父母给我庆节日，我给父母过苦日——"六一"

节这样过。

地点：家里和班内。

典型场景1："六一"是孩子们的节日，却是大人的辛苦日。那一年，你在这炎炎夏日呱呱坠地，让妈妈更是吃尽苦头。今年，我们用翻转的方式过节日。小寿星至少帮父母干10件有意义的事，拍照或用文字记录下来，月庆会时呈现出来。

典型场景2：小寿星用课件、文配图、日记等形式展示他们的劳动成果。老师一一点评并赠送特别礼物——帆布兜，寄语"厉行节俭无小事……家务日日做、常常做"。家长补充近段时间来的所见所感，向孩子赠送礼物并拥抱。

（3）圆梦微心愿，一起向未来。

阴历8月的月庆会主题：共建共成长，联谊向未来。

地点：乡村联谊班级。

我从边缘乡村小学支教回来，每年都和一个支教学校的班级举行共建共成长的联谊活动。8月的月庆会，我们班的小寿星走进联谊班级，和联谊班级的小寿星一起度过。联谊前，我们多渠道筹钱，购买了联谊班级学生的"微心愿"物品和蛋糕。

联谊时，两方的小寿星互赠礼物，互相说了学习目标，让对方做见证人，相约一起努力，拍照留念。最后，我领着我班的小寿星走进了一个品学兼优但家境贫困的同伴家里，送上学习用品和祝福。

回来后，小寿星都写了日记，记述了整个过程，表达了个人感受，收获满满。我把整个过程做成美篇、抖音短视频在班级群里分享。

（4）让五星红旗更鲜艳。

阴历9月的月庆会主题：今生有幸入华夏，我为国旗添光彩。

地点：电影院。

电影院的显示屏上打出"特别的爱给特别的你——沂河源学校四年级一班月庆会"。

电影开始前，荧幕打出小寿星的名字，播放生日歌。

小寿星及父母站在前边，生日的烛光在现场点亮时，我领着学生深情回忆了很多战争年代血与火的故事，从以前看过的电影《童年周恩来》到潘冬子、嘎子、王二小、小萝卜头，到今天要看的《长津湖》，引领学生珍惜和平生活，一起喊响心声：今生有幸入华夏，我为国旗添光彩。老师向每位小寿星赠送一本抗美援朝的书籍，家长寄语孩子珍惜学习环境，磨砺吃苦品质，立志成人成才。

观看完影片后，学生写了观后感，细致梳理了抗美援朝的历史，做了思维导图，进行了一次综合性的学习，接受了一次洗礼。

（四）活动思考

（1）举行生日月庆会活动的初衷确立为节俭、感恩、立志、自律、喜乐等，要充分挖掘，设计成综合性的、项目式的教育教学活动，力争教育效果最大化。

（2）活动如果放在中低年级举行，由于孩子偏小，不易组织，往往流于吃吃喝喝的简单活动。建议放在高年级举行，此时的学生接受力强，学生自己策划实施的过程就是受教育的过程。小学阶段只搞一年为宜。

（3）生日月庆会既要阳光普照也要激励鞭策。因此，班主任一定要运用好手中的指挥棒，借生日月庆会，通过赠送特别礼物的方式表彰进步学生，多说鼓励之言、希望之声。

（4）老师的特别礼物要有心、走心，如为进步小寿星写寄语，制作小物件，给进步小寿星免除一晚上的作业，等等；也可用翻转的方式，让进步小寿星给老师、家长布置一项作业，提个合理要求，等等，以增强激励作用。

（5）处理好家长出"钱"的问题。家长出钱，一定保证钱出自家长，用于学生，钱的收取与支出皆由家长操持，并公示收支票据。老师的作用就是让钱的价值发挥到最大。

十二、清明：护蛋在手·感恩在心

天街小雨润如酥，桃李争妍柳起舞。妩媚的春天，有趣的清明。

今年的清明节，我们开展了"护蛋在手·感恩在心"的心育活动。为了让家长们更明白活动的意义，我给他们发短信如下。

各位家长：

在清明节来临之际，为培养孩子的感恩心态、责任心和小心做事、不毛躁的习惯，特开展"护蛋在手·感恩在心"主题教育活动。

要求：今晚，孩子准备一枚生鸡蛋，以"感恩、责任心、呵护"等主题装饰鸡蛋，并自制保护设施，带一些卫生纸放在书包里以便应急时用。从周二开始一直保护到周五上午，周五上午总结。每天中午和下午，孩子都需要带着鸡蛋上、下学。每次回到学校，小组长会在鸡蛋上做上标记。看看谁是最贴心的小管家。活动结束后，我们将谈感受、写日记，强化责任与感恩，表扬护蛋成功的孩子。在这期间，希望各个家长配合并监督孩子的游戏过程，使其规范，让爱相生。

把感激写在天空会被风带走，把感动写在海滩会被浪花带走，唯有写在内心才可长久，此项活动的意义就在于此。谢谢大家的合作。

周二上午，孩子们捧着各色鸡蛋满脸兴奋地走进教室，互相展示着自己的护蛋神器和上面的装饰。学生先在小组内互相展示一下，说说所画图文的意义，并轻声对蛋宝宝说了几句悄悄话。

任纪钰说："我的宝贝蛋呀，我要像妈妈保护我一样来呵护你！"

孙芯雅说："从今天起，我要当你的保护神，决不让你受委屈。"

赵月曼说："放心吧，我的小乖乖，我会保护你'1314'。"

……

为了不影响上课听讲，我规定上课期间禁止把玩，一经发现就被淘汰。

于是，同学们课上都把蛋小心地放入桌洞最里边的角落里，下课时再查看，颇像新爸新妈们呵护刚出生的婴儿。

第一天结束，四枚蛋壮烈牺牲，小主人的失落写在了脸上，其他同学也都从中汲取着教训。

周三，小组长先检查蛋并做好标记，表扬第一天护蛋成功的学生。我叙述了一个见闻："我校一个学生摔倒在楼梯上，估计摔得很疼，但他全然不顾疼痛，先去查看蛋。看到蛋完好后他很高兴，就像没摔倒过一样。看到这一幕，我知道，责任感、爱已经在他的心中扎根。"

孩子们也纷纷说："桌子一晃我就害怕。""走路怕别人撞着我。""回家我绝不让妹妹动我的蛋。"……我暗自庆幸，教育的目的正在靠近。小活动，大教育，这样富有情趣和挑战的团体辅导式的活动，各个学校应该好好设计并实施。我还有一个强烈的感受是真得潜心学习教育心理学，它可以帮助教师准确地了解问题，为实际教学提供科学的理论指导，还可以帮助教师预测并干预学生出现的问题，真的是大有裨益。自此以后，我时常听喜马拉雅上的心理音频，受益良多。最大的收获是看问题、解决问题的视野宽了。

接下来陆续有几枚蛋"牺牲"，忘记带到学校的也被淘汰。我告诉孩子："你把蛋宝宝独自留在家里，她会孤单，哭闹，甚至有危险。在你幼小的时候，父母是绝不会把你自己单独留在家里的。"将心比心，以此唤起孩子的同情心，让孩子与蛋宝宝共情。

周四下午放学时，布置如下作业：每人除了带保护的蛋外，再带一个生鸡蛋，我们在学校里煮着吃，染彩蛋，过清明。明天上午评选"护蛋小能手"，进行总结。

为了防止蛋煮破，我特意安排三个班长每人多带几枚蛋。我带去了电煮锅、漏勺、盆子。

周五，收蛋、洗蛋、煮蛋。

第四节课进行"护蛋感恩"的总结，成功护蛋的小能手们拍照，并在小组内畅谈感受，10个组长来汇报。

赵月曼说："我们感受到了护蛋的辛苦与小心翼翼，联想到了父母的不容易。"

唐睿泽说："我们应该常怀感恩，在接受爱的时候也要付出爱，不能只是索取而不给予。"

陈梦萱说："我们就是被父母护在手心里的宝贝蛋，父母为了我们的健康成长费尽心血，我们要心存感恩并用行动来回报。"

崔家润说："羊有跪乳之恩，鸦有反哺之义。我们也要多为别人分担一些，先从帮助父母开始，再由己及人。"

……

交流完后染蛋、吃蛋。看着孩子们不舍得吃的样子，我觉得教育正在走进他们内心，就像外边的小雨，润物无声，悄然改变。

清明假期布置作业如下：围绕"护蛋在手·感恩在心"活动，写一篇不少于300字的文章，把整个护蛋过程详略得当地写出来，你的独特感受也要穿插其中。尽量用上学过的写作方法，如总分总、首尾呼应等。用感恩的态度对"蛋宝宝"说明年再见。

开学后，我收到了学生的作文，看着一篇篇充满真情实感、发自内心的感想，我的心也经受了一次洗礼。

一位家长以欣赏的态度关注了整个过程，后来他发朋友圈说："心育之路多巧思，用心方可见成效。"的确，这样的教育活动需要用心去开发。

十三、教育丝语五则

（一）哦，那一串编织物

第22个教师节时，我收到了很多学生送的小礼物。每一种礼物都是一份真诚的心意，都是一张张烂漫的笑脸。每当看到它们，我总庆幸自己对学生的用心呵护，但只有那串编织物每每在我心头泛起一阵酸楚，让我内疚不已。

学生的名字叫响晴，黑乎乎的脸上总荡漾着微笑，样子很可爱。但因为较差的学习成绩，他经常受到批评。有一次因为作业，我狠批了他一顿。上课后他耷拉着脑袋，手里不停地摆弄着一些五颜六色的彩条，旁边放着一串已经编织好的饰物。当时，我就气不打一处来，当即全没收上来，看着他满脸的委屈和无可奈何，我心头略过一丝快意。

下课后，我向同事夸耀那串漂亮的编织物时，突然感到不安起来：一个男孩竟如此心灵手巧，是很少见的！我是不是太残忍了？我没收掉的仅仅是这串"艺术品"吗？不！我还没收掉了一份自尊，还没收掉了孩子眼中五彩的生活，也没收掉了我努力留给孩子的亲切和民主……我不敢再想下去，急切地找到他。我害怕他感到我前后态度的落差，小心地对他说："响晴，老师很惊讶你能编织出这么漂亮的饰物，跟谁学的？能给我编一个吗？"我忐忑不安地问。"老师，我本想编了送给你做教师节礼物的，我很想早点儿编好，就忍不住上课……"

直到此时，响晴还没有认为是我的霸道差点儿毁灭了这份心意。我听着这句真心实意的话，一股强烈的自责直撞心扉。我抚着他的头，轻声地说了声"对不起"。此时，我多么希望他能体会到这声"对不起"的分量。

教育不能在忏悔中前进，愿每一位教育工作者多一份耐心，多一份洞察，多一份呵护。不要让鲁莽和草率扯断了师生之间的感情之蔓。

（《淄博周刊》）

（二）小便条，大教育

我时常发现我班陈梦萱的笔盒里有一些小便条，有的写着："我亲爱的女儿，我给你买了你盼望已久的《昆虫记》，相信你会和奇妙的昆虫交上朋友。记得把你的收获和同学们分享，用你的力量带动他们也爱上这本书。"有的写着："梦萱，你一向是个自理能力很强的孩子。今天中午，爸爸妈妈有事不能回家吃饭，你就自己热热饭菜吃吧！祝你用餐愉快！"

我不禁诧异，问她道："父母直接告诉你不就行了吗？干吗写下来呢？"梦萱满脸喜悦地告诉我："这是我们家的交流方式。我经常会在枕头下、笔盒里或者我的课外书中翻出父母写给我的便条。我们称之为'爱的微语'。每次翻到父母的便条，我都会很兴奋。我把所有的便条保存起来，那就是我成长的脚印。"

我恍然大悟，小便条，大教育。梦萱如此出色，跟这一张张小便条是分不开的。

受此启示，我也开始了"爱的小便条"活动。为了督促自己坚持做下去，我在班会上说："从今天开始，对于大家的进步、不足，我会写在一张便条上，悄悄放到你会发现的地方。收到便条的同学，也要以同样的方式和老师交流。老师每天至少要送出三张便条。请大家留心！"此言一出，同学们热烈欢呼。

于是，当某个学生做出值得表扬的行为时，我通过便条记住那些特别的时刻："明轩，今天你的作业完成得特别工整，正确率也在提高。我看着很舒心。这仅仅是个开始，是吗？"

当学生又按照原来的方式行事时，我让便条来表达我的感受和期望："我看到你的桌洞又变得乱糟糟的了，这和最近整洁的时候比，我们有点儿接受不了，值日生也在抱怨。你给桌洞来次'大整容'怎样？"

当学生对自己缺乏自信时，我通过便条创造机会让他们另眼看待自己："明天的'故事袋袋裤'你一定会准备得很充分，我已经和你父母联系了，他们会帮助你。祝你成功！"

当学生行为出现偏差，我通过便条给他一个善意的提醒："今早，你迟到了5分钟。是否想过怎样才能避免迟到呢？把你的想法通过便条告诉我，好吗？"

当学生不知道如何弥补自己的失误时，我让便条告诉他："你不小心打碎了别人的杯子，真让人懊恼。你可以拿出自己的零花钱给别人买上或者少吃几支雪糕，节约出钱来买上。你打算什么时候赔偿别人？"

……

一张张便条像一份份爱的礼物，传达给学生的不仅仅是鼓舞，更是我们的一种态度，那就是无限相信孩子本就拥有向上、向善、向好的力量，认为学生不仅仅是问题的制造者，更是解决问题的积极参与者。

小便条，大教育，值得坚持！

（三）目光短浅害死人

在一次前滚翻测验中，孩子们个个紧缩身子，一骨碌过去，动作干净、利索又标准。唯有鹏（化名）用头使劲顶着垫子，屁股倔强地朝天撅着，两手不由自主地张开着，努力保持着身体平衡，任凭他怎么使劲，都会一下子歪倒在一边，一次、两次……

其他同学哄笑成一片，鹏却抱头痛哭。我的心里顿时如坠千斤巨石，一股强烈的自责撞击着心房：我难道没有责任吗？因为他学习吃力，行为缓慢，我曾几次剥夺他的阳光大课间和体育活动时间……已经记不清了。我只知道他现在极不协调的动作跟我的短浅做法是有点儿联系的。

鹏是五年级时才转到我班的。在此之前，又有多少老师像我一样目光短浅，为了教学成绩的平均分、优秀率、及格率，跟像鹏一样学习落后一些的孩子打持久战、消耗战。老师们似乎要疯了，学生似乎也疯了。老师的目的达到了，乐乎！然而孩子的身体、视力、学习兴趣却被"温柔地扼杀"了，哀哉！当然，孩子体质弱、动作僵硬的原因是多方面的，作为教育者既不能一味揽在自己身上，也要时刻警惕、反思。

这一震撼的瞬间深深地嵌入了我的神经，并指引着我后续的教学行为。面对业绩考核、班级量化，我们有时做着违背初心的事情，内心备受煎熬。我们需要在这其中寻得一个平衡点，期盼着老师的教育思想更人性化，教育评价机制更具人文关怀，为强健孩子的身体做点儿事情吧！

（四）只要不是我们的错

孩子要打甲流疫苗了，我正好请假在家，任务就落在了我年轻的同事身上。

通知发出去，很多家长积极配合，很快就到学校里填写通知单确认，孩子也就很快接种完疫苗了。然而也有一些不和谐的杂音，个别家长竟因为自己的过错朝着我的同事大呼小叫，我最讨厌这样的人——欺负年轻老师。对付难缠的家长，我有的是办法，只要不是我们的错，我们不接受任何形式的批评甚至是建议，不论你是何方神圣。教育的弱势地位在我这里行不通，学校有学校的规则，你不可能因为急着买东西就让超市深夜给你开门。遵守规则比大呼小叫要管用得多。

作为班主任，我时刻提醒自己做事要稳重，考虑要周全，特别是与家长的沟通要到位，用自己完美的工作树立起不可侵犯的形象，保护自己也威慑那些不和谐的声音。我强，我正，我不怕。

（五）比惩罚更有效的

有家长让我狠狠地吓唬他的孩子，以惩治孩子做事拖拉的毛病，我淡然一笑，对这样的要求我还是清醒的。我解释道："孩子学习拖拉很多时候是因为注意力不够集中，或者是所学知识掌握得不好。单纯惩罚治标不治本。比惩罚更有效的是通过肯定孩子的优点，创造机会让孩子发现自己有更多的长处，从而扬长避短。"

我觉得对于一切都有可能的小学生，无论他们有怎样的毛病，我们都是可以通过技巧性的、长期的跟踪教育，让孩子有更好发展的，教育总比惩罚要有效。我们惩罚孩子的时候，就削弱了孩子自我反省的力量。甚至有些孩子犯错时，主动请求惩罚，这其实是孩子在寻求一种自我压力的释放，即通过别人的手解救自己。

比惩罚更有效的是沟通和赞赏。老师对此要有深刻的认识并积极去实践，你会发现家长"惩罚孩子"的请求都是违心的，他们只不过希望你帮他解决问题。

十四、暑假网课二三事

（一）又是放假时

走在大街上，那些知道我是教师的人会不由自主地说："放假了，真好！"我不置可否地"嗯啊"一声，匆匆离开。在公共场合，我比较避讳别人叫我"老师"，更讨厌某些成人拿着"老师"来吓唬孩子的做法，似乎"老师"与"老虎""狮子"具有同等威力。

放假了，我暂时收敛起教师的"光辉"，不再"普度众生"，而是和自己来场"花前月下"。放假前的这学期是充实、有收获的一学期，每周15节课，教语文和道法两门课，加上班主任和教科室的活，一刻不停。我做了大量超出课本以外的内容，如个性奖励、随文练笔、大量背诵、阅读存折、思维导图、参加大大小小的比赛，都一点点、一天天地做下来了。最后三周的集中复习，我更是使出浑身解数，腰弯眼花地取得了较好的考试成绩。课堂，面向每个孩子，是体现教育公平的主阵地，我用心坚守。

我先后讲了五节课：在新华书店公益讲堂讲了一节；在校内"师徒同课异构"活动中讲了一节；在全县"整本书阅读"研讨中讲了一节；录了一节"一师一优课"；在我校"百名家长共成长"活动中讲了一节。自我感觉新华书店的公益课最具创新性，算是一节语文综合实践，体现了"大语文"观；最接地气的是"师徒同课异构"，我讲的是随文练笔，很扎实，很有效；最用心的、最有含金量的当属"整本书阅读课"，耗费了大量心血，取得了很好的示范效果；而"一师一优课"则被推往省里评选，因为有证书可拿，有可能是最实惠的一节课；而给家长讲的课则是信手拈来，在聊天中完成，很亲近。

耗费我最大心血的则是市级重点课题的申请及撰写材料，那真是"千淘万漉""为伊消得人憔悴"。我学会了熟练使用"知网"和"中国基础教育资源库"，学会了各种搜索，学会了课题撰写的基本思路和写法。以课题促成长，不是空话。虽然这个过程很煎熬，但我成长了，很有满足感。本学期发表了一篇小论文，也挺值得表扬自己的。想当年，发论文、拿稿费是最得意的事情。如今写论文的意义在于体验那种绞尽脑汁的感觉，减缓脑子退化的过程。

我班 46 名学生都在拔节般成长，他们头脑灵活、阅读广泛、主动积累、多才多艺。家长也十分给力，大小活动都是他们操办，对孩子教育更是十分用心。作为班主任又教语文的我，更当竭尽全力为学生提供更优质的教育。但班里也总有几个被大部队远远地甩在后边的学生，我苦行僧一样拉着他们没有放弃，后面需要坚持的路还很长。

（二）暑期家访记

假期过半家访起，师生情谊胜舐犊。一声令下，家访走起！

家访，教育的本分。我的家访目的：一是与家长交流，了解学生在家表现；二是检查作业，提出改进方向；三是拉呱儿，增进师生情感。于是我发了如下短信：

各位家长，全体同学：

近期，我和副班主任将进行家访，特说明以下几点：

（1）家访是促进家校沟通的好方法。家访的目的不是告状，孩子们不用紧张。利用这个机会，老师近距离了解孩子在家表现，家长也可坦诚反馈，孩子最好全程参与这个交流过程。每个家庭的交流时间在20～30分钟，坦诚相待，将心比心。

（2）家访按小区进行，会提前预约。副班主任负责沂蒙佳苑、润生家园两个小区，其余的我来家访。家访时若家长上班，可后续再预约。

（3）一方书桌，一杯清水，围坐一起畅聊足矣。

短信已发出，我们马上分小区安排家访行程，打电话预约，询问楼号、单元号，查看前几周上网课时记录的学习情况，一一记在本子上。

第一天我们一对一地走访了12名同学，了解了每个家庭的教育生态，查看了假期作业，反馈了网课的整体表现，提出了具体要求。交流如朋友聊天，其乐融融，家访效果也水到渠成。

第二天，在学生家长的建议下我们改变策略。同一小区的分组集合，若小区人多，分两组，人少就集合到一家去。好处是缩短了奔波的时间，同班同学聚一块儿，作业质量高低、进度快慢、各自精神状态一一比较，无论是教师、家长提要求，还是孩子自己树目标，一群见证人，那就是一股无形的约束力。离家近的几个，晚上溜达着就去了，特别是家委会的几个学生都是单独去的，特别感谢他们对班级管理的支持。在家里见到老师和在学校见到老师，在孩子心中是不一样的。很多孩子都表示既盼着老师来又有点儿紧张。我呢，考虑更多的是如何把话说得温和而坚定。师道尊严必须有，和蔼亲切不能少。

总共三天的家访，我感触良多。各个家庭的教育生态有差异，但家长们对子女的成才期许是同样炽热的，作为教师岂能有些许懈怠？顿时觉得自己肩上的担子更重了。

（三）对话，让教育向青草更青处漫溯

这个假期，我们利用微信群和家访，加强了对孩子们的学习监管和反馈。孩子们的成长有了更多的见证者、读者和喝彩者，他们自然更能自信远航。下面零星节录了部分在微信群与孩子们的对话。

2021.7.12——祝贺沈奕诺完成宋词150首的攻克，一项不小的工程呀！你是第六个完成此项工程的辛勤小蜜蜂。

2021.7.16——孙芯雅是第七个完成150首宋词背诵的记忆达人。童年的记忆最牢固，记忆力越用越强大。

2021.7.16——唐睿泽是第一个主动背诵下册宋词的同学。第一个的意义很重大，意味着有更多的同学将跟着唐睿泽的步伐阔步前进。学霸的世界没有捷径，没有谁比谁更聪明，有的是更勤奋、更努力。唐睿泽，你这列小火车跑起来吧，带动更多的车厢奔腾向前。

2021.7.26——请查看上周的主动背诵统计。一样的假期，不一样的成长，都是一天天过下去，结果很不一样。没有行动起来的同学，老师多么盼望见到你们的主动打卡呀！积懒成笨那就麻烦了。

2021.8.2——真是让我惊叹呀，叹服于孩子们自觉精进的学习态度，折服于孩子们越来越强的记忆力。这一周的背诵数量明显提升，说明只要想干就没有孩子们干不成的事儿，老师为你们骄傲。说明三点：

（1）没有必要每周背太多，8首以上的同学放慢速度，可以复习一下以前背诵的内容，不能图快。贵在坚持每天背一点儿东西。

（2）一直没行动的同学，你们的时间都去了哪里？关键是家长缺乏监管，放任自流只会积懒成笨。

（3）调查一下最近的学习情况，只回复三条内容：×××每天的阅读怎样，日记写了多少，才艺学了什么。发到群里即可。

2021.8.16——上周背诵统计可能有误，但总体能反映孩子们的主动学习状态。还有两周多一点儿开学，强调如下：

（1）主动背诵每周3~5首即可。

（2）作业一项一项地完善，注意书写和格式。书写不行，一切为零。

（3）数学和英语也要严格要求自己，保证书写，保证正确率。

（4）加强体育锻炼，开学后的跑操不能听到喘粗气的声音。

以上都是记录在"美篇"里的,我原原本本截取出来记录自己的班主任历程。其实,像这样的师生互动留言不计其数,总的原则是鼓励为主,表扬和批评直接到人,让学生知其然,更知其所以然,我为什么被表扬,我为什么被批评,明明白白,心服口服。

薛瑞萍老师曾说过:"给我一个班,我就心满意足了。"这种满足感主要来自我所有的努力都能在孩子们的成长中得到见证,也能得到家长、社会认可,有耕耘就有收获!

(四)隔着屏幕的爱

网课的第一天,我们学习了冰心诗集《繁星》中赞颂母爱的小诗:

这些事——
是永不漫灭的回忆:
月明的园中,
藤萝的叶下,
母亲的膝上。

我让学生展开想象练习说话,在明月高悬的园子里,在紫色的藤萝叶下,小冰心和妈妈在干什么?小冰心趴在或者坐在妈妈的膝盖上,她们会说些什么?我先向学生说了我的想象,再鼓励他们自己练说。

师:如果你觉得自己想象得很温馨,也能准确、生动地表达出来,就在屏幕上打出分数,10分,9分,8分……

陆续,学生都打出了分数,只有小徐同学打了0分。我知道他在网课的那端又成了"沉默的羔羊"。他的妈妈是医生,剪去长发在抗疫一线奋战。爸爸一边看护弟弟一边陪他上网课。估计,他不肯动嘴练习,爸爸生气得打了0分。我看到了那个显眼的0分,但我又装作没看见。

诗歌,让我们用美丽的眼睛看世界。纵然疫情当前,居家学习,每个家庭都有不易,有的家长舍弃工作,在家陪伴孩子,母亲居多。

师:如果你妈妈就在你的身旁,请你有感情地读给她听,表达对她的感激之情。小徐同学,你的妈妈坚持在抗疫一线,一时半会儿不能回来。你先来朗读,相信忙碌的妈妈一定能感应到你的认真和爱。

小徐读得有气无力,断断续续,很不好,那是因为刚才发生的父子不快。

师：对不起，小徐，也许我不该这样引起你对妈妈的思念和担心。你刚才的朗读恰恰最能体现你此时的心境。其他同学也应该像小徐一样揣摩如何让诗歌表达自己的心情。带着你的独特感受读给妈妈听吧！

通过这样的共鸣共情，感谢家长的付出，指引孩子心怀感恩。一张安静的书桌来之不易。

最后，引导学生创编，我先出示了我的创编：

2020年至2022年——
是永不漫灭的回忆：
全民抗疫，大爱无疆，
居家上课，自律自强，
众志成城，山河无恙。

短短两年，学生已两次居家上网课，我希望他们自律自强。我声情并茂地朗读了我的创作，引领学生放开视野写值得回忆的美好瞬间。

很多学生的创编真不错，我一一批阅，择优整理成"美篇"。网课之路漫漫，心怀感恩居家。我发现小徐写了两篇，一篇写妈妈，一篇写爸爸。我稍作修改后，放在了"美篇"的最前边。

这些事——
是永不漫灭的回忆：
明亮的圆月，
疲惫的身影，
焦急的小弟，
认真学习的我，
妈妈竖起的拇指。

这些事——
是永不漫灭的回忆：
周末的公园，
嫩绿的草地，
微风的抚摸，
多彩的风筝，

耳边的故事，

居家的陪伴，

爸爸的爱无言！

我给小徐打电话："我把同学们写的优秀诗作做成了'美篇'，你写的两首小诗都在其中，需要你提供一段视频。妈妈在抗疫，你就把你写的两首小诗读给爸爸听，录成视频传给我。一定要读出你的真实感受哟！"

半天之后，小徐才传给我视频。我知道，他在努力挑战自我。我把做成的"美篇"发到班级群，附上一句话："群里的母亲们，请听孩子们唱给你们的赞歌！有这样的少年，妈妈会微笑，祖国会微笑。"很多家长深受感动，不断点赞。

"美篇"被学校领导看到，说是再推往学校公众号。我悄悄给小徐的妈妈打电话，告诉她此事，希望她能回应一下孩子。很快，全副武装的小徐妈妈发来了一段小视频，表达了对孩子成长的感动，和孩子约定一起做最好的自己。妈妈会加油，小徐也要加油。

完善后的公众号再次发往班级群，对学生起到了很好的感恩、自律、自强的教育；发给小徐爸爸，他让小徐看后，小徐竟然躲到屋里哭了很久。

事后，我告诉小徐爸爸："以后上网课，你放心去陪伴小儿，悄悄地关注小徐即可。孩子仍会反复犯同一毛病，我们需要巧妙应对，而不是把孩子的伤疤扩大化给别人看。"

爱要放慢脚步，爱要讲究技巧，爱要有回响。这次网课对小徐的教育，自我感觉春风化雨，无声有痕。

下 篇

第四章　蒙以养正，"熏练"童话思维

一、低年级阅读"熏练"法探求

湖南师范大学刘铁芳教授说："人总是以拥有语言的方式拥有世界，语言把人引领入世界之中。"怎样让学生拥有更丰富多彩的世界？阅读是一条星光大道，踏上这条星光大道，梦想就可能实现。

婴儿在千万次的训练中习得母语。作为语文教师，我们更应该用大量丰富、生动的语言反复作用于儿童的眼睛、耳朵、大脑，丰盈他们的心灵，强健他们的精神。我把这个过程称为"熏"。新一批孩子刚入学，我就开始了"熏练"。

（一）"熏练"出诗性

在《日有所诵》的前言中，有薛瑞萍老师一段话：

"诵读是深层次阅读。日不间断地记诵，就是炼心的过程。水滴石穿，绳锯木断，天长日久，积累的是语言，培养的是诗性，也是定力和静气。"

我通览6册《日有所诵》后，于孩子入学前，就从扬州购买了50本一年级用的《日有所诵》，80篇诗歌，孩子们甜甜地背着，没有负担。花蕾需要诗雨的浇灌，让儿童在诗一样的年华，多诵读诗歌，欣赏诗歌，让诗意和浪漫浸入他们心底，是"童年时代对儿童最伟大的馈赠"。

自古教养非天成。孩子们在吟诵中赏诗、品诗，尝试着作诗，诗性渐渐在他们心中抽芽，童心乘上诗歌的翅膀飞翔。

先来读《日有所诵》上的一首题为《筷子》的儿歌：

爸爸每天去打鱼，
爸爸的手
是我们家的筷子，
伸到海里去，
把鱼虾夹回来。

我在引导学生谈了对诗歌的感受后，让他们说说亲人的手还是什么，一年级孩子的模仿回答让人惊喜，如有人说是"打字机"：

爸爸每天都趴在电脑前，
爸爸的手
是吧嗒吧嗒的打字机，
每天都打出好多的文件。

孩子对诗歌表现出的敏感性和亲近性是非常珍贵的资源。老师要用一双慧眼去"引发一种对语言的敏感"（夏丏尊先生语）。

（二）"熏练"出语感

《义务教育语文课程标准（2022年版）》指出，要"关注个体差异和不同的学习需求，鼓励自主阅读、自由表达；倡导少做题、多读书、好读书、读好书、读整本书，注重阅读引导，培养读书兴趣，提高读书品位"。

细读过美国阅读研究专家吉姆·崔利斯的《朗读手册》后，我就大胆酝酿了这样一个计划：让一年级新生从入学的第一天起，就能听到来自老师的琅琅书声。因为我坚信：朗读让世界变得清明（徐冬梅语）。我要让六七岁的娃娃觉得他们是最富有的，学校生活是快乐的，因为他们有一位读书给他们听的老师。

开学第一天，在简短的家长会上，我跟家长说明了我的教学想法，博得家长的热烈掌声。我先给家长们朗读了《小巴掌童话》中的几篇童话，然后跟他们约定：我在学校里读给孩子们听后，回到家一定要让孩子再看看，一来"旧书不厌百回读，熟读深思子自知"，二来促进孩子认字。家长们心领神会。

于是，每天我都给孩子读书。一年下来，我们陪着《一年级的丫丫》《一年级的小豆豆》度过了刚入学的艰难时光，陪着《小猪唏哩呼噜》跌跌撞撞地一路走来，在路上听到了《狐狸列那的故事》；一起在《爱心树》的阴凉里阻止《逃家小兔》离家出走，一起和蚯蚓读了《蚯蚓的日记》；陪伴《大头儿子和小头爸爸》体验了一番生活的多姿多彩……大手、小手同捧《小巴掌童话》，体会小巴掌的大劲道……

我称这样的朗读为"快乐之旅"，对于刚入学的孩子来说，比起读多少书，掌握多少知识，更重要的是他们在这样做的时候是否快乐，是否因此更爱自己，更渴望每天到学校里去。当我看到孩子们澄澈的眼睛，看着他们安静地听书，听到他们不时发出天真的笑声时，我知道，我的目的达到了。

为了让读书触手可及，我创建了图书角，藏书近 500 册；我还把 50 个孩子的姓名喷绘在一张很大的读书榜上，提出"老师在书中等你"的口号，鼓励孩子多读书，把读过的书说给老师或家长听，就可获得一张读书笑脸，我再把孩子读过的书名写在笑脸卡片上，贴在孩子姓名的上方。一学期总结一次，评选出班级"小书虫"，给他们发喜报。

我踏踏实实地一路走来，发现这样的"熏练"给了我丰厚的回报——孩子更坐得住，课堂上嬉笑打闹的少了；孩子的语感提高了，不用你去示范指点，孩子就能读出味道；孩子识字多了。我为之庆幸、鼓舞。"纸上得来终觉浅，绝知此事要躬行。"看过了那么多教学专著，但轮到自己实践的时候我还得再回炉。写完作业后的自由阅读成了孩子们向往的事情，他们在白纸黑字间找到了快乐。

（三）"熏练"出静气

诗人歌德曾说过："为了不失去神给予我们的对美的感觉，必须天天听点儿音乐，天天朗诵一点儿诗，天天看点儿画。"因此，让孩子特别是低年级的孩子接触点儿音乐是很重要的。在自习课上，在中午时间或阅读课上，我就放轻松、柔和的钢琴曲。我对孩子说，专心学习的孩子是听不到音乐的，当你听着音乐非常清晰时，说明你在走神，但不要让说话声超过音乐。在我反复的训练下，孩子变得很安静，守秩序。静能生慧，慧能生智。有智慧的人，肯定对应当做和必须做的事情专心致志。实践证明，我的音乐"熏练"法在这方面有明显效果。

阅读"熏练"靠的是天长日久的内功，靠的是慢慢地熏染，收获的是可持续阅读的能力和兴趣，收获的是孩子自我的良性发展。

（四）和学生一起练就"童话嘴巴"

《小学语文教师》2008年6月刊的卷首刊登了特级教师周益民老师的《"童话嘴巴"和"故事讲桌"》一文，我读后受益匪浅。文中是这样描述的："'童话嘴巴'是语言的趣味，是讲述和聆听的快乐，是沟通与引导的中介，也是教师自己的表达满足。"

"童话嘴巴"，多么形象的一个词语。学生在童话般的年龄里如果能练就一张"童话嘴巴"，那将是一件多么幸福的事情。"童话嘴巴"一定是用自己的眼睛去观察，用自己的头脑去思考的结果，一定是用自己的语言去表达的，也一定充满了童话般美丽的色彩。心怀憧憬，我决定和孩子一起练就"童话嘴巴"。比如，我们开展的"故事袋袋裤"活动。

"故事袋袋裤"的名称来源于中央电视台少儿频道的《新闻袋袋裤》。每周二和周五的早读时间是"故事袋袋裤"时间。每次由四个学生上台分享故事，轮流往下，提早准备。在如下的开场白中，"故事袋袋裤"正式开播了。

　　　　故事每天发生，
　　　　我们只为你介绍最真实的；
　　　　故事不分大小，
　　　　我们只和你分享最感人的；
　　　　故事精彩纷呈，
　　　　我们只为你解读最心动的。
　　　　故事袋袋裤，
　　　　属于我们大家的故事时间。

每个孩子上台后先说开场白，再开始讲述故事，可坐可站，也可利用道具。在丰富多样的形式中，我鼓励孩子把看到的、听到的、读到的、想到的说出来。每逢学生讲出了生动的故事，或者愿意开口说话了，或者讲得比上次好了，我都大加赞扬。通过赞扬，让孩子明白，自己和自己比，进步了就值得点赞，每天进步一点点，日久方成金刚体。还可以把要说的内容制成书签或书卡放入口袋，说时可以看着，之后由老师张贴在"童话嘴巴"宣传栏内。老师定期总结、表彰，评选出近段时间来的"童话嘴巴"，给孩子发喜报。

坚持一年多来，我们收获的不仅仅是好听的故事，更是满满的自信和积极的态度。家长也参与其中，教育的合力让我看到给孩子一片展示的空间，他们将飞得更高、更远。耳畔响起《飞得更高》的旋律："飞得更高，一直在飞，一直在找，可我发现无法找到。若真想要是一次解放，要先剪碎这诱惑的网。我要的一种生命更灿烂，我要的一片天空更蔚蓝……"

（五）搭建"绘本小桥"

绘本多以简短有趣的小故事为主，插画家大都是有较高艺术素养的专业人士，画面色彩鲜明，图文兼美，所以读绘本的作用是双重的，不单是文字的熏陶，还是美感的浸染，是幼儿文学启蒙的最佳选择。因为陪伴女儿阅读绘本，我购买了很多纸质版的绘本，更积累了很多电子版的绘本。

面对刚入学的小萌新，我先从读绘本开始，搭建起幼小衔接的第一座小桥。在一周一次的绘本阅读欣赏课上，我和小萌新们一起读绘本、演绘本、猜绘本、画绘本，然后让他们回家再讲述给父母听，表演给父母看。在这个过程中，小萌新们获得了成就感和自信，"熏练"了"童话嘴巴"。

我们为《小魔怪要上学》中坚持上学的小魔怪点赞；我们为《不学写字有坏处》中的小昆虫感到着急；我们帮《我有友情要出租》中寂寞的大猩猩找到了友情；《臭臭的比尔》说的不就是我们这些小萌娃吗？《逃家小兔》里的小兔子做得有点儿过分；《石头汤》告诉我们分享才会更快乐、更富有；《蚯蚓的日记》写得很简短却很有趣……一学年下来，我们一共读了18本绘本，学生的手里悄然增加了很多很多绘本，很多家庭里也添置了一些，大手拉小手的带动作用逐渐显现。

第一学期读绘本的缓坡设计很好地缓解了一年级新生的入学不适，学生在"绘本小桥"上张望到了阅读的风景，提升了"和大人一起读"的契合度。

二、快乐为经线、想象为纬线的"熏练"之旅

写作教学应贴近学生实际，让学生易于动笔，乐于表达；减轻对学生写作的束缚，鼓励自由表达和有创意的表达。这里的"贴近学生实际"应有两层含义：一是贴近学生的生活实际，鼓励孩子"我手写我口"；二是贴近学生的认知实际。对于低年级孩子来说，善于想象是他们的一大特点。教学中，我挖掘课内外文本的读写结合点，以快乐做经线，用想象做纬线，探索读写结合的有效策略，为中高年级的写作打下基础。下面是平时的一些读写结合的实践案例。

（一）蜗牛与玫瑰香风

当我们读到"小蜗牛，小蜗牛，背着房子去旅游"时，一个胆怯的小手举起来，她说："我也想像蜗牛一样背着房子去旅游。"我问她为什么。她说："我经常被锁在屋里，如果我也能背着房子去旅游，我就不寂寞、不难过了。"我恍然大悟，一下子找到了孩子如此胆怯与沉默的原因，我及时跟孩子的父母沟通，还给孩子一片灿烂的天空。

师：你还有什么想做却无法实现的愿望吗？可以通过诗歌来实现。比如，我想像鱼儿一样在泳池里穿行。小鱼儿，小鱼儿，小溪流里慢慢游，东游游西游游，一游游到家里头。

生：云朵儿，云朵儿，满天飘。白云张开洁白的手帕，洒下一片阳光；乌云张开乌黑的手掌，洒下一片清凉。

生：我想像妈妈一样去上班，像弟弟一样贪玩没人管，像爸爸一样有力量。

生：我想像唐艺家一样会打架子鼓，像唐睿泽一样会跳街舞。

生：我好想天上有两个太阳。一个太阳是升给爸爸妈妈们的，这个太阳升起得早，落下得也早；一个太阳是升给我们的，我们的太阳升起得晚，落下得也晚。

……

听着孩子们五彩的梦想，我不评价，只问为什么有这样的想法，从而利用孩子对诗歌表现出的敏感性和亲近性这一珍贵资源，用智慧去引导，让源自生活的故事变为一股教育力量，了解他们的内心需求。

当孩子们读到蝴蝶为了给玫瑰去热，不停地扇动翅膀，自己也变得香香的，他们的想象便插上翅膀，有了下面的故事：

一只贪玩的蝴蝶总是喜欢和花儿们打闹，它给花儿们讲故事、猜谜语，花儿们给它花蜜吃。一天，蝴蝶和花儿们玩累了，就躺在花朵上睡着了。睡梦中，蝴蝶变成了一朵花，一朵和自己一样的花。花仙子见蝴蝶这么爱花，就悄悄地往蝴蝶身上洒了一种香水。

早晨，一个小姑娘看到这朵美丽的花，说："这朵花，真像一只蝴蝶，我们就叫它蝴蝶花吧！"

想象是创造力和智慧的舞台。给孩子一片舞台，让他们放飞想象，你会发现想象是飞得最高的风筝。

（二）蚯蚓，我们帮你写日记

孩子们正津津有味地读着《蚯蚓的日记》。我提议道："蚯蚓写了那么多好看有趣的日记，给我们带来了欢乐。今天我们来帮蚯蚓写日记怎么样？"提议一出，一呼百应，孩子们纷纷动起笔来。很快，50份新版《蚯蚓的日记》就完成了。

孙睿秋写道：

4月12日，我和妈妈赌气，决定离家出走。当我爬上人行道时，实在累极了，竟然睡着了。当我醒来，忽然觉得尾巴疼疼的，哦，原来一双双脚正从我稚嫩的尾巴上踏过。我心里害怕极了，心想，离家出走真不好玩！

孙芯雅写道：

终于挨到周末了，我可要好好睡一觉，我躺在软软的沙发上呼呼大睡。

哎，我的屁股怎么有点儿疼呢？我最讨厌别人拧我的屁股了。要知道我的屁股那么柔软，那么娇嫩，只准看不准拧。管他呢，继续睡！我的天，怎么越来越疼了？我努力睁开眼睛。我的妈呀！原来我的屁股卡在沙发缝里了。

王一可写道：

老师说我写的字像钢丝球，看不清里边的笔画，非常难看，总是罚我重做。老师完全不知道，我越是重做，写的字越像钢丝球。看来，我真没有写字的天赋了，那只能练好嘴皮子，把需要写的都说出来吧！

翟鹏昊写道：

雨下得那么大，土里真是憋死了，我悄悄地离开家到地面上透透气。我刚爬出来，就听见一个尖锐的叫声，把我吓了一大跳。接着，我感觉到身体被一根木棍挑起，然后又放在了草地里。那个尖锐的叫声变成了"你在这里吧，别让人踩着你！"我感动得差点儿哭了。

苏霍姆林斯基说过："儿童是用形象、色彩、声音来思维的。"在绘本教学中，我时常挖掘发散性的故事里留有的空白，激发学生的表达欲望，留给他们一片想象与创造的舞台。透过孩子一张张的"童话嘴巴"，我看到了他们的"童话思维"，不拘一格又可圈可点。在这样的读读说说中，他们学会了阅读，更体验了一把读写创作的快乐。

（三）阳光精灵与诗人的快乐

品读完《泉水》后，我引导学生展开想象的翅膀进行创编。

我说道："自然界中还有很多像'泉水'这样的精灵，悄悄把自己奉献给别人，给别人带来快乐、满足，自己也感到分外幸福。你还知道哪些精灵在这样做？"

孩子们说了很多。比如，阳光、月亮、蜡烛、粉笔、春蚕、小石子等。

师：对于太阳，我们是最熟悉的了，咱们展开想象的翅膀来说说阳光这个精灵都做了什么，用句式"阳光来到×××，阳光说：'×××。'"来表达。

学生在轻快的音乐中，结合形象直观的画面，悄然孕育一首首童诗。请看：

阳光来到花园里／悄悄地洒在花朵上／花儿们笑了，阳光说／"笑吧，笑吧！／我的颜色很多很多／可以为你们裁五彩的衣裳"

第四章 蒙以养正，"熏练"童话思维

阳光来到小河里／暖在冰上／冰块们叮叮咚咚唱起歌，阳光说／"唱吧，唱吧！／麦苗正等着你们滋养"

阳光来到葵花园／射在向日葵上／它们扭起了腰肢，阳光说／"舞吧，舞吧！／你们的舞姿很美很美"

师：阳光也是一个默默奉献的无私精灵。把大家说的连缀起来，不也是一篇很优美的诗歌吗？当然，大家也可以按照自己的理解和方式来写。比如，可以不用"笑吧，笑吧"这样的叠词，只要写出精灵们的可爱和热心就足够了。请选择你最有话写的一种精灵，展开想象，来写写吧！

阳光在花朵上笑着／她们竞相比美／把花园打扮得更漂亮

阳光在草地上跳着／小草悄悄长大／把绿地毯铺向远方

阳光在小溪上流着／照得鱼儿暖洋洋／它有悄悄话对阳光讲

阳光在妈妈的眼睛里亮着／我知道，那是在说／我是她的小太阳

这是王樱璇的佳作，不但有深度，还洋溢着儿童情趣。多么富有孩童的善良天性，让人暗自佩服孩子天生有诗人的灵性。

雨，爱哭鼻子的小姑娘。她把眼泪洒在树上，树绿了。她把眼泪洒在禾苗上，禾苗高了。她把眼泪洒在果园里，果子熟了。（徐小非）

风，调皮的小男生，天天吹着口哨疯跑。他吹走了冬天，吹来了春天；他吹柔了柳枝，吹绿了小草；他吹开了花朵，吹响了小河。（张志一）

徐小非把雨比作爱哭鼻子的小姑娘，多少有她自己的影子。这个小姑娘太要强，事事争第一，却因为年龄小有点儿力不从心，经常掉颗小金豆我是清楚的。张志一把风比作吹着口哨疯跑的男生，贴切又童趣四溢。一个"柔"字、一个"响"字形神兼得。

课标指出，语文教学在于指导学生"正确理解和运用祖国的语言文字，丰富语言积累"。"求木之长者，必固其根本；欲流之远者，必浚其泉源"，这就告诉我们，丰富学生的语言积累，使其听说读写有量也有质，就会固其"根本"和"泉源"。童诗是想象构筑的城堡，而学生，特别是低年级的学生是这座城堡的主人。孩子对诗歌具有一种天然的理解力和表现力，无须多讲，只需读一读，唱一唱，编一编。"照葫芦画瓢"是指导低年级学生创作的第一步，在此基础上，应鼓励学生大胆想象，不拘一格来写诗。总之，老师要用一双慧眼构建起充满思趣的话题，并在交流中引发学生对语言的敏感。

思趣语文的实践与探究

浪漫诗人徐志摩的《雪花的快乐》有点儿抽象，不过创编余地很大。

假如我是一朵雪花，
翩翩地在半空里潇洒，
我一定认清我的方向——
飞扬，飞扬，飞扬——
这地面上有我的方向。

雪花的方向即徐志摩的方向，就是追逐理想，追逐向上的力量，追逐浪漫的情怀。

师：咱们来创编《书本的快乐》。

假如我是一本书，
好听的故事在我的手中流淌，
我一定认清我的方向——
有趣，有趣，有趣——
孩子的心里有我的方向。

师：咱们再来创编《树苗的快乐》。

假如我是一棵树苗，
汲取营养使劲成长，
我一定认清我的方向——
成长，茁壮，成长，茁壮——
蓝天是我向上的方向。

有两首创编的诗领路后，孩子们早就跃跃欲试。那就直接写到书上去吧！

假如我是一个舞蹈家（舞者），
优美的舞姿是我的语言，
我一定认清我的方向——
起舞，向上，起舞，向上——
观众的掌声里有我的方向。

以上是齐文杰的作品，我修改了几个字。

假如我是一滴水点，
淅淅沥沥地在空中飘洒，

我一定认清我的方向——
　　飘洒，滋润，飘洒，滋润——
　　干旱的地方有我的方向。

这一首是王樱璇的佳作，也挺有滋味的。

交流之后，我简介了徐志摩的一些故事，我说："今天咱们也做了一次徐志摩，七八岁的徐志摩，大家很了不起。儿童天生是诗人，一点儿也不错。"

孩子们还非常喜欢《我的朋友爱画画》。

　　我的朋友爱画画，
　　走到哪儿，画到哪儿。
　　画了小树、楼房，
　　画了白云、红霞，
　　还画了我的像，
　　跟我的模样一点儿也不差。
　　他是谁？你猜不上。
　　告诉你吧，他呀，
　　就是我家门前的小河，
　　流到哪儿，画到哪儿。

孩子们依此创编了《爱画画的眼睛》，如下。

　　我的朋友爱画画，
　　走到哪儿，画到哪儿。
　　画了高楼、大厦，
　　画了野兔、白鸭，
　　还画了勤劳的妈妈，
　　跟妈妈的模样一点儿也不差。
　　他是谁？你猜不上。
　　告诉你吧，他呀，
　　就是我明亮的眼睛，
　　走到哪儿，画到哪儿。
　　我要好好爱护他，
　　我就永远会画美丽的画。

检查背诵，创编朗读。诗人的快乐让时间飞逝而过，这样的课堂，这样的孩子，这样的教学内容，时间总是过得很快。

（四）果园变奏曲与魔力筷子

先来欣赏一首儿歌。

> 果园里，
> 是不是
> 天天在过节？
> 你看，
> 柿子树上
> 挂满了一盏盏
> 红红的灯笼……

这更像一幅画。这首小诗用柿子树上红红的柿子与节日红红的灯笼构成了一组生动的意象，色彩鲜亮，情感流畅，有极美的意境、自由飞动的联想，是儿童丰富想象的反映。不过，在我看来，这样的联想有点儿平庸。于是，我这样引导。

师：大家见过喝醉酒的人吗？什么样？

生：满脸红红的，走起路来摇摇晃晃。

师：对，满脸红红的就像那红红的灯笼。秋风吹来，累累果实，摇晃在枝头，好像在炫耀它们的魅力。

师：我们来创编，我起个头，大家往下编。

师：果园里，是不是天天在喝酒？

生：你看，柿子树上的柿子好像都喝醉了。

生：你看，柿子树上，山楂树上，都挂满了小醉汉。

生：你看，柿子树上，山楂树上，苹果树上，都挂满了灯笼似的小醉汉。

简直太有意思了，我抛出一粒石子，激起层层想象的涟漪，荡漾开去，引得一片欢乐的波浪。

师：果园里那红红的灯笼，还让你想起了什么？

生：我叔叔结婚时的样子。

师：那红红的灯笼呀，就像那高挂的彩球。我再来起个头，你们往下创编。

师：果园里，是不是天天娶新娘？
生：你看，柿子树上挂满的红灯笼，就像彩球。
生：你看，柿子树上挂满的柿子，都像盖着红盖头。
生：你看，一个个新娘打着红灯笼，羞红了脸。

孩子那灵动的情思化作诗样的语言，像天使飞翔在丰收的果园里，演奏出一首动人的变奏曲。一切皆有可能，是不是改动后的小诗更胜一筹？

儿童，成人之父。儿童，诗人的代名词。

随着日有所诵的深入，我和孩子越来越喜欢每天读读背背，不是负担，而是享受。时而创编，时而表演吟诵，变得妙趣横生。背过了，回过头，品一品，颇有一番美味。

再来读《日有所诵》上的一首儿歌《筷子》。

　　爸爸每天去打鱼，
　　爸爸的手
　　是我们家的筷子，
　　伸到海里去，
　　把鱼虾夹回来。

孩子的世界总是充满了奇特的想象，原来爸爸的手还是一双筷子，一双长长的、大大的筷子，这双筷子换来的是幸福和满足。我在引导学生谈了对儿歌的感受后，问："爸爸、妈妈、其他亲人的手还是什么呢？"孩子的回答使我感到他们对亲情的感悟还是蛮深刻的。

不一会儿，小手就高高举起来，有的说：

"爸爸每天下厨房，爸爸的手是我们家的炒菜铲子，每天都铲出好吃的饭菜。"

也有的说：

"奶奶特别喜欢剪纸，奶奶的手是神奇的剪刀，经常剪出美丽的窗花。"

"老师的眼睛比孙悟空的火眼金睛还厉害，总能发现同学们中的风吹草动。"

"妈妈的眼睛像是穿透镜，我的一举一动都逃不过这穿透镜。"

"弟弟的小手像是粉碎机，完全不认得一片纸是废纸还是人民币，真是个傻瓜小弟弟。"

从孩子嘴中冒出的这些语言浪花带着灵气打湿了我的心。好多年不教一年级，都说一年级累、烦，这都是实话。而对我来说，还有惊喜、乐趣。这就像铺满荆棘的山路上开满的野花，香味袭人，令人心旷神怡。读诗使人灵秀。的确，让儿童在诗一样的年华，多诵读诗歌，欣赏诗歌，让诗意和浪漫浸入他们心底，是每一个尊重儿童的老师应该努力去做的事情。在诵读过程中，老师要有意引导孩子在吟诵中赏诗、品诗，尝试着作诗，让诗性在孩子心中慢慢抽芽。

由此我想到，语文教学不也是给孩子一双筷子吗？给他们一双想象的筷子一双能捞起很多鱼虾的筷子，一双让他们在语文的海洋里捞出更多营养品的筷子。

教孩子背李白的"白发三千丈"时，我说："回家，你揪着爸爸或妈妈的一根白头发，就说'白发三千丈，缘愁似个长'。"生大笑，纷纷说："我妈妈的白头发没有这么长！"

我：李白的白头发也没有这么长！但诗人为什么这么说？

生：诗人在说大话。

我笑得合不拢嘴，是呀，诗人不就是在说大话吗？这是李白写诗的一贯表现。我引导说："也可以这么说，不过不很恰当，应该怎么说？"

生：诗人的想象力丰富。

生：诗人夸大了说的。

我：（我张开双臂，做了个夸大的动作）这叫夸张。

男孩捋着同桌小女孩的长头发，想占点儿"便宜"，小女孩也毫不示弱地揪着男孩的短发，摇头晃脑地背起"白发三千丈"。其景甚是有趣。

（五）出、吕、品

先来读一首《日有所诵》上的儿歌《出》。

你看！

你看！

山的背上也有一座山，

是不是山妈妈背着她的儿子，

想摘天上的星星呀？

一个"出"字引发孩子无限的想象，最神奇的就是诗的结尾，赋予了山生命与向往，这不正是一个孩子内心深处的美好愿望吗？相信这神奇的画面一定会定格在孩子们心中。

我：你们觉得这首儿歌怎么样？

生：我觉得很有趣。

生：我觉得很有想象力，想象得很神奇。

生：诗人这么一想象，我觉得"出"这个字好像成了一个孩子。

我：大家揣摩得很有味道，那咱们模仿这种说法来想象一下"众"字。（我把"众"写在黑板上，写得很大）

生：你看！你看！两个"人"的背上还有一个"人"，就像鸡妈妈张开翅膀，保护着她的鸡娃，是不是天上飞来了老鹰？

生：你看！你看！爸爸、妈妈两个大人变小了，因为他们小心翼翼地看护着孩子。你看！你看！小孩子变大了，因为他在父母的保护下快乐地玩耍。

我异常惊奇，想象力作为一种创造性的认识能力，是一种强大的创造力量。真的，想象力比知识更重要。在想象"吕"和"品"的活动中，孩子们乘着想象的翅膀，做了一次愉快的旅行。

吕
你看！你看！
大口背着小口，
是不是鸟妈妈张着大口
正喂鸟宝宝？

品
你看！你看！
两个小口背着一个大口，
是不是两个小宝宝
正把他们喜欢吃的东西给妈妈吃？

童诗是孩子内心情感的出口，是表达自我的一种方式。爱在吟诵中潜滋暗长，诗情在想象中长出翅膀。

（六）诵起来，笑起来

今天集中诵读《日有所诵》，从岑参的"今夜未知何处宿，平沙万里绝人烟"链接到王维的"大漠孤烟直，长河落日圆"，从李白的"兰陵美酒郁金香，玉碗盛来琥珀光"到杜甫的"李白斗酒诗百篇，长安市上酒家眠。天子呼来不上船，自称臣是酒中仙"。

再来诵读《云》：
> 云是最干净的
> 最宽最舒服的床
> 云是比贝壳还亮的
> 大帆船
> 云是
> 飞走的
> 妈妈的白手帕

师：云还是什么？是孩子们吃不够的棉花糖。

生1：云是天空中奔跑的小绵羊。

生2：云是最轻柔、最洁白的丝绸。

生3：云是最环保、最干净的洒水车。

生4：云是彩虹桥上奔跑的白色马驹。

生5：云是雨水宝宝的摇篮。

生6：云是天空中飞腾的热气球。

生7：云是小鸟、苍鹰的棉被。

生8：云是变幻无穷的魔术师。

我说道："把你们的想象写到书上去，自我感觉创编有创意的跑上讲台让我看。"王子涵说："云是横贯长空的长龙。"我点头称是，因为他用的"横贯长空"特好。

诵读《蚂蚁》时，我点到："在你们孩子的世界里，蚂蚁就是两米长的庞然大物呀！你们孩子的世界里什么都是有趣的，我喜欢你们活泼泼的嘴巴，阳光一般金色的想象，就像我的女儿。"

于是我给孩子们讲了三则我女儿丰富联想的故事。

故事1：女儿因为太喜欢《夏洛的网》中的"王牌猪"——威尔伯，就说自己的奶奶是"王牌猪"。

故事2：女儿看到一个小妹妹头顶小角辫，就喊她"独角仙"，因为她非常喜欢一本介绍独角仙的科学书。

故事3：因为看过法布尔研究屎壳郎的故事，等再看法布尔的《昆虫记》时，就说是"屎壳郎老师"写的。

孩子们笑翻了天，等静下心来再诵读诗歌时，孩子们记诵得很快。大半节课，四首诗歌连同快乐的笑声流进孩子们心田。

就像米切尔·恩德《犟龟》中的犟龟说的，只要上了路，总会遇到很多隆重的庆典。就让我们带着孩子，带着美味的阅读上路，一路上且歌且思，且吟且行，在自己更在学生的成长路上看到意想不到的风景。

（七）低段读写结合"可视化"教学案例

1. 活泼泼的荷叶

原文：

小水珠说："荷叶是我的摇篮。"小水珠躺在荷叶上，眨着亮晶晶的眼睛。

师：（加动作，课件出示摇晃的摇篮）小水珠躺在摇篮里，干什么？

生：小水珠高兴得在摇篮里打滚。

生：小水珠做甜蜜蜜的梦。

生：小水珠躺在摇篮里，听荷叶讲故事。

生：小水珠四脚朝天，蹬自行车呢！

生：小水珠和荷叶玩耍，很开心。

师：你愿意躺在这样的摇篮里吗？

生：愿意。

师：（出示大荷叶）躺上去读读吧。（孩子读得很有滋味）

师：荷叶是水珠的摇篮，妈妈的怀抱是你的摇篮。还有什么是什么的摇篮？

生：天空是白云的摇篮。

生：池塘是小鱼的摇篮。

生：花园是蝴蝶、蜜蜂的摇篮。

师：白云趴在摇篮里，悠闲地飘来荡去。那小鱼呢？

生：小鱼在摇篮里笑嘻嘻地游来游去，吐泡泡。（师：吐出几个零蛋蛋。生笑）

生：小鱼在摇篮里你追我藏，玩捉迷藏的游戏。

师：蝴蝶、蜜蜂呢？

生：蝴蝶在摇篮里飞舞，给花儿讲她听到的故事。

生：蜜蜂在摇篮里采蜜，给花儿们挠痒痒。

师：我们似乎听到了花儿咯咯的笑声。

原文：

小青蛙说："荷叶是我的歌台。"小青蛙蹲在荷叶上，呱呱地放声歌唱。

师：小青蛙唱的什么？（我唱起孩子们学过的一首关于青蛙的歌，孩子们马上呼应）（播放课件，师生同唱这首歌）

呱呱呱，呱呱呱，

我是骄傲的小青蛙，

白肚皮，大嘴巴……

你要问我是哪一个，

呱呱呱，呱呱呱，

我是骄傲的小青蛙……

师：多么高兴的小青蛙，你也来高兴地读读吧！

师：学到这里，你想到了《小巴掌童话》中的哪篇童话？

生：《青蛙和绿色的伞》。

师：打开书读读。（生自由读）

师：小青蛙都把荷叶伞送给了谁？

生：送给了小灰兔，小灰兔打着荷叶伞收白菜去了。

生：送给了小松鼠，小松鼠打着荷叶伞采蘑菇去了。

生：送给了蜥蜴，蜥蜴打着伞看生病的伙伴了。

生：送给了乌龟，乌龟继续赶路。

课堂上，我总喜欢抓住一两个点，深入挖掘，挖出趣味，挖出师生充分的想象力，唱唱、谈谈、演演、读读，课内外结合，促进知识的迁移和串联，引导孩子在轻松的语言训练中体会创作的快乐。因为我始终秉承着这样一种理念：一年级的语文课应是有趣、活泼的，创设一种无形、温润的情境，引领着孩子的思维悄然走进去，在不知不觉间完成对语言文字的品读，在不经意间拓宽阅读资源。活泼泼的课堂，嘴巴活泼泼的，思维活泼泼的，孩子才会活泼泼的。

2. 多变的"彩虹"

《彩虹》是统编教材一年级下册的一篇课文。文章充满想象和童心，字里行间洋溢着爱和温暖。我鼓励学生也展开想象的翅膀，从生活中找到与彩虹有联系的事物，展开爱的想象练说。下面截取一部分孩子的日记，感受童心飞扬。

★姑姑，你那彩色的糖果呢？如果我把它们带到桥上再撒下去，就是我在下糖果雨呀！小朋友们会高兴坏的。——王俞丹

★妈妈，你给我买的那盒五颜六色的彩笔呢？如果我画一座美丽的彩虹桥，我们一起在桥上散步，你陪我长大，我陪你变老。你会高兴吗？——任纪钰

★妹妹，你的彩色磁力片呢？我把它拼成汽车，带着你开到彩虹桥上溜一圈，你会害怕吗？——高振皓

★爸爸，你看的报纸呢？如果我拿着它们在彩虹桥上大声读给你听，读给小朋友们听，每人都上去读故事，那不都成了天上的小喇叭了吗？——邱郝杰

★妈妈，你天天用的口红呢？如果我用它画一道彩虹挂在墙上，你是高兴呢还是会气得发疯？——张铭轩

★弟弟，你玩的那些玩具呢？如果我把它们用绳子串起来，挂在彩虹桥上，你想要玩什么只需要拉一下绳子就行，你觉得这样好玩吗？——徐乾生

★奶奶，你那些湿衣服呢？如果我把它们晾晒在彩虹桥上，它们变成五彩的，你穿上会变成小姐姐。你会高兴吗？——唐睿泽

★妈妈，你给我买的五颜六色的头绳呢？我把它们编成好看的发卡戴在头上，就像把彩虹桥戴在头上一样。你看见了会高兴吗？——郑涵之

★奶奶，你那五颜六色的毛线呢？我把毛线编成五颜六色的头绳戴在头上，就像把彩虹桥戴在头上一样，你就不用每天给我梳头了。——孙芯雅

每个孩子的心中都有一座彩虹桥，它熠熠生辉，童心闪耀。通过这次小练笔，孩子们内心更种下了友善的种子。

3. 多才多艺的小画家

《雪地里的小画家》讲的是一群"小画家"在雪地上画画的事。"小画家"在雪地上留下不同的"作品"，而青蛙和它们不同，正在"睡觉"。妙趣横生的儿歌、拟人化的写法、朗朗上口的语言流淌在孩子口中，像是甘泉滋润心田。

师：你觉得这群小画家怎么样呀？

生：这群小画家很会画画，走着走着就成了一幅画，很了不起。

生：这群小画家很棒，它们几步就成一幅画，好像它们已经想好了似的。

生：这群小画家很了不起，它们不用颜料，不用笔，就用它们的脚做成了画，画家也做不到。

生：这群小画家很勇敢。天那么冷，青蛙都躲起来了，它们却勇敢地画画。

生：这群小画家是天才画家，它们没有老师教就自己会画画。

我总结：是啊，这群天才小画家，几步就成一幅画，不用颜料，不用笔，画的画浑然天成，没有任何修饰，清清爽爽。你能把对它们的赞叹读出来吗？

学生读得颇有滋味。低段阅读虽然只要求孩子读正确即可，我想还是引导他们更细致地品味语言，争取早一点儿踏上"有感情"读书的路，这是个"慢熏"的过程，不是一蹴而就的。

师：除了这些小画家，你希望雪地里再来哪些小画家？它们会怎么画画？

生：当然是我们这群小画家了。我们会用奔跑的双脚画画，画出弯弯曲曲的一条小路。

生：我会用冻得通红的小手画画，画只不会冬眠的小青蛙在唱歌。

生：小鸟在枝头上画画，画的画随着鸟鸣纷纷飘落。

生：汽车在马路上画画，画了又涂掉，再画再涂掉，没完没了。

……

师：带着你的美好想象，先读课文再在后边加上几句你的创编，这首儿歌就更完美了。

下雪是孩子们最盼望的事情。然而在这少雪的冬天，也只能通过激发学生的情感体验，引导他们的语言生长了。"情动于衷而发于外"说的就是抓住学生的情感共鸣点巧设话题，促进学生的语言生长。

4.《月亮的心愿》片段

《月亮的心愿》是篇有趣的童话。文章以月亮的内心变化为线索，先写月亮为了孩子们的郊游，希望太阳公公让明天的天气好起来；接着写月亮为了让珍珍照顾病中的妈妈,又建议雷公公明天下雨;两天后,是一个艳阳天,两个孩子都参加了郊游。

师:你觉得月亮这样做好吗?

生:月亮这样做很好,满足了所有孩子的心愿。

生:月亮这样做好。下过雨后,天气格外晴朗,空气清新,特别适合郊游。

生:月亮这样做好,孩子们先是焦急地等待,天晴后去郊游,心愿得到满足肯定很高兴。

生:月亮这样做好,这样珍珍就能痛痛快快地玩了,不用担心妈妈了。

生:好,下过雨后,小草更绿了,花儿更红了,景色更美了。

……

生:月亮这样做不好,其实病人也是需要好天气的,珍珍的妈妈卧病在床,需要好天气,才能有好心情。

一语激起万朵花。

生:我认为也不好。珍珍照顾了妈妈再去郊游,她会很累的。累坏了怎么办?

生:我觉得也不太好。月亮满足了珍珍的愿望,却让很多人着急。

师:觉得月亮这样做好的,就读出你认为的好;认为不太妥当的地方,可以尝试着改一改。

后边说"不好"的声音不也既富有童趣,又极富人情味吗?它体现了孩子们服从大局,爱及他人的动人情感,丰富、深化了第二单元的主题。这样顺着孩子的思维往前走教课本,却不唯课本至上。挑战的勇气和质疑的精神,是我们应该留给孩子的宝贵财富。人云亦云尽量不云,我更看重孩子的这种不从众的精神。

教育家陶行知曾说:"我们要活的书,不要死的书;要真的书,不要假的书;要动的书,不要静的书;要用的书,不要读的书。总起来说,我们要以生活为中心的教学做指导,不要以文字为中心的教科书。"

以上片段拨动了孩子内心深处独特的琴弦,从而奏出独特的音乐。我想这不仅是在教语文,更是在塑造孩子健全的人格。

三、授之以渔，游刃有"渔"

——二年级上册语文要素"复述内容"的有效策略

语文课标指出："要让学生整体感知课文内容，对课文的整体感知应起到理解内容、明确主旨的作用。"整体感知是阅读者对文本内容的总体把握，是理解和感悟的起点。对文本整体感知的训练在二上部编教材中有明确的体现，主要以"复述故事"的要求呈现，起到"理解内容"的作用。本册教材共安排了6次复述课文内容的训练，都在6篇叙事类课文的课后练习中。这6篇课文是《小蝌蚪找妈妈》《曹冲称象》《玲玲的画》《大禹治水》《难忘的泼水节》《风娃娃》。可见，在低段教材中，叙事类文章是训练整体感知能力的主要文体。

部编教材安排的这6次复述内容，不但给教者提供了"这样教"的拐杖，更给学生提供了"这样学"的支架，便于师生"拿来就用"，分析如下。

（一）有效利用支架，授之以渔

1. 借助图片讲故事

《小蝌蚪找妈妈》截取小蝌蚪前后变化的5幅图串联起整个故事，学生借助图片练说"小蝌蚪是怎样长成青蛙的？"这个内容，这是单线推进。当然，也可以双线并进，如图4-1所示：

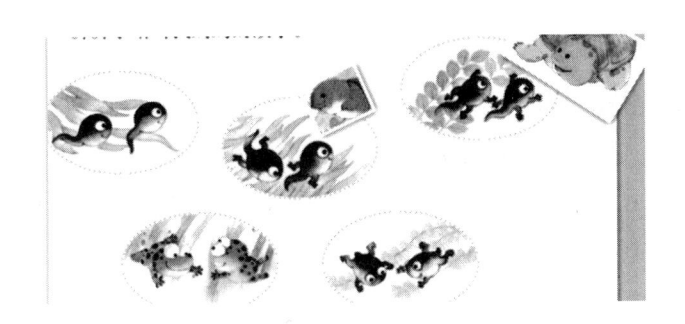

图 4-1 《小蝌蚪找妈妈》截图

把"变青蛙"和"找妈妈"融为一条线来练说，一举两得。故事脉络以图片形式呈现，一目了然，符合低段学生的认知规律。

2. 按主要步骤讲故事

《曹冲称象》选取了曹冲称象的 4 个关键步骤：赶象上船—在船舷上做记号—把大象赶上岸，往船上装石头—称石头的重量。引导学生按步骤讲故事，教材打乱顺序呈现，要求学生先排序后讲故事，一题两用，妙不可言。

3. 按心情变化讲故事

《玲玲的画》一课要求用上"得意""伤心""满意"3 个词语讲故事。这 3 个词语概括了玲玲"得意赏画—画脏伤心—改画满意"的心理变化过程，这 3 个词语就是本课的牛鼻子。教学时，可设计两个梯度：一是用上这 3 个词语讲故事，这是保底的要求；二是用上这 3 个词语想画面讲故事，想象玲玲"得意"时说什么、"伤心"时会怎样、"满意"时表情怎样等，这一要求不封顶。两个梯度便于因材施教，让每一个学生都能有所提高。

4. 按事情进展讲故事

《大禹治水》一课用 4 句简短的话提示了"大禹治水"的经过，意在告诉师生按照事情的起因、经过、结果的顺序来讲。教学时，还可借助文中的插图想象人物的语言、动作、表情等，化静为动，大禹治水就立体化了。

5. 借助道具讲故事

《难忘的泼水节》选取了"象脚鼓""凤凰花""银碗""柏树枝"4 个道具讲故事。这 4 个词语具有浓郁的傣族风情，还集中体现了周总理融入傣族人民过泼水节的情景。教学时，在完成这一基础要求的同时，可以再添加

"龙船""花炮""白褂""头巾"这些词语来丰富画面，把故事讲得更细致。

6. 按地点转化讲故事

《风娃娃》选取了风娃娃做好事的3个地点：田野—河边—广场。教学时，若学生根据提示不能完整地讲故事，可以换为如下方式来提示，引导学生把故事讲完整，讲准确。

田野—风车—禾苗笑；

河边—大船—船工笑；

广场—风筝—孩子伤心。

总之，6次复述故事的训练，教材提供了"拿来即用"的"渔"。教学时，教师要有意识地向学生"授之以渔"，让学生在把文章"先读厚，再读薄，再读厚"的过程中，反复运用"渔"，逐步培养复述故事的能力。

（二）开发有效策略，游刃有"渔"

教师在准确把握编者意图，有效利用教材提供的"渔"的同时，更要发挥自己的聪明才智，结合文本特点，开发一些复述内容的有效策略，发挥"教材只是个例子"的作用。

如《寒号鸟》一课，可借助表格讲故事（表4-1）：

表4-1 借助表格讲《寒号鸟》的故事

时　间	喜鹊的做法	寒号鸟的做法
树叶落尽	东寻西找，忙着做窝	太阳高照，正好睡觉
寒风呼呼		
风停日暖		
寒冬腊月		

"树叶落尽""东寻西找，忙着做窝""太阳高照，正好睡觉"这些句子都来自文中，对喜鹊的描写侧重动作，对寒号鸟的描写侧重语言。先让学生填充完表格，意在训练学生寻找关键句的能力，再根据关键句复述故事，结构清晰，操作性强。

"我爱阅读"之《鲁班造锯》可继续利用"借助事情进展"的策略讲故事。出示：

根据下面的提示，讲讲"鲁班造锯"的故事：
徒弟用斧子砍树费时又费力。
鲁班的手指被小草划破。
鲁班仔细观察，产生疑问。
鲁班造的锯子又快又省力。

二年级的"我爱阅读"栏目是一年级"和大人一起读"的纵向延伸。教师要利用好这些文本，把在课内训练的"语文要素"（如本册教材中的"体会动词的妙用""复述内容""读好感叹句和疑问句"等）迁移到"我爱阅读"中，一以贯之。

《狐假虎威》一课，可继续借助关键词来讲故事。出示：

用下面的句子，说说狐狸怎么借着老虎的威风把百兽吓跑的。

老虎信以为真
老虎被蒙住
老虎一愣

这3个词语来自文中，学生很容易由老虎的变化联想到狐狸的做法，牵一发而动全身。

综上所述，在复述故事的训练中，教师首先要利用好教材提供的"支架"，做到课内"得法"。在拓展阅读时，要结合文本特点，设计有效的教学策略，反复"用法"。只有这样，学生才能由"心中有'渔'"成长为"游刃有'渔'"，既练得"童话嘴巴"，更得"童话思维"。

四、大手拉小手的阅读时光

（一）开学了

开学了，没有新书，其实我不盼望马上就有新书。我有好多事情要做：注意力专项训练，行为专项训练，收交作业并评比，随时冒出来的事，等等。有的是事情等着你跑，等着你做。所以我要保存体力，想办法调动孩子的自觉性，不至于刚开学就累瘫。

注意力专项训练是我首先要狠抓的。我把一棵漂亮的绿色植物摆放在讲桌上，告诉孩子绿色可以养眼，端坐，盯着绿色看，什么也不要想，专注所有精神于绿色，凝神静气，心无旁骛，5分钟，10分钟。刚开始，不能一下子把孩子收得太紧。"趴下，闭目养神。"孩子们安静地趴在桌上。

等到我再上课时，我把注意力的训练时间提高到15分钟，甚至20分钟。作为低年级的孩子，注意力高度集中20分钟就足够，因为一节课总有些时间孩子是放松的。我希望每个孩子能快速收回玩心，进入学习状态，这样的训练是必不可少的。毕竟我们二年级啦！紧锣密鼓的读写之旅即将展开。一年级时做的大量"熏练"，回报给我的就是孩子们的识字量已经达到开展"半海量"阅读的要求了，我有点儿迫不及待。

今天，我被假期里的读书卡片感动了一番。假期里，我布置了读书的作业，绝大多数家长很重视，看来我的"鼓吹"有作用了，我心满意足。最突出的当属杜映筱、高铭泽和彭玉函，这几个娃不但读得多还有些勾画。有这样的家长，我感激之余更信心满满。

我把所有孩子的卡片整理好，家长会的时候还是需要借此发表一下感慨的。新学期，再次鼓动起家长的热情，是老师要好好做的功课。这不是我懒，教育独木难支，离开家长的配合，任何教育技巧都苍白无力。

开学第二天，天依然晴朗。我看着纸上开列的"今日之事"清单，慢慢铺开，轻松自在。然而最始料不及的事情大煞好心情——把10个班的孩子分散到9个班里去。陡增了5个孩子，教室里一下子满满的，心情也一下子满满的。孩子是没有错的，看着孩子安静的样子，首要任务是给他们调位，让他们融入这个集体，心随境变。进入二年级，变化的还有即将展开的丰富的读写之旅。孩子们，随着你们基本突破识字量的瓶颈，老师将引领你们踏上读写的快车道，俯拾语文的美丽、有趣和宽广。

曾子曰："士不可以不弘毅，任重而道远。"我决心做孩子、家长信赖的豪士，肩负起该有的生命担当，安顿好每一个童年。

（二）更新读书榜

一年级时，为了让读书变得有趣，我把孩子读过的书名写在用卡纸剪的"小梨""小苹果"上，贴在读书榜学生姓名的上方。

进入二年级，我明显感到孩子的阅读速度和广度比以前大有提高，几次下发"读书反馈卡"，《西游记》《三国演义》等一些大部头的、较有深度的作品开始出现在孩子的阅读视野中。因此，贴"小梨""小苹果"的方式已经不能很好地解决孩子阅读量和展示空间狭小之间的矛盾。于是，我要求学生裁剪一块长24厘米、宽8厘米的卡纸，打上横格，让父母工工整整地写上孩子读过的书名，可装饰一下。我们将这作为新学期更新读书榜的新办法。

读书榜很快焕然一新了，特别让我惊讶的是孩子的阅读量：高铭泽、李慧超、杜映筱写了满满的两张卡纸，约40本书，大部分孩子阅读量都在10～20本。照此下去，孩子的阅读将不可限量。我充满期待，信心满怀。

周国平在《做一个真正的读者》一文中指出，一个真正的读者应具备三个特征：一是养成了读书的癖好，几天不读书就寝食不安，自惭形秽；二是形成了自己的读书趣味，能够有自己的书中知己；三是有较高的读书品位，具备基本的判断力和鉴赏力，倾心好书，拒斥劣书。

我现在要做的是引导学生在博览群书中发现自己的读书兴趣，在老师的引领、比较赏析中多读好书，有意识地拒绝三流书。

（三）小书虫爬行记

低年级的孩子是喜欢"糖衣炮弹"的。我利用孩子的这种心理，想办法调动孩子的积极性，用"甜言蜜语"和"小恩小惠"，牵引出孩子最大的积极性。一学期下来，效果很明显。我跟孩子约定，每得20个小贴画，我就奖给他一本书，写上评语，盖上印章，大张旗鼓地奖励给孩子。

下面摘录部分写给出壳小书虫的寄语。

赠铭泽：问渠那得清如许？为有源头活水来。捧一本好书，听一段故事，说一段趣事，多么温馨！你是一只勤奋的小虫，徜徉在书的温馨里，渐渐长大，长大。

赠丽萍：年轻时读书就像迎着朝阳走路。在你这如花的年龄，读一本好书，就像交了一位好友，朋友越多越快乐。老师希望你这只小书虫，飞向书的百花园，采得百花酿出好蜜。

赠张书豪：每本书都是香喷喷的。一个人是吃饭长大的，更应是读书长大的。手捧一本好书，犹如品人间最美味的食物。老师希望你这只小书虫多以好书为食粮，喂饱自己，滋养心灵。

赠宇涵：每一本书都是有温度、有感情的。你对它好，它就对你好。读书应是你永远的作业。每天读一会儿，天长日久，就像小溪流入大海，你也渐渐变得浩瀚与丰富。老师希望你做一只勤奋、快乐的小书虫，在书的滋养下，插上飞翔的翅膀，飞呀，飞！

赠宏伟：一本本好书就像一盏盏灯，指引乘风破浪的小船奋勇向前。老师祝愿你驾起勇敢的小船，满载一船好书，大胆地闯练、闯练。

赠慧超："读书之乐乐无穷，瑶琴一曲来薰风。"幽幽书香，快乐相随。读书的孩子最美丽。老师祝愿你多与好书聊天，在读书中体会成长拔节的乐趣。

赠文举：书籍总把珍贵的货物运送给一代又一代的人。谁看的书多，谁拥有的"珍贵货物"就多。老师愿你做一只勤奋的小书虫，多在书中汲取营养，蜕变成飞天的鲲鹏！

赠房俊宇：书中自有黄金屋。书是最忠实的朋友，你想让它来它就来。高兴时读书会更高兴；不高兴时读书，书可以帮你忘掉烦恼。老师祝愿你多与好书交朋友。

赠小非：一本好书犹如一道美味的菜肴。只有多品尝不同美味的书，才能获得丰富的营养，才能拥有强健的体格和精神。老师祝愿小非做一只勤奋的小书虫，在读书中渐渐长大。

赠武欣睿：你是一只可爱的小书虫。啃啃这块文字面包，嚼嚼那块文字蛋糕，你这只小书虫就插上了翅膀，像蝴蝶飞舞在语文的大花园。

赠樱璇：读书养性，读书练脑。你如此沉静和聪慧，读书有不可磨灭的功劳。你爬行在一本本书里面，拾得知识，增长灵气，你就慢慢变得与众不同起来。

为了让每一个小书虫的赠语都不相同，我可是绞尽脑汁，时常把读到的关于读书的好句也摘录下来。每一个小书虫都是独一无二的，我给他们的赠语也是各具特色才好。

（四）我是一只小书虫

二年级下册第11课《我是一只小虫子》写得充满童心童趣。课文主要写了三部分内容："当一只小虫子，一点儿都不好""当一只小虫子还真不错"和"我有很多小伙伴，每一个都特别有意思"。语言明快，契合儿童心理，我非常喜欢这篇课文。

恰好，在学这篇课文前，我们表彰了新一批的小书虫。我就鼓励学生仿照课文，从三个方面写一写"我是一只小书虫"的生活。

（1）我是一只快乐的小书虫；

（2）我是一只烦恼的小书虫；

（3）我的小书虫伙伴。

我们先在小组内思维碰撞，各个小书虫描述读书生活的酸甜苦辣，我现场指导了几个，鼓励学有余力的孩子回家写下来。

下边是学生的作文，写得挺有趣味的。

我是一只小书虫

我是一只嗜书如命的小书虫，有时快乐，有时烦恼。

一本本书是我快乐的源泉，一行行字里藏着我快乐的秘密。我藏在匹诺曹的口袋里和他一起探险；我摘下一个苹果递给《苹果树上的外婆》，她说我递给她的苹果里有虫子，难道外婆有透视眼？我如果因为看书太入迷了造成写作业慢,一般不会受到批评,我此时很快乐。我家里有两大书橱的书,我有广阔的空间去啃吃,我很快乐。

因为太喜欢看书也吃了不少苦头:忘记写作业是常有的;饭菜凉了,妈妈也不会再去热;满屋子都是我的书,每逢周末都得送书回"家",我干得也不好,时常被妈妈数落;如果干不好应该做好的事情,妈妈经常限制我看书,我也很烦。

不过,我有很多小书虫伙伴,每一个人都特别有意思。

徐乾生喜欢看历史,他把上下五千年讲得头头是道;张书豪是个军事迷,他画的各类军事设备很逼真;王耀辉至今还喜欢看漫画,老师说他阅读层次低,我想帮他,但我与他兴趣不同,爱莫能助。我经常用《三国演义》里的话逗大家笑:"你这个环眼贼,吃我房哥一拳。"我总是喜欢虚张声势。

我喜欢当一只小书虫。当我很快乐的时候,会悄悄地看书;当我不快乐的时候,也会悄悄地看书。

(房俊宇)

五、搭建有效支架,助力低段写话

(一)只要大声、响亮

这学期要开始写日记了。

我告诉孩子只管写真实的生活,书写工整就行,不问长短,不问质量,不问修辞造句,不问文通字顺。要求定位于孩子愿意写就可,把门槛放到最低,让孩子轻易就迈进来。要求放低了,孩子却给了我很多惊喜,大部分孩子的日记不但文通字顺,而且时常有妙语,童心童趣洋溢在字里行间。

孩子的假期日记可圈可点,我知道,那是父母"参与"的结果。对此我很高兴,但我不能指望每个家长都如此热心,着眼于每个孩子都能会写日记、乐写日记的目标，做老师的还是要多想引领孩子的实招、妙招。

其中一个实招如下：每人都要从日记中找出自己最得意的一个词语、一句话、一段文字，打上波浪线，在旁边画上笑脸，然后先在组内交流，再全班交流。大声、响亮地读出得意之处就成功了。从写出来到读出来，再到大家评议，让日记走个来回，用孩子的眼光评价孩子的日记，他们更容易接受，避免老师的先入为主和定性评价禁锢孩子的活跃表达。

以下摘录一些孩子的文章。

春天说："我是小姑娘，我把美丽的鲜花撒向大地。"

夏天说："我是淘气的男孩，我把狂风暴雨洒向大地。"

秋天说："我是妈妈，我把金黄的果实摆满大地。"

冬天说："我是雪花仙子，我把洁白的雪花铺满大地。"

以上是张竣瑜之作，多形象、贴切的比喻，"撒、洒、摆、铺"几个动词用得也很恰当。儿童天生是诗人，我深信之。给孩子一个发现自己的机会，你会发现他们带给你的是源源不断的惊喜。

今天，天高云淡，秋高气爽。

我和爸爸、妈妈去林果园摘果子，那里有许多好吃的，馋得我直流口水。红红的苹果像一个个红红的灯笼，那一串串葡萄像紫色的珍珠。

我站在果树底下，抬头望着缀满枝头的红苹果，想起了牛顿被苹果砸中脑袋，发现万有引力的现象。我真佩服爱思考的小牛顿。

以上是赵铧宇一篇日记中的节选。孩子学会了恰如其分地使用比喻句，还把课本上学过的描写秋天的成语运用上了，更难能可贵的是联想到了牛顿，孩子在起步阶段就有这样的意识是令人欣慰的。

下课铃响了，我真高兴啊！我又可以痛痛快快玩一会儿。课间操后，我和刘基业到草坪旁边看蚂蚁。那里有许多蚂蚁窝，小蚂蚁们在地上忙忙碌碌地跑来跑去，就像在赶集。它们在忙什么呢？我从电视里看过蚂蚁的巢穴，就像蜜蜂窝，里面有许多的房间，房间里盛满了粮食和蚁卵。我想它们是在搬运粮食吧！它们可真勤劳呀！

这是张钰彬的小习作，这真是用自己的眼睛去观察，用自己的语言去表达。

孩子的视角总是别有一番天地。

今天，爸爸去加班，我在家里写作业。突然听见我家门响，好像有人在敲门，我忙问："谁啊？"外边没有答应，我想是秋风在敲我家的门吧！

这是杜培兴的视角，这是杜培兴的语言，活泼泼的。

让孩子与自己作比较。学生书写有进步要表扬；内容有进步也表扬；即使文不通字不顺，但日记里边的孩子那么懂事，那么自律，也要奖励。只要日记中传达出了孩子的进步，无论生活的还是学习方面的都要点到表扬。

刚起步，我总想办法调动孩子写的积极性，快乐为上。我跟家长说，只要孩子不愁着写日记就成功了一大半。因为是集体教学，我只能靠鼓励和最大范围地发现孩子的成功习作作为范文交流，拓宽思路，以此呵护学生写的积极性。很多孩子喜欢上写作往往因为老师的一次表扬或者发表一篇铅字文。所以，我要做的就是搭建起交流、发现美的平台。

（二）可写一个系列

日记早就写完一本了，大部分孩子已经学会了写日记，包括使用标点、分段，其中也不乏佳作。每次批阅完，我都要先在小组内交流，然后把写得较好的作品在全班交流一下，目的是树立模范典型，表扬进步之处，用我的赏识引得一片春光。

然而几个"钢筋铁骨"的学生还是无动于衷，我被逼无奈就各个击破，告诉他们："实在没得写时，可写一个系列，比如这一周专写动物，下一周专写植物，再下一周写四个季节的不同，也可写人，写完爸爸写妈妈、写奶奶……"

经过一番苦口婆心的劝说后，那几个学生偶尔会写出一点儿有滋味的文字来，我同样高兴。我知道，他们肚子里的那点儿墨水少得很，还需循序渐进！

家长会上，我曾这样说："对于刚开始写日记的二年级孩子来说，与写得孬好相比，更重要的是孩子的写作兴趣。那愿意写的动力何来？来自老师和家长的肯定。这就要求大家多帮助孩子确定写的内容，如何开头，如何结尾，如何用上些合适的词句，甚至是修辞。平日里在做某项活动时，可适当引导孩子观察。比如，领着孩子去逛超市时，可引导孩子观察商品的分类摆放，如洗涤化妆区、食品区、玩具区等。大家领着孩子写上一段时间，读书多的孩子会很快找到写作的路径和素材。我们自然也会把孩子写得好的作品在全班交流，只要孩子跟自己比有进步，我就会肯定并表扬他们。我们要通过多交流来引路，通过多交流来调动起孩子的写作愿望。"

绝大多数家长是这样去做的，孩子也就收获了继续写好的信心。

（三）班里卷起"沙尘暴"

前些天的沙尘天气引起了孩子们的注意。这不，7个孩子在日记中提到此事。本学期日记的重点是集中写一件事，学会合理分段。为了让孩子明白，我就以"班里卷起沙尘暴"为例具体说明什么是集中写一件事。

今天早晨一醒来，打开窗帘，我看到整个天空都变成了浅橙色。我问妈妈："为什么变成这个样子？太阳躲到哪里去了？"妈妈回答说："这是沙尘暴，由于风力大，地面上的沙子和尘土都被吹了起来，尘土弥漫在空气中，所以就形成了沙尘暴。"

我家楼前的公园，平时这个时候可热闹了：有打篮球的、跳绳的，有打羽毛球的、踢毽球的，还有舞扇子的。今天却非常平静，偶尔有几辆车从公园边开过，还开着车灯。

满城尽是黄沙，妈妈说这样的恶劣天气，我们要做好防护，在家关好门窗，出门戴好口罩。

以上是王樱璇的佳作，我佩服小姑娘的观察力和语言运用能力，段落划分合理，一段一个意思，是可塑之才。

妈妈走过来对我说："你没有看错，要有沙尘暴。"妈妈又对我说："沙尘暴是因为我们人类乱砍滥伐，森林越来越少，最后森林就成了沙漠。风一吹，就把沙子送到我们这里来了。"原来，沙尘暴是大自然对人类破坏环境的惩罚呀！人类是该反省反省了。

以上是杜映筱习作中的节选，多有劝诫之意，有深度。

昨天晚上，狂风吹了一夜。狂风经过楼层时似乎要把大楼吹走。狂风发出愤怒的吼叫声，好像要把地球吹个底朝天！呼呼，风吹了一夜。

第二天早上，我一看，大地、天空到处一片淡黄色！我这才知道昨夜的狂风把遥远的沙土像架飞机一样送到了我们这里。我想问，土地不是很坚固吗？怎么会被吹起来呢？我又想一定是水土流失才让大风吹来沙土。所以我们要多搞绿化，节约纸张，不要带火种上山，保护绿色。

这是刘基业眼中的沙尘暴，他对环境问题有自己的思考和质问。

原来，沙尘暴的形成有两个条件：第一是8级以上的大风，风速在每秒25米以上；第二是丰富的沙源。沙粒、沙尘能在大风的驱使下离开地面。而我国的甘肃被大沙漠包围，并且植被少，春秋降雨又少，气温高，气压低，所以经常飞沙走石，引起沙尘暴。防治沙尘暴的最主要办法是增加地表植被覆盖，大力营造防风固沙林。

以上是陈泽林因为不明白沙尘暴的形成原因，从网络上搜集整理下来的。我们应大力肯定学生搜集资料为我所用的意识。

同一件事，不同的人写，侧重不同的角度，写出不同的思趣，这真应了那句话：仁者见仁，智者见智，一千个读者就有一千个哈姆雷特。

读完孩子的日记，我还让孩子谈了谈这些日记都从哪些方面写沙尘暴的。

我总结：这就是集中写一件事，通篇围绕一个重点来写，有的写沙尘暴来临时的景象，有的写沙尘暴形成的原因，有的写如何防治沙尘暴。角度虽不同，但主题相同，内容集中，让人读来印象深刻。

不管孩子明白多少，这样的灌输还是必要的，天长日久他们就会找重点了，就会写了。

（四）日记里的春天

在"哄"孩子写日记的实践中，我始终秉持一点：一花独放不是春，百花齐放春满园。为了调动学生练笔的积极性，我会定期把孩子日记中出现的或长或短的"闪光之语"采撷下来，整理好张贴在教室里。

上次，我在班里集中读有关沙尘暴的内容，这次，日记中又不约而同地出现了大量描写春天和运动会的内容。我在日记本上写上一个"读"字，告诉孩子："凡是写'读'字的日记都是上乘之作，都值得向大家推荐，和大家分享。如果你读得响亮、流畅，就可获得一个'OK'，自己先练读一下。"

于是孩子们自己陆续站到教室中间，大声朗读起来。

我要的不单是孩子们写出好日记，孩子们更要有勇气展示自己的佳作。这样的毛遂自荐是个好方法。

下面摘录一些孩子们的"童言稚语"，欣赏一下他们眼中的春天。

第四章 蒙以养正，"熏练"童话思维

每当夜幕降临，沂源就亮起来了。沂源变得好美呀！

大街的树上缠着一串串五颜六色的小灯泡，两旁的路灯不知疲倦地为路上的行人服务。商店的广告绚丽多彩，闪闪烁烁。像糖葫芦似的车灯常常照得大街灯火通明。

公园里也被一盏盏各式各样的彩灯勾画得五彩斑斓。水景公园和水上乐园的水中倒映着周围美丽的景色。

以上是彭钰涵仿照《北京亮起来了》写的，里边的很多词句是活学活用的，这种积累运用的意识必定会让孩子写得更好。

春天来了！春风吹来了春雨，吹得柳树冒出了嫩叶，吹得小草长出了嫩芽，吹得桃花、梨花、杏花纷纷开放。燕子也迫不及待地从南方飞回来。布谷鸟唱起了春天的歌。春天真是一幅多彩的画。

这是王安琪的作品。这个小姑娘本学期进步很大，不但文通字顺了，还时常有些妙语，所以一定要摘录下来大力表扬。

樱桃花的花骨朵是粉红色的，盛开时白里透红。五个小花瓣托着一丛淡黄色的花蕊，漂亮极了。我站在樱桃树下，丝丝芬芳就向我扑来，那是樱桃花在欢迎我们呢，难怪蜜蜂都来采蜜了。

这是张玉彬站在奶奶家的樱桃树下闻到的、看到的。

一路上春风习习，我们一边看周围的风景，一边往水上乐园走。绿茵如织的草地，像一块块绿色的大地毯，树木也开始冒出新芽，早开的迎春花正得意扬扬地绽放在枝头上。这让我想起了诗句："千红万紫安排著，只待新雷第一声。"

这是刘润伊欣喜的踏青心情。

今天，我到水景公园学骑自行车。公园里的玉兰花开了，有红的、白的、粉的，可好看了！岸边的柳树随风舞动着它那嫩绿的枝叶。小燕子在河边飞来飞去，叼着泥巴筑巢呢；远处有人在摸河蚌，不时传来他们的欢笑声。

我在栈桥上很吃力地学着自行车。累了的时候，就坐在地上休息。微风轻轻吹过，我想起了"黄莺鸣翠柳，紫燕剪春风"的诗句。

你看，唐文举用这种心情学自行车，真可谓悠然自得。

春，是位温柔美丽的姑娘，她能让大地万物复苏，柳绿花红，莺歌燕舞。她给柳树梳好了长辫子，给桃花抹上了胭脂红，给大树戴上了绿帽子，给花

儿洒上了四溢的香水，为小草穿上了绿衣裳，还唤醒了沉睡的动物。

春把大地点缀得多姿多彩，我喜欢五彩的春天。

看看袁丽萍吸纳语言、运用语言的意识有多强啊！

欣赏完了孩子们日记中的春天，我咂巴咂巴嘴，告诉自己，孩子的写作前景也是一片春天，为师要用春天的博爱和韧劲，让每个孩子都走在写作的春天之路上。

（五）日记里的童心拾趣

进入下学期，孩子的日记水平有了普遍提高，更多的孩子表现出浓厚的写作兴趣。日记中多有童言童趣，看后余味绕舌。

妈妈最爱吃洋葱炒鸡蛋了，可妈妈每次切洋葱的时候总是会"泪流满面"。不是妈妈舍不得，全是洋葱葱的祸。

以上是尚乘文的观察。

我的吸铁石是圆形的，像两只黑黑的眼睛。我把一个铁钉放到纸上面，在纸下面移动吸铁石，上面的铁钉也就跟着移动起来，像影子一样，也像魔术一样神奇。

朱玺金玩吸铁石时玩出了名堂。

我妹妹长着像苹果一样的红扑扑的脸蛋，又大又圆的眼睛在长长的睫毛下扑闪着。像樱桃一样的嘴唇跟抹了蜜一样甜，经常逗得一家人笑个不停。长长的秀发披散着，越看越像芭比娃娃。

俊俏的张婉莹笔下的妹妹多么可爱逗人。

我喜欢的零食有很多。又香又软的面包，我喜欢；又香又甜的奶糖和香喷喷的玉米棒，我喜欢；但美味可口的薯条才是我的最爱。

吃零食是李慧超的享受，读这样的日记也是享受。

我们的数学老师是房老师。她的脸很白，眼睛大大的。说起话来很温柔。

下课的时候，魏铭君给房老师提意见说："房老师，你太温柔了！"上课的时候，房老师说："为了让你们把数学学好，我从今天开始要变成灰太狼了。"我们都笑了。"抗议！抗议！"的声音响成一片。

多好的老师，多可爱的孩子，真幸福！这是王娅琪的想法。

我还要在房间的天花板上粘许多白云，到了晚上我把白云拿下来，再把星星粘上，这样我的房间就成了天空。

这是崔舒然的想象，佩服孩子的头脑。

今天，我很高兴。因为我不仅挖到了野菜，还沾了满裤子的种子。植物妈妈有办法，我今天帮助植物妈妈传播了种子。

刘基业一不小心成了传播种子的使者。

姑夫开始给我挑手上扎的刺儿了，我咬着牙，跺着脚，但还是忍不住。我喊着说："你轻点儿，再不轻点儿，你就是大坏蛋了。"姑夫说："我是大夫，我说了算。"我瞅了姑夫一眼，心想："姑夫真是心狠手辣。"

陈泽林眼中的姑夫刹那间变成了"大坏蛋"，"心狠手辣"的人。

新课标对低段学生"表达与交流"的要求是"观察周围世界，能不拘形式地写下自己的见闻、感受和想象，注意把自己觉得新奇有趣或印象最深、最受感动的内容写清楚"。日记是低年级学生达成这一目标的最好用的形式。日记可长可短，一句话日记、一段话日记、几段话日记都可，只要是来自"我的观察""我的思考""我的表达"就值得肯定。

刚起头儿，有的是希望，有的是工夫。学生刚开始写日记就像朱自清在《春》中写的那样："小草偷偷地从土里钻出来，嫩嫩的，绿绿的。"一切都怯生生的。老师则应拥有一双"吹面不寒杨柳风"的母亲的手，抚摸每一片嫩生生的绿色，送去赏识和赞美，才会出现"一大片一大片满是的"这样的佳作美景。

六、浅谈低段写话的教学策略

——以二年级上册部编版语文教材为例

二年级上册的统编教材共安排了三次写话，分别是写自己喜爱的玩具、学写留言条、想象老鼠与猫的故事。写喜爱的玩具是写实训练，意在引导学生多观察,来自生活;写留言条是应用文训练,意在引导学生准确表达简单的意思,服务于生活;写想象故事是写虚训练,意在训练学生的想象力,美化于生活。三次写话具有承前启后的重要作用,既是一年级写句子练习的横纵向扩展,又为三年级"侧重于指导观察,激发想象"的习作作好铺垫。教学中,教师为学生搭建好有效支架,才能助力于低段写话。

(一)观察支架

让学生置身于真实的观察环境中,把观察、情感、表达融为一体,学生才会乐于表达,有话可写,如写自己喜爱的玩具,一定要在"交际语境"中完成构想。让每个学生都把自己最喜爱的玩具带到课堂上来,引导学生在"看""摸""玩""讲"的实践中与最爱的玩具亲密接触。为此可提供如下观察支架,如图4-2所示:

看:样子
摸:手感
玩:玩一玩
讲:按顺序讲

图4-2 最爱的玩具

学生在以上"活"的语境中细致观察,大胆表述,为写话奠定情感基础,达到"情以物迁,辞以情发"的效果。

(二)阅读支架

对于学写留言条的写话,教材既提供了留言条的格式支架,也提供了阅读范文,学生很容易明白留言条的具体写法。除了阅读教材提供的文本外,我们提倡老师用"下水文"作为阅读内容再次拓宽学生的阅读面。例如:

儿子:

　　妈妈今晚有事,不能给你做好吃的了,明天一定补上。你跟着爸爸到奶奶家吃饭吧!记得多跟爷爷奶奶说说你这一周的学校生活呦,他们最愿意听你讲这些了。

妈妈

6月3日

这样的下水文很亲切，也贴近学生的生活。学生读来不但受到爱的教育，还体会到生活中处处用到留言条，从而学以致用。

（三）思维支架

陈先云在《论语文教学中儿童思维能力的发展》中提出："课文和作文是生活实践、思维、语言的统一体。"写话和习作更是思维的密集地。因此，借助写话来训练低段学生的"言语思维"是必须认真落实的。

如依托想象的写话——写"老鼠与猫"的故事，训练学生想象的合理性、延展性，并能清楚明白地进行言语表达，整个过程充满了思维的火花。

支架1：利用下列词语展开想象

玩得起劲　吓了一跳　反复试探　虚惊一场

支架1按照事情的发展顺序来构思故事，意在渗透思维的逻辑性，教给学生构思故事的顺序。

支架2：根据示意图展开想象

猫的变化1：_____

鼠的变化1：_____

猫的变化2：_____

鼠的变化2：_____

支架2根据"变化"来构思故事，老鼠的变化是随着猫的变化而变化的：当电脑中的猫几乎没有变化时，老鼠会是什么反应？当电脑中的猫变化多端时，老鼠又是什么反应？通过形象的线条表示变化，在比较中拓展学生深广的思维空间，拓宽思维广度。

（四）交流支架

语文课程标准指出："实施评价，应注意将教师的评价、学生的自我评价与学生间的互相评价相结合……重视引导学生在自我修改和相互修改的过程中提高写作能力。"对于二年级的孩子来说，他们还不具有评价的能力和方法，只能在丰富多彩的交流中发现不足，提高修改写话的热情。

（1）同桌交流，聚焦语言。同桌交流的重点是赏析语言，比比谁的句子更通顺、更好玩，谁表达的意思更明白。在同桌的帮助下，自己尝试改一改。老师在评价时，也有意识地把"同桌交流成果"捆绑式评价，时间长了，学生自然就会与同桌有效交流了。

（2）小组交流，共享赏识。有了同桌交流的基础，小组内交流的重点是共享赏识。小组间互相传看写话，评选出优秀写话、创意写话、进步写话、最佳书写等，引导学生用赏识的眼光从不同角度看待同伴的写话，依据小组成员的学习水平推选出"只要进步就是好"的写话。老师在评价时也着眼于小组间"共享"和"赏识"的程度，以此引导学生广泛交流和多方赞赏。

（3）家长交流，对症下药。低段写话最离不开家长这个读者群。家长参与学生写话的评价，和孩子一道修改，写下几句赏识的话语，和孩子进一步观察生活，都是非常有意义的。有了家长的参与，写话进入了一个更为"一对一"的交流空间。老师可利用班级QQ群或微信群，为那些经常关注孩子学习的家长点赞，从而逐步形成家校合力育人的局面。

（4）智能交流，树立自信。老师可以利用全民网络的优势，把"好"的写话推送到班级QQ群、微信群，制作成"美篇"，让更多的读者看到，并留下鼓励的话语，这对孩子来说，都是宝贵的"精神养料"。在此，我建议每个语文老师都要建立一个针对写话、习作的微信公众号，及时推送学生好的写话和习作。

（5）建立机制，梯队推进。做好了前四步后，要想持久激发学生的写话热情，做老师的要考虑建立长效激励机制。推荐以下做法：针对不同学生的写话水平，设立学生"跳一跳就够得着"的写话目标和多个奖项，如最佳构思奖、创意写作奖、最美书写奖、最佳进步奖、最佳范文奖、好词妙句奖等。老师记录好每次写话中每个学生所得的奖项，半学期汇总表彰一次，奖励一支笔、一个本子或一本书。这样螺旋上升的奖励机制利于学生在较长时间内保持写话热情。

遵循写话规律，搭建有效支架，才能助力低段写话。希望每位"小语人"都要好好揣摩统编教材编者的"良苦用心"，创造性地用好教材。

（《小学语文教学》2021年第5期）

七、与童话的美丽相约

（一）快乐读读童话吧

"读读童话"是部编教材二年级上册"快乐读书吧"的内容，家长们很早就给孩子配齐了书目，有这样支持阅读的家长，我没有理由不好好利用这套书。

我每周拿出一节课来，领着孩子读，教给他们最简单的阅读方法——勾勾画画，勾画有新鲜感的词句。除了在学校读之外，我还要求学生在家也要读。一个半月下来，5本书，14篇故事，71万字，我们都一一读过。当然，对于阅读量大的孩子来说，这点儿阅读杯水车薪。反之，对于不重视阅读的孩子和家长来说，这点儿阅读就是保底的。

这一周，我设计了"阅读问卷"，引导学生有所读、有所思、有所获，并加入了一些提升思维的题目，让阅读走向深入，避免水过地皮湿的泛泛而读。同时，引导家长总结孩子一段时间以来的阅读情况，尽量多地从正面鼓励，裹挟那些读书有畏难情绪的家长及娃娃滚滚向前。

我拿出专门的课开展班级读书会，邀请所有语文教师共同研讨，抛砖引玉，共同做好"读书为要"的新要求。

课的设计很简单，严格落实"快乐读书吧"中的要求——读封面、识作者、敢猜读、爱惜书等，同时参考每篇故事前的"阅读指导"展开交流。常态课的班级读书会没有花里胡哨，但求给老师们一点儿启发。

（二）"读读童话"班级读书会指导策略

统编教材二年级上册"快乐读书吧"安排的是"读读童话"，共选编了我国5位著名童话作家的14篇故事，以5本书的形式呈现。这5本书是本学期大阅读的"保底"要求。所以,为了保证阅读效果,整个阅读过程要做到课上与课下的有机结合。我的做法:在"童心阅读课"上,老师提出阅读某一篇的具体要求后,时而老师读学生听,时而学生自读,时而演一演,聊一聊,猜一猜。学生回到家里,要和父母交流读这一篇的感受,识字多的可以读给父母听,识字少的可以讲给父母听。父母以"读书反馈单"的形式向老师反馈孩子的情况。当5本书都读完了,我们开展班级读书会,系统交流读书所得,渗透读书方法,循序渐进地提升阅读能力,引导阅读走向深入。

1. 读封面,识作者

对于二年级的学生来说,从封面、作者开始读一本书是不容易做到的。所以,在班级读书会上,老师要着重提一提。以《孤独的小螃蟹》为例,问问学生:"你看到封面上都有什么信息?"引导学生从上到下捋一遍,从而了解"主编""著"的不同意思,知道插图与书名是对应的,还知道了出版社。举一反三,让学生说说其他4本书的封面信息。鼓励学生每读一本新书都要从读封面开始,那才是完整的读书过程。

读完封面信息后就要认识一下作者。本套书的5位儿童作家——冰波、金近、严文井、陈伯吹、孙幼军都是倾其心血为孩子们写书的人,通过认识作者,引导学生明白,这些有趣的童话都是富有童心童趣的作家们写出来的,我们只有认真读,才是对他们的最好回报。

2. 读书名,敢猜想

根据书名做出自己的猜想,是二年级阅读需要落实的训练点。温儒敏教授曾经谈道:"不要忌讳'训练'这个词,想象力,以及其所依存的'直觉思维'和'形象思维',都是可以训练的。这一类'思维训练'对于素质教育非常重要,也是创新型人才培养的必需功课。"因此,在班级读书会上,老师要善于设计问题,引导学生敢于根据自己的直觉和理解进行猜想,训练他们的想象力,如表4-2所示。

表 4-2 我会读，我敢猜

书　名	最初的猜想	读后验证	继续你的想象之旅
孤独的小螃蟹			
一只想飞的猫			
狐狸打猎人的故事			

通过大胆猜想，学生思维得到碰撞，阅读的乐趣得到延伸，起到了"读一本想两本"的作用。

3. 读内容，多思考

14 篇故事，不可能一一与学生交流。这就要求老师"弱水三千，只取一瓢饮"——选择孩子们最感兴趣的、最有思维训练价值的内容引导学生深入讨论一下，如在交流《孤独的小螃蟹》时，要求学生根据以下提示先复述故事（图 4-3）：

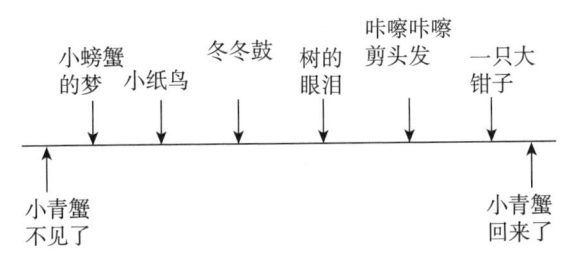

```
       小螃蟹        冬冬鼓    树的      咔嚓咔嚓    一只大
        的梦   小纸鸟          眼泪      剪头发      钳子
         ↓      ↓      ↓       ↓          ↓          ↓
    ─────┴──────┴──────┴───────┴──────────┴──────────┴─────
         ↑                                            ↑
      小青蟹                                       小青蟹
      不见了                                       回来了
```

图 4-3 复述故事导图（一）

之后，引导学生思考：在这个过程中，小螃蟹的什么一直没有变？交流后总结：小螃蟹那颗热爱生活的心没有变，小螃蟹勇敢、乐于助人的品质没有变，小螃蟹对周围事物的好奇与探究热情没有变。所以，结局是美好的，孤独的小螃蟹收获了友谊。再出示图 4-4：

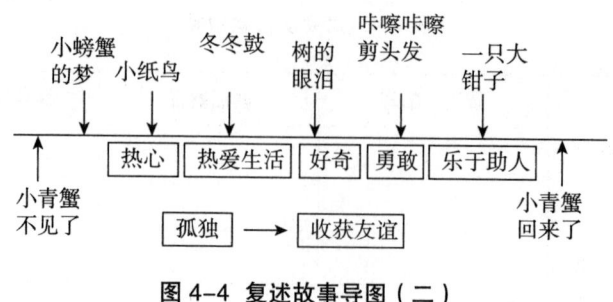

```
小螃蟹        冬冬鼓   树的    咔嚓咔嚓   一只大
的梦   小纸鸟         眼泪    剪头发     钳子
 ↓      ↓      ↓      ↓       ↓        ↓
┌──┬──────┬────┬────┬──────┐
│热心│热爱生活│好奇│勇敢│乐于助人│
└──┴──────┴────┴────┴──────┘
↑                              ↑
小青蟹    ┌──┐    ┌──────┐    小青蟹
不见了   │孤独│ → │收获友谊│   回来了
         └──┘    └──────┘
```

图 4-4 复述故事导图（二）

整个过程有复述故事，有提炼概括，有思考感悟，语言实践的次数和思维含量还是很充足的。

再比如，交流《阿丽思小姐》这个故事时，我用以下三个话题引领学生思考：

```
┌──────────────┐
│ 去了什么地方？   │
│ 遇见了谁？      │
│ 做了什么？      │
└──────────────┘
```

通过交流，我们完成了如下思维导图（图 4-5），利用思维导图，学生复述了故事，懂得了道理。

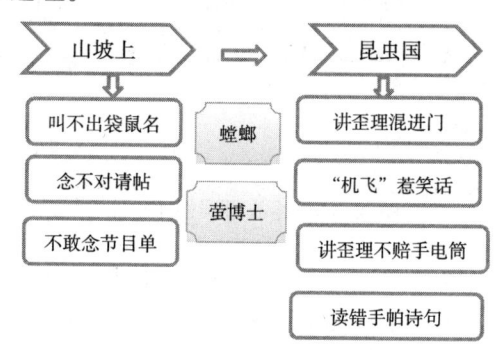

```
  ▷山坡上▷  ⇒  ▷昆虫国▷
     ↓              ↓
┌──────────┐   ┌──────────┐
│叫不出袋鼠名│   │讲歪理混进门│
└──────────┘   └──────────┘
┌──────────┐ ╔════╗ ┌──────────┐
│念不对请帖 │ ║螳螂║ │"机飞"惹笑话│
└──────────┘ ╠════╣ └──────────┘
┌──────────┐ ║萤博士║ ┌──────────────┐
│不敢念节目单│ ╚════╝ │讲歪理不赔手电筒│
└──────────┘        └──────────────┘
                    ┌──────────┐
                    │读错手帕诗句│
                    └──────────┘
```

图 4-5 复述故事导图（三）

学而不思则罔。我精心设计了训练题目帮助学生把 5 本书读成 5 句话，然后出示以下题目，要求连一连，再说一说为什么这么连，如图 4-6 所示。这样既帮助学生梳理了故事内容，又拎出了一条思维之线，引导学生读中有悟。

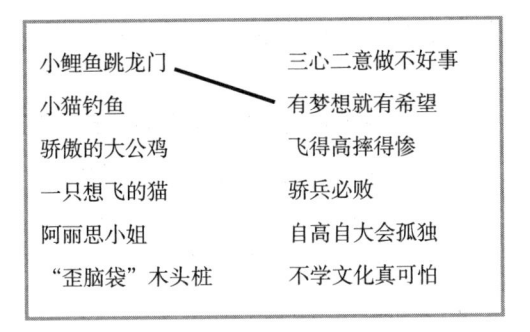

```
小鲤鱼跳龙门        三心二意做不好事
小猫钓鱼            有梦想就有希望
骄傲的大公鸡        飞得高摔得惨
一只想飞的猫        骄兵必败
阿丽思小姐          自高自大会孤独
"歪脑袋"木头桩      不学文化真可怕
```

图 4-6 梳理内容导图

学生和老师一起梳理的过程是反刍消化的过程，是思维越来越缜密的过程。对于低段学生来说，这样的训练必须在老师的引领下循序渐进地进行。我个人认为，这样的训练不宜太多，因为孩子的年龄特点决定了他们不可能深入思考，否则会影响学生持久阅读的兴趣。

4. 丰资源，提兴趣

班级读书会上可以穿插很多与所读书目配套的其他资源来拓展学生的阅读视野，提升阅读兴趣，如：交流《小鲤鱼跳龙门》时，可以让学生看一段动画片，化无声文字为有声动画，学生兴趣高昂；交流《阿丽思小姐》时，穿插上一段《拍手歌》，"你拍一，我拍一，上课发言要积极""你拍二，我拍二，学习其实很有趣儿"……正好与本册课文《拍手歌》相呼应，学生很容易建立起亲近感；交流《狐狸打猎人的故事》时，让学生给书中"阅读指导"中的插图排序，排序排对了，故事的情节也就清晰了。也可以吸收家长参与活动，如让善于画画的家长给故事画插图，让善于表演的家长和孩子一道表演故事剧。这些资源的引入不但活跃了课堂氛围，也是调动家长参与阅读的有效手段。

这一环节的交流相比上边的第三环节，思维含量低一些，更富有情趣，更活泼。有张有弛，是低段班级读书会教学需要注意的一点。

5. 愿分享，爱惜书

班级读书会不能由老师主宰，应该将一部分时间留给孩子们自由分享读书成果，可以演一演、读一段、创编一节、展示读书小报、播放在家与父母交流的音频等。当然，要想取得好的辐射带动效果，老师的前期预设和干预是不可少的。对于那些勇于展示的学生,老师一定要多加肯定,保护学生参与的积极性。

"知道要爱护书籍"是本学期阅读需要落实的习惯目标。在刚开始读这套书时,老师就要告知学生:等到全部读完时,我们比一比谁的书爱护得好。所以,在班级读书会上,老师可让学生都把书摆在桌面上,同桌之间、小组之间比一比,看看谁的书爱护得好,老师颁发"爱书达人"奖章以资鼓励。

6. 巧迁移,养习惯

"快乐读书吧"中的书目是必须完成的"规定动作"。没有任何压力的非规定性阅读才是儿童阅读的常态,才是儿童充分舒展生命的精神之旅。那做好规定性阅读与非规定性阅读的"超链接"是非常必要的。

每隔一段时间,我就让学生把最近读的书带到学校里,抽出一些时间让学生"聊一聊",小组内思想碰撞一下,全班比一比谁的书爱护得好。这个"聊"的过程,老师还得有意识地训练他们"读封面,识作者""读书名,敢猜想""读内容,多思考""愿分享,爱惜书"。经过几次"聊书",学生就会进入一个理想的阅读生态,规定性阅读和非规定性阅读的交替进行,会提升学生的阅读品质。

总之,低段班级读书会以"聊天"为主,以"活动"为轴,辅之以精心设计的话题,注重课内与课外的交替推进,才能提升阅读品质,让"读书为要"落地生根。

第五章　缓坡而上，实践读写一体化

一、主题式教学视域下"读写一体化"的实践研究

学生进入中高年级，阅读量不断增加，家长的阅读意识也越来越强，对孩子的阅读投入也非常可观，孩子希望通过大量阅读提升理解和写作能力的愿望越来越强烈，特别是提升写作能力的意愿更为明显。实际上，学生写作能力的提高与阅读能力的提升不是正比例关系，写作能力的提高仍旧缓慢。这种情况使学校、教师和家长非常焦虑，但家长不知道如何摆脱这一困境。

《义务教育语文课程标准（2022年版）》明确指出："注重课程内容与生活、与其他学科的联系，注重听说读写的整合，促进知识与能力、过程与方法、情感态度与价值观的整体发展。"这也要求教师在日常教学中，应当具备"读写一体化"的意识，整合"读"与"写"两大板块，夯实这两大语文素养，从而整体提升学生的语文核心素养。在这个背景下，"读写一体化"的实践研究成为我进入中段教学的侧重点，对此我责无旁贷，义无反顾。

细读华东师范大学中文系赵志伟老师的《从"放胆文"到"小心文"——

中国古代蒙学写作教学思想漫谈》一文，其中的观点深深影响着我的写作教学。主要观点有三：一是劳于读书，逸于写作，强调读写结合。读是为了"让孩子们在语言的海洋里游泳"。若不能让学生在语言的海洋里游泳，只是单纯地分析游泳技巧，学生永远不会游泳。这里的"劳于读书"还包括大量的记忆背诵，从而解决"缺少了背诵记忆，学生的语言学习只能停留在'再认'阶段，等到写作时，就会缺少可以调遣的词汇"的问题。二是从"放胆文"到"小心文"的过程要先扶后放，提出"初要大胆，终要小心"的写作要求。三是脱胎换骨，点铁成金，鼓励模仿的写作路径。赵志伟老师认为写作与画画、说话、弹琴一样，模仿可以让学生较快入门，可以模仿名家名篇的构文技巧、行文特点、构段方法等，让学生少走弯路。结合多年的教学经验，我对这三点深以为然，特别是三年级习作起步阶段，我结合具体课文落实了以上三个观点并取得很明显的效果。

作为我校小学语文的教研组长，我带领团队成员先从顶层设计语文"双线并进式主题教研"方案，细化每个年级每个学期的教研主题，形成序列，重点推进。

小学语文双线并进式主题教研的提出是对当下校级层面教研形式单一、教研内容碎片化、教研共同体缺少融合的改进与变革。传统校级教研随机性强，缺乏整体设计，过程管理松散，教研实效低。对此，我们结合小学语文教师人数多，各年级教研需求差异大的现状，尝试以主题教研为统领，让各备课组的"小"教研和校级的"大"教研这两条线或平行前行，或交叉推进，或相辅相成，实现了"1+1>2"的教研效应。此种教研模式将教师培训、学科教研、教学研究和团队建设融为一体，教师培训是基础，学科教研是路径，教学研究是提升，团队建设是保障，系统构建"学思导行一体化"的校级教研活动范式，助力教师专业成长和教学实践能力提升。

（一）准确定位，成立团队

主题教研是基于本校教师实际，聚焦学科课程育人价值、教学设计与实施、作业设计与学业评价等关键问题，坚持教学问题导向、教师实践导向展开的连续性、系统性的教研模式。主题教研的落实必须有得力团队做推手，做后盾。以小学语文为例，小学语文教研组作为一个大的教研组，设教研组长2名，负责整个小学语文的教研工作，下设"核心教研团队"，由年富力强、业务精湛的4～6名教师组成，参与重要的教研活动，特别是县级以上的讲课、培训等教研活动，核心教研团队要全程参与指导，有力发挥核心团队的作用。

双线并进：不同年级语文备课组内部的"小"主题式教研+整个语文学科的"大"主题式教研。这两条线穿插推进，核心教研团队在参与各年级教研过程中发现亮点进行再提炼，提升为校级层面的主题式教研。

（二）固化流程，不变求变

任何一项教研方式的改进，必须先固化其流程，然后在不变中求其变。

1. 不同年级主题式教研

基本流程：组内深入调研，提炼4～6个主题式教研问题—每位教师广泛阅读基于问题的专业刊物，提升"元认知"—提交学校主题式教研落实计划—实施主题式教研，分管领导、核心教研团队参与—每学期呈现两节体现主题式教研的课例，全校观摩。

例如，三年级上册语文"读写一体化"主题式教研安排如表5-1所示。

表5-1 "读写一体化"主题式教研安排表

教研主题	教研时间	教研地点	教研内容	主讲人	主持人
三年级随文练笔的设计及训练	2020年9月9日下午	团队共建室+3.2教室	①语文沙龙：教师分享各自随文练笔的有效做法；②分享各自搜集的资料，进行学习；③观摩课例《海滨小城》并评课	公维珍	唐营
思维导图在随文练笔中的运用	2020年10月16日下午	团队共建室	①语文沙龙：教师分享思维导图运用的有效方法；②分享各自搜集的资料，进行学习；③外校优秀教师分享经验	孙晓燕	张吉爱
阅读策略单元的教学实践	2020年11月13日下午	3.4+3.5教室	《总也倒不了的老屋》同课异构、评课	张吉爱、唐营	张吉爱

续表

教研主题	教研时间	教研地点	教研内容	主讲人	主持人
三年级整本书阅读的适切策略	2020年12月11日下午	团队共建室+3.6教室	①语文沙龙：教师分享整本书阅读的有效策略；②分享各自搜集的资料，进行学习；③观摩整本书阅读《中国古代寓言故事》并评课	霍宗娟	张吉爱
思维导图在阅读中的实践	2021年1月13日上午	团队共建室	①语文沙龙：教师展示交流思维导图在语文学习中的运用；②学习一些关于思维导图研究的文章	张吉爱	唐营

三年级上学期，学生开始独立阅读整本书，开始写成篇的习作。针对"读""写"两大板块，以上5项主题式教研围绕"读写一体化"编排，力求每位老师都掌握读中学写、写中促读、读写结合的有效策略，从而实现文学阅读与创意表达的融合。

2. 校级层面的主题式教研

主题式教研基本流程如图5-1所示：

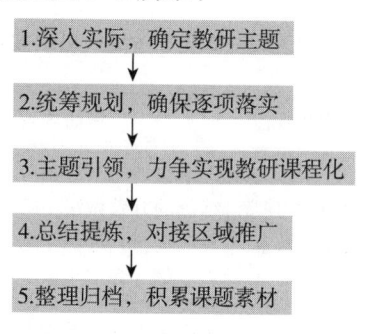

1.深入实际，确定教研主题
↓
2.统筹规划，确保逐项落实
↓
3.主题引领，力争实现教研课程化
↓
4.总结提炼，对接区域推广
↓
5.整理归档，积累课题素材

图5-1 主题式教研基本流程图

（1）深入教学实际，核心教研团队提炼出本学期的主题式教研关键问题，让每位语文教师知晓，并积极承担教研任务。

（2）学校统筹规划，形成配档表，确保逐项落实。以2021—2022年第二学期小学语文校级层面的主题式教研为例（表5-2）：

表 5-2 校级层面主题式教研一览表

教研主题	教研时间	教研地点	教研内容	主讲人	主持人
三年级随文练笔的设计及训练	2022年3月11日上午	多媒体录播室+3.2教室	①语文沙龙：骨干教师分享各自随文练笔的有效做法；②观摩课例《百变省略号》并评课；③推荐学习资料	田衍金	张吉爱
整本书阅读	2022年4月22日	多媒体录播室	3节读书课并研讨：阅读推荐课《夏洛的网》+阅读推进课《夏洛的网》+阅读交流课《三国演义》	魏连花、刘霞（校外）、张吉爱	李清良
微团队+微研究"双微"研究的展评	2022年5月20日下午	集体备课室+4.1教室	①展评：4个做得好的微团队展示他们的微研究历程及成果；②观摩一节微研究课例《微电影在作文中的运用》并评课	杜祯祯	张吉爱
毕业年级语文综合实践——多彩的小学生活	2022年6月30日	多媒体录播室	①课例研究：综合实践课《多彩生活，多彩梦》+作文展示课《我的老师》；②集中评课；③推荐学习资料	李青青、周兰凤	张吉爱

此配档表照顾了中、高两个学段的教研需求。第一项是在提炼年级组教研精华的基础上拓展的；第二项是整合各年级整本书教研的再次提炼；第三项是围绕学校设立的小课题进行的展示展评；第四项是针对老师们不太拿手的综合实践展开的专项教研。校级教研做到一月一主题，兼顾备课组"小"教研的拓展延伸，又设有较难啃的"硬骨头"，举全校教研力量破重点、攻难点。

（3）主题引领，力争实现教研课程化。下面以三年级上册"随文练笔"为例，说明"学思导行"主题式教研课程化的实践过程（图 5-2）。

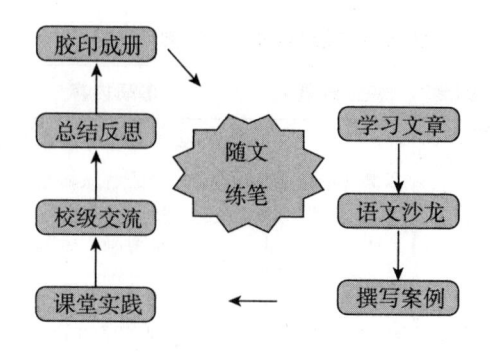

图 5-2 "随文练笔"主题式教研流程

学习文章——根据提炼的研修主题，从"知网"下载打印高质量的文章让老师们学习，指导老师了解"随文练笔"的内涵、外延，帮教师形成第一次认知建构。

语文沙龙——经过自我建构，在语文沙龙活动中进行思维碰撞，老师们结合教学实际，谈所思、所感、所获，谈实施计划，形成第二次认知革新。核心教研团队做好记录，为期末的达成度考核提供依据。

撰写案例——老师们从教学实际出发，积累、撰写案例，可以是实录，可以是学生的练笔，可以是思维导图，可以是教育随笔。鼓励老师们以多种方式展示探索过程，形成自己的研究历程。引领老师们用科研的思维深化主题研究，提高老师们从小问题切入进行深入研究的小课题意识。

课堂实践——通过前期摸索，共享组内材料，然后在课堂上操练，落实到每个学生身上检验效果，提高教学的实效性，提升实践智慧。

校级交流——构建校级展示平台，定期开展校级主题式教研成果展示、评选、推荐活动，提升教师教研成就感和促进成果的再升级。

总结反思——可以是个人反思，也可以是组内集体反思。进行教学行为跟进的全过程反思，提炼经验，促进教学行为的理性提升。

胶印成册——把本次教研中学习的文章，老师们撰写的案例、设计的思维导图，学生的典型例文，老师们写的反思等胶印成册。

（4）对于特别优秀的主题教研成果及时与县教研室、教研基地对接，在联片教研校之间、区域层面推广展示。

（5）每学期结束，校级层面择优把每次主题教研的精华部分集结成册，借此积累课题素材，为教研课程化留档。

双线并进式主题教研是解决学科教学关键问题的有效策略，实现了"学思导行"一体化，具有组织严密、目标明确、方式综合、管理纵深的特点，有效激发了教师个体和教研团体的智慧，形成了生动活泼、科学有效的教研新样态。

作为学校语文教学的负责人和教科室负责人，我在自己的课堂上身体力行，积极探究并及时总结与分享。下面呈现的就是我的探究历程。

二、三年级上册随文读写实践课例

教了这么多年的语文，自称喜欢写作，也发表过不少论文的我，在习作教学领域涉及仍然较少。很多时候，我向学生提供一个题目，简单说说要求，就让孩子去写，美其名曰"放胆文"。放来放去，孩子的作文进步缓慢，全班写作好的学生寥寥无几。写作老大难问题困扰着我，更困扰着家长和孜孜以求的学生。

这几年，伴随着我对纯粹化教育的追求，以及对部编教材的深入研究，我渐渐在习作上找到了突破口，对习作教学的探究热情也高了起来。微电影与习作的初探已经打开了一扇小窗，美好的景色让我神往。随文练笔的常态化、主题化让习作缓坡而上，渐入佳境。

三年级习作应侧重片段练习，因为段与篇之间具有内在的一致性。因此，在三年级起步阶段，教师指导写好片段，学生才能较顺利地写好一篇文章。除了落实好部编教材中习作的片段训练外，更好用、更容易操作的训练点是随文练笔。挖掘每篇课文中的写作训练点，搭建写作支架，放缓坡度，利于学生读写结合。

三年级作文起步一定要表扬、表扬、再表扬，哪怕是最不好的一篇习作，一定要找到一个点来表扬。表扬的面一定要宽，表扬的人一定要多。这次着重表扬这些，下次着重表扬那些。一对一、面对面的修改是最起作用的，但实际教学中没有那么多时间，而表扬是几句话的事，说不定还会有高产出。学生最会干的事是比着葫芦画瓢，通过表扬好的习作，我鼓励作文不行的孩子比着葫芦画瓢，对于有创新、有见解的真正好作文则要做成"美篇"，配上照片发到班级群。我还有一个观点不一定对，试图给中等偏后的学生修改作文，很多时候是徒劳无功的，效果很不理想。所以，多说鼓励的话特别利于学生整体习作水平的提高。但话再说回来，如果你不会指导、修改学生的作文，只会"表扬"这个技术活，那也只能是哄着孩子高兴，自己是底气不足的。打铁还需自身硬，这是亘古不变的真理。

下面的内容是截取了部分随文练笔的课例，是在实际教学过程中，学生在我的指导下写的"微习作"。这些练笔多以片段练写的方式进行，每次一个侧重点，从微格的角度，今天练写人物的神情和动作，明天练写总分构段；这次练写详略结合，下次练写首尾呼应……一步一个脚印，求精拒滥。学生经常动动笔，每次一两个片段，缓坡而上，学得不亦乐乎。

随文练笔的切入点就是文本最明显的写作特点。中年级教学不再沉迷于内容的分析和人文的熏染，一篇文章20分钟赏读，10分钟揣摩写作特点，师生就写作特点选定素材，摹之创之。"用教材教"，而不是"教教材"，碰撞出的思维火花时常喷涌。

（一）总分+侧面描写

文本：三年级上册第1课《大青树下的小学》。
本课中有如下的描写（图5-3）：

> 上课了，不同民族的小学生，在同一间教室里学习。大家一起朗读课文，那声音真好听！这时候，窗外十分安静，树枝不摇了，鸟儿不叫了，蝴蝶停在花朵上，好像都在听同学们读课文。最有趣的是，跑来了两只猴子。这些山林里的朋友，是那样好奇地听着。下课了，大家在大青树下跳孔雀舞、摔跤、做游戏，招引来许多小鸟，连松鼠、山狸也赶来凑热闹。

图 5-3 课文描写截图

这段话运用了侧面描写的方法，用"树枝不摇""鸟儿不叫""猴子好奇地听"等侧面凸显孩子们读书好听。

师：同样写读书声音好听，还可以从哪些方面去衬托？

生：连风儿都轻轻地刮，怕惊扰了同学们读书。

生：铃声似乎也忘记按时敲响。

生：小鸟因为要听同学们读书，差点儿忘记扇动翅膀。

……

在我的引导下，学生写出了以下小片段：

同学们朗读课文的声音真好听。窗外小花跟着同学们朗读课文的节奏在草地上跳舞；小鸟也不叫了，怕听不到这美妙的声音；人们从教室前走过，都放下手里的活儿，仔细地聆听着。（唐睿泽）

同学们朗读课文的声音真好听。凤尾竹摇摆着碧绿的身体，发出飒飒的声音，那是在给孩子们伴奏呢！就连古老的铜钟也忘记敲响了，都在静静地听着。（李玉妹）

同学们读书的声音真好听。小花跟着唱起来；黄鹂鸟也落在树枝上仔细聆听；蚂蚁停止搬运食物，钻到阴凉下侧耳聆听；行走的人们也停下脚步跟着读起来。（薛羽萱）

何为侧面描写？继续举例说明：这个人真的好漂亮，那就从沉鱼、落雁、闭月、羞花等外围去描写。这个人真肮脏，不写他的头发怎样，不写他的穿着怎样，也不写他的脸面怎样，写的是别人看到他会有什么反应，比如恶心、浑身痒痒、捂着鼻子快走等，也可以用夸张的手法写一写动植物的变化，比如花儿瞬间就蔫了，树叶也摇摆起来想扇走臭气。

引导学生训练了三组后，学生便欣然明白何谓侧面描写了。继续深化"总分构段"的写法，一段话融总分、侧面描写为一体，动笔写起来吧。

附录学生习作两篇：

那个人脏得让人不敢看。就连最喜欢脏东西的苍蝇闻到那个人的气味也飞快地逃跑了；看到他的人都像豹子一样飞快逃窜；小花闻到那个人的味道，也连忙低下了头，好像要枯萎了一样；小草闻到那个人的味道弯下了腰，好像被熏晕了；天空中的飞鸟，以为那个人的头是一个鸟窝，俯冲下来又被熏得直冲而上了。（高振皓）

今天是入夏以来最热的一天。太阳火辣辣地烤着大地，石头都要烤化了；大树低垂着脑袋，无精打采地一动不动。树荫下的大黑狗伸着舌头使劲地喘气，田野里的禾苗也显得消瘦了许多。(王耀辉)

(二)让想象力飞

文本：三年级上册第2课《花的学校》。

泰戈尔的《花的学校》除了感叹诗人飞扬的想象力、童心童趣外，自我感觉似乎毫无可讲之处，那就随文练笔吧：《蚯蚓的学校》《青蛙的学校》《小鸟的学校》《毛毛虫的学校》……我即兴创编了一篇《蚯蚓的学校》，孩子们听得哈哈笑。我鼓励孩子们让想象力飞起来，化身一个个小精灵，想象它们在学校里有哪些趣事，先自己练说，再小组内交流。通过我的引导，学生明白把科学知识融进有趣的想象就是"科学童话"。一个晚上之后，就有了一篇篇小文章。

三年级作文起步，一定要鼓励、鼓励、再鼓励。一个词用得好，鼓励；一个句子用得好，表扬；一段话写得棒，更得点赞。尽量表扬到每个同学。每次练笔，我都整理出优秀篇目，做成"美篇"发到班级群，大力表扬。每次展示十几个孩子的习作，尽量照顾到更多的同学。

附录学生习作两篇：

小河是蝌蚪的学校，老师给每个蝌蚪都安排好了座位。可这些调皮鬼总是乱窜，老师干脆把它们的座位全部撤掉，让它们围起来，老师在中间讲课。可是它们的尾巴总是不停地摇啊摇，把老师的眼都摇花了。一直上课太无聊了，于是班里举行了一场游泳比赛。小蝌蚪们你追我赶，游着游着，老师尖叫起来："哇，学生都到哪里去了？"老师追上去一看，虚惊一场，是小蝌蚪们都长出后腿来了。(魏陈梓轶《蝌蚪的学校》)

小鱼的学校在一条清澈见底的小河里。

小鱼都长得一模一样，老师很难分辨。它们的文具也非常独特，它们用水面上的浮枝做铅笔，浮叶做书包，用水里的细沙做课桌，站立的石头当黑板。上课时，小鱼们都安安静静的，而一下课就自由地穿梭在水草里。

它们每天都上学，都快上腻了。忽然，水面上起了一道水花，惊扰到了正在上课的小鱼们。它们刚反应过来，就已经被渔网一网打尽了，有的变成

了鱼干，有的成了美味的鱼汤。那节课成了它们永远的分别！（陈顺鑫《小鱼的学校》）

（三）在文字里秋游

文本：三年级上册第二单元群文读写。

秋，来了。我最喜爱的季节，最多彩、妩媚的季节，最富文化内涵的季节。为了适应季节，我特意调整单元学习顺序，选择在这抹不开的秋意里开始三年级上册第二单元"金秋时节"的学习。本次学习的主题是"知秋·赞秋"，我们将在丰富的读写实践活动中与"秋"来次美丽邂逅，时间为两周。

这个单元的语文要素是"多种方法理解难懂的词语"。那就先从一组写秋的词语开始吧。

秋霜　秋鬓　　秋老虎　秋庄稼
春华秋实　五谷丰登　秋收冬藏
层林尽染　秋高气爽　橙黄橘绿
秋风过耳　一叶知秋　秋后算账

先是自己读，然后齐读、个别读、同桌读。孩子们见字出音，我毫不责怪他们，因为他们的生活里缺少"五谷丰登"和"秋收冬藏"。于是我范读，描绘示范。

秋霜：秋天的霜，白色的水晶，多形成于夜间。其白花花的样子多像老人的花白两鬓，"秋霜"多形容白发，"秋霜"等于"秋鬓"。

层林尽染：连绵起伏的山丘，有的地方披着绿装，那是松柏在站岗，有的地方却是一片火红，那是枫叶在跳舞，黄中透红，绿中染褐，这就叫层林尽染。

不管孩子体会到多少，我的熏染之功要做足。孩子摇头晃脑地读起来，显然比开始好多了，然后鼓励学生通过联系生活，找近义词、反义词、查字典、询问别人，合理造句，查找资料，推测联想等方式理解这组词语，并读出词语的色彩和画面感。

补充背诵了沙白的诗歌：

湖波上，

荡着红叶一片，

> 如一叶扁舟，
>
> 上面坐着秋天。

告诉孩子这是一叶知秋。

背诵了《拾秋》：

> 风儿扫落叶，
>
> 扫走了秋。
>
> 我捡起一片树叶，
>
> 夹到书里头。
>
> 一年捡一片，
>
> 一个秋也不丢！

告诉孩子这也是一叶知秋。

接下来，我们以"秋"为主题，从写秋的成语、诗句、诗歌，跟秋有关的谚语、俗语、歇后语等方面做了一次主题式学习，学生先各自搜集整理资料，形成自己的"知秋·赞秋"文字材料，然后以思维导图、小论文、主题式诵读、诗配画、习作等方式来展示秋韵。

"山明水净夜来霜，数树深红出浅黄"的绚烂多姿；"芦花未白蓼初红，绿水澄蓝是处通"的五彩斑斓。一季一景，把秋天带回家。布置的实践性作业有四项：

（1）用秋叶做树叶贴画、树叶城堡或做树叶的艺术品。

（2）走进果园、田间地头、植物园等感受秋之韵，收获秋之果。

（3）写一篇文章或诗歌来赞美秋天。

（4）写3～5篇自然日记，以图文并茂的方式记录下观察到的秋天的变化轨迹。

在整个秋季主题课程中，我们开展了语言文字综合学习、美术创作活动、亲子活动等一系列活动，利用丰富的语言材料和自然环境资源让孩子读读、写写、画画、做做、尝尝，学生把读到的、看到的、闻到的、尝到的秋天付诸笔端，构成了他们童年记忆里真实而美好的秋天。

学生到底能体会到多少秋的美妙与文化内涵，还不能用具体数据量化。但围绕一个主题的读写设计很受学生欢迎，领着孩子在文字里秋游一番，捡拾到秋之美，欣赏到秋之媚，诵读着秋之韵，书写着秋之趣。这次读写一体的主题式学习进行了两周，学生在具有情境性、实践性、综合性的学习中，与"秋"撞了个满怀。

以下是两个学生的作品，第一篇是赞美诗，第二篇颇有点儿小论文的雏形：

秋天来了，
请到户外去走一走。
初秋的阳光像一串串丰收的麦穗，
湛蓝的天空像洗过似的，
秋雨默默无闻地飘洒，
一切都值得你拥有。

秋天来了，
请到户外去走一走。
满树的叶子各有各的颜色，
银杏树叶披着金黄的华袍，
枫树以热烈的红色拥抱大地，
冬青依然是生机盎然的绿色。

秋天来了，
请到户外看一看。
果园里真热闹，
缀满枝头的果实在向你招手，
"沂源红"苹果骄傲地说：
"我是富硒小帅哥。"
成串的山楂低头羞语：
"我是开胃解馋的小医生。"
光秃秃的树干上挂满了柿子，
它们都十分香甜。

秋天来了，

请到户外走一走。

拾一路美丽，

唱一路赞歌。

（赵月曼）

悲喜两重秋

通过研究"秋"中包含的感情，我发现秋就像一个多愁善感的女子，具有大悲大喜的特点。

一、大悲之秋

通过阅读一些关于秋的文章，特别是诗词，我发现"悲秋"的色彩跟传统的农耕文化密切相关。因为萧瑟的秋天里，人们把收获到的粮食中的很大一部分去纳税、交租，即使劳苦了大半年，仍然所剩无几，甚至连前半年的口粮都无法保证。"春种一粒粟，秋收万颗子。四海无闲田，农夫犹饿死。"这首诗是最典型的代表作。"自古逢秋悲寂寥，我言秋日胜春朝。"这句诗也从反面证明自古以来人们普遍的悲秋情绪。同时，这种悲秋情绪与文人普遍的失落心态也密切相关。古代文人的人生境遇大都一波三折，备受困苦。文学作品直接反映出他们的普遍状态，那就是悲凉。比如，晚年的杜甫在《登高》中写道："风急天高猿啸哀，渚清沙白鸟飞回。无边落木萧萧下，不尽长江滚滚来。万里悲秋常作客，百年多病独登台。艰难苦恨繁霜鬓，潦倒新停浊酒杯。"此时的秋天在疾病缠身、穷困潦倒的杜甫眼中应该是灰色的。

二、大喜之秋

秋，具有旷远、豪情、喜庆意味，与秋天的收获、婚嫁习俗有紧密联系。典型的代表诗人是杜牧，如《山行》中"停车坐爱枫林晚，霜叶红于二月花"的景色极其靓丽，再比如《长安秋望》中"楼倚霜树外，镜天无一毫。南山与秋色，气势两相高"的明丽。诗人笔下的秋气明净高远，毫无纤尘。由此可见，同样的秋天因诗人境遇的不同，感情色调也就不一样了。

单单一个"秋"字，包含的文化信息就如此浓厚，中华文化真是博大精深。

（唐睿泽）

（四）从整体到部分

文本：三年级上册第15课《搭船的鸟》。

本单元的语文要素是"体会作者是怎样留心观察周围事物的"。《搭船的鸟》一课，作者用细致的观察描绘了一只美丽、敏捷的翠鸟。为了让语文要素落地有声，我设计了随文读写的训练。

1. 感受翠鸟的外形美

（1）朗读第二自然段后填空，出示：

后来雨停了。我看见一只_____的小鸟站在船头，多么美丽啊！它的（　）是_____的，（　）带着一些_____，比鹦鹉还漂亮。它还有一张_____的（　）。

（2）感受作者的细致观察：作者是怎样描写美丽的翠鸟的？

（3）交流：横线上的词语是描写翠鸟颜色的，括号里的词语是描写身体部位的。作者抓住了翠鸟不同部位的不同色彩进行了仔细观察，才有了如此准确的描述。

（4）运用方法，观察练说。出示翠鸟图片，鼓励学生调动多感官观察后练说，表扬有特色的表达。出示：

（　　）的羽毛　　（　　）的长嘴
眼睛（　　　）　　翅膀（　　　）
（　　）的肚皮　　（　　）的爪子
　　　　……

（5）配图有感情朗读第二自然段。

2. 了解观察顺序，观察实物练笔

（1）师：作者在观察时不但注意了翠鸟不同部位的不同颜色，还是按一定的顺序进行观察的，你发现了吗？

（2）生交流：从"整体"到"部分"的顺序。

（3）练笔：出示大公鸡、孔雀、白兔等图片，选择一个，要求按一定顺序描写，描绘清楚不同部位的不同样子，鼓励创新表达。

附学生作品：

奶奶家的大公鸡很威武，它整天趾高气扬地在院子里溜达，一副神圣不

可侵犯的样子。

　　它全身的羽毛是黑红黄相间的,火红的鸡冠如缨帽,油亮的黑色披挂在阳光下闪闪发亮,金色的脚走起路来一板一眼。尖利的喙和脚趾是它的武器,一言不合就飞扑上身,把对方死死咬住,摁压在身下,霸道得没有理由。

(唐睿泽)

　　我的宠物——白白是只小兔,它像个绒球,浑身雪白的皮毛柔软如絮,让你忍不住要抚摸它。它的头灵活地左右摆动,鼻子总是翕动,对周围世界充满了探索的热情。三瓣小嘴嚼呀嚼的,从不知累,对食物却很挑剔。短小的尾巴团子样地一上一下摆动,与它肥硕的身体相比有点儿不搭配。

(张爱许)

　　以上两个教学环节围绕"作者如何观察描写翠鸟外形美""调动多感官观察实物"两个方面螺旋展开,先学作者观察之道,后学以致用,落实了本单元"体会作者是怎样留心观察周围事物的"这一要素。本课是三年级第一个习作单元的第一篇课文,其重要性不言而喻。这样的微格训练缓坡而上,借"课文"这个"坡"习得方法,为后边习作搭建支架,让习作起步不畏难。

3. 感受翠鸟的动作美

　　(1)师:善于观察的小作者,接下来又观察到了什么?默读第四自然段,圈画出描写翠鸟动作的词语。

　　(2)交流:你从这些动词中体会到了什么?配上动作朗读。

　　(3)比较阅读,圈画出下文描写翠鸟动作的词语。出示:

　　小鱼悄悄地把头露出水面,吹了个小泡泡。尽管它这样机灵,还是难以逃脱翠鸟锐利的眼睛。翠鸟蹬开苇秆,像箭一样飞过去,叼起小鱼,贴着水面往远处飞走了。只有苇秆还在摇晃,水波还在荡漾。

(《翠鸟》节选)

　　(4)同是翠鸟,两位作者观察的角度不一样,描写也不一样。你更喜欢哪段描写就再读读。

　　(5)播放翠鸟捕鱼的视频,带着对翠鸟的喜爱再次朗读第四自然段。

　　通过圈画品读描写翠鸟捕鱼动作的词语、观看视频等形式,学生充分体会了翠鸟捕鱼动作之敏捷,并通过群文比较阅读,感受"不同观察""不同描写"带给人的"不同美感"。

4. "外形美 + 动作美"的练笔

观察一个人,比如你漂亮又爱跳舞的妹妹、做家务时的妈妈,也可观察一种小动物,仔细观察他们的外形美和动作美,写两个片段。

附学生的练笔:

我喜欢我家的小乌龟。它每天披着一件绿色铠甲,像极了一位英勇大将,这让我想起了过五关斩六将的关羽。乌龟的样子笨笨的,不像猫咪、兔子一样可爱。它那三角形的脸上有几条细细的条纹,一对米粒似的眼睛总在警惕地四处张望。它静静地趴着,远看像一块小石头,近看像一只奇异小兽,有趣极了。

一次,妈妈叫我清理乌龟的"家"。天哪!乌龟挺着两条后腿站在石头上,两条前腿蹬着鱼缸,仰着脑袋正使劲往上爬。我瞅了它一眼说:"你想越狱吗?"我"噔"一下把它弹了下去。乌龟用它的大眼睛瞪着我,好像在说:"讨厌,多管闲事的小屁孩。"

(孙芯雅)

我发现我家的那群小鸡中有个领头的小公鸡。它满身乌黑乌黑的,像披着一件黑色大袍!头上有一顶红冠甚是显眼!每当迎着阳光偶尔会看见它脖子上耀出五彩斑斓的羽毛,闪闪发光,好似孔雀开屏。它号召力极强!一声令下,所有小鸡都绝对服从,都乖乖听它指挥!说实话我挺佩服它的"官架子"的。

这群小鸡在我的精心照顾下,本领见长,也越发贪玩。有一次我没锁好鸡笼门,它们一伙全闯了出来,一蹦一跳地进了我的书房,来了个"大闹崔家润书房":跳上我的书桌,啄烂了我的书本,鸡屎一地又脏又臭!还好不客气地去啄我的手,弄得我痒痒的,我很生气,但又无可奈何!妈妈不怀好意地望着我,我装着不生气的样子,尴尬地笑着!

(崔家润)

(五)发现身边的美

文本:三年级上册第五单元。

生活中不缺少美,只是缺少发现美的眼睛。本单元以"留心观察"为主题。学生学习作者留心观察的方法,并在生活中用"五感"观察法去发现美,积累生活素材，然后付诸笔端，尝试多角度、多变化、多感官地观察。以《翠鸟》为例，学生在阅读了《金色的草地》《我家的小狗》《我爱故乡的杨梅》之后，读写结合表现"身边的美"。

附我的下水文和学生观察日记：

清理的快乐

"户庭无尘杂，虚室有余闲。""茅檐长扫净无苔，花木成畦手自栽。"古代文人是理家好手。透过老舍的《养花》《猫》，丰子恺的《白鹅》，冯骥才的《珍珠鸟》亦可看出，当代作家不但能写，还善于打理花草、鸟禽。造物无言却有情，每于读尽觉趣生。我的周末也来场劳动与文字的邂逅吧！

周末，扫扫扫、擦擦擦、洗洗洗、扔扔扔。清理是种快乐，那一包包垃圾似乎不是垃圾，而是货物，就像一列满载货物的列车把一路辛劳倾泻在终点一样，颇有成就感。

也正是因为我的"好收拾"，所以我成了家里的"回收站"和"查找"工具。谁找不着东西，第一个问的就是我："你把我的×××收拾到哪里去了？""×××怎么又不见了，你见了吗？"烦了时，回怼一句："你怎么断定是我收拾的？"那边接着说："不是你，还有谁？"一个天天费力不讨好的清洁工就这样认命了。

不过，旧习难改。于是，订婚戒指找不到了，女儿的手表也不见了……"扔扔扔"的习惯仍在继续，我从这份主宰权中寻得了快乐。

剪去绿植上的黄叶，喷水擦拭，绿得新鲜，感谢它们的默默陪伴、吐故纳新。手拙之人不敢养花儿，也不会养花儿，花儿凋谢多有自责和愧疚，只能养些经得起折腾的绿草，就像我这个人，生活极其单调和乏味。这些绿草稍加修剪就多有回报，我很快乐。

一日，用同事的电脑，蹦出"垃圾2.4G"的清理提示，顿时感觉这台电脑"气喘吁吁"的，我也觉得心里满满的，负重前行，不忍再用。相比之下，我的电脑则定期清理：垃圾清除、优化提速、删除各类记录、清理无用文件、文件归类打包、清空回收站。尽管电脑依旧慢得要死，但我觉得神清气爽，展翅欲飞。

看着女儿猪窝似的卧室，关上房门，眼不见心不烦，只盼着去上大学，统统将那些烧脑的东西处理掉，来个彻底的"断舍离"会很快乐。转念一想，送她上大学的"断舍离"真的是一场渐行渐远的舍离之始了,那该是涩涩的快乐吧!

"自古逢秋悲寂寥,我言秋日胜春朝。"秋日,收起夏日的暑热,多一份沉静,增些许内敛,胜过春日的浮躁喧腾,冬日的迟暮衰朽更是不及。春华秋实,果实收回家,几次翻晒使其实,去除杂质使其净,各归其位收入仓,才算完成秋收冬藏。秋,就是清点归纳的季节。这个过程辛苦,快乐。

圆形的物体可容纳更多的东西。生命就是优美的圆,要想容纳更多的东西,就要及时清理:来场大汗淋漓的运动跟郁闷说拜拜,大快朵颐一顿与烦恼和解,不赴无谓酒场,不做无效社交,不说无关话语,不做愤青,不做怨女,静静地做自己。这几日听《杨绛传》,对此有些感触。杨绛先生一生有明晰思考,有坚定立场,有持久努力,不弃功于寸阴,弃浮华归执着与智慧。她在人生的不同阶段,定期清理思绪,用文字盘点人生。

人生需要定期清理。就像这个周末,这段文字,此时我很快乐。

(我的下水文)

成长的小油菜

2020年10月5日　播种

表皮是灰色的,摸起来硬硬的,看上去小小的,这就是小油菜的种子。

阳光明媚的早晨,我和妈妈到小菜园里播撒小油菜种。我们先用水管喷洒土地,让土壤变得湿润,再均匀地撒下小油菜种,最后在上面撒上一层干土。播种就这样完成了。我想象着油菜种每天在土壤里的变化,期待着小油菜快快发芽。

2020年10月16日　发芽

今天早上,我发现油菜地里伸出了两片嫩嫩的小芽,像两只绿色的小手,我十分欢喜。远远望去,那小芽碧绿碧绿的,但走近一看却不太明显,我想这就是诗中所写的"草色遥看近却无"吧!

2020年11月5日　长大

长大一些的小油菜,比以前更绿了,叶子变成了三四片,绿绿的叶子,白白的帮,嫩生生的,让人感叹植物的强大生命力,随遇而安,勃发成长。我又兴奋又期待,心想:"什么时候才能吃到那又绿又美味的小油菜啊?"

2020年11月22日　　收获

今天是二十四节气中的小雪，也是我收获小油菜的时刻。我和妈妈一起开心地采摘着我们劳动的成果，轻轻地拔出来，抖掉根上的泥土，一顺儿摆放在竹篮里，它们乖乖地躺在竹篮里，仿佛在对我挤眉弄眼呢。

那天中午，我吃上了自己的劳动果实——油菜炒火腿、虾仁。我吃得丝毫不剩，格外香甜。我也明白了只有辛勤劳动才能有丰厚回报的道理！

（张铭轩）

（六）从《海滨小城》到《沂源小城》

文本：三年级上册第19课《海滨小城》。

本课是第六单元"祖国河山"中的一篇文章，承载着落实本单元语文要素"借助关键语句理解一段话的意思"的任务。所以，这篇文章在写法上采用"空间转换顺序"和"分总的写法"行文，结构清晰，便于三年级学生模仿练写。我们学完课文后，借助思维导图进行了随文练笔。绝大部分学生掌握了这种写法，并写出了沂源小城的特点，表达了对家乡的热爱与赞美。思维导图如图5-4所示：

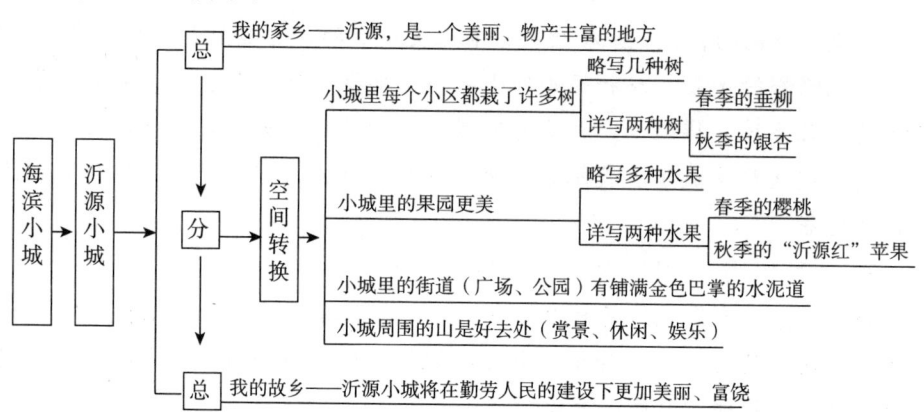

图5-4　课文改写思维导图

沂源小城

我的家乡在沂源，是一座依山傍水的小城。小城被一条河——螳螂河隔开，它是沂源人的母亲河，河水常年不断流。小城四周被群山环绕，山不高，但绵延数里；山不奇，但端庄秀美。

螳螂河很美，河水清清，缓缓细流。鱼儿在水中嬉戏，两岸柳荫依依，那些小花也都争先恐后地开着，有红的、黄的、粉的，绘出了一幅五彩缤纷的画。三座东西大桥凌驾在河上，车辆川流不息，行人来来往往，一派繁荣景象。

小城的胜利山公园也很美。小山上栽满了各种郁郁葱葱的树木。春日里，樱花大道上挤满了赏春踏青的游人；夏日里，树木能把天空遮起来，晨练的人们到处都是。空闲的时候，人们在这里散步，在这里扭秧歌或打太极。

小城的街道也很美。沥青铺的柏油路很宽阔，四通八达，路的两边栽着一排排大树，有的地方还设有花坛。街道被环卫工人打扫得干干净净，连一片纸也没有。

我的沂源小城既美丽又干净。

（武欣睿）

（七）美妙的大自然声音

文本：三年级上册第21课《大自然的声音》。

这一课写得优美生动，充满想象，写法先总后分，多用排比、比喻的修辞，便于孩子模仿练笔。课后题也有明确的要求，于是就有了下边的练笔，本次练笔继续练习总分的写法，训练学生的想象力和恰当写比喻句的能力。严格按要求写，严格按要求评，教练评一体化，用"倒逼"的方式迫使学生掌握一定的写作技巧。学生根据图5-5创造性完成练笔。

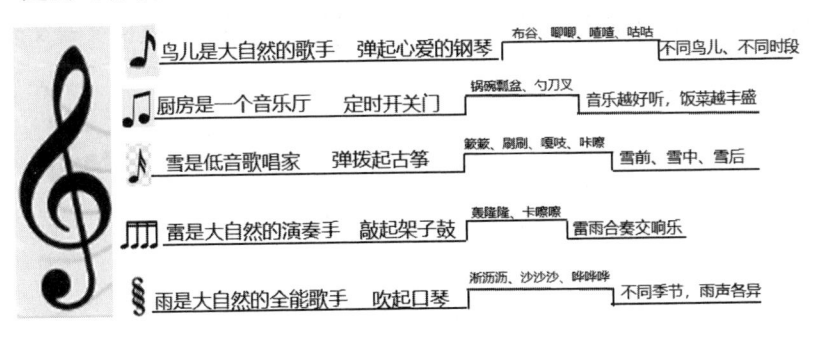

鸟儿是大自然的歌手	弹起心爱的钢琴	布谷、唧唧、喳喳、咕咕	不同鸟儿、不同时段
厨房是一个音乐厅	定时开关门	锅碗瓢盆、勺刀叉	音乐越好听，饭菜越丰盛
雪是低音歌唱家	弹拨起古筝	簌簌、刷刷、嘎吱、咔嚓	雪前、雪中、雪后
雷是大自然的演奏手	敲起架子鼓	轰隆隆、卡嚓嚓	雷雨合奏交响乐
雨是大自然的全能歌手	吹起口琴	淅沥沥、沙沙沙、哗哗哗	不同季节，雨声各异

图5-5 随文练笔思维导图

真为孩子们高兴，他们写得好极了，为孩子们点赞！撷取部分展示：

鸟儿是大自然的歌手。鸟儿各种各样，鸣叫声也各不相同。麻雀站在电线杆上，叽叽喳喳地唱着歌，蹦蹦跳跳特别可爱；燕子飞向南方，一边飞一边呼朋引伴地叫着，好像在跟北方告别；黄鹂在树叶间啾啾地哼着小曲；百灵鸟咕咕唱着歌儿，那声音很清脆。叽叽喳喳、啾啾啾、咕咕咕、呱呱呱，无论是在电线杆上站着的，还是在天上飞的，还有在树上藏着的，鸟儿们都扯着嗓子唱着属于自己的歌。

（王浩宇）

　　妈妈炒菜时，厨房就是一个音乐厅。当妈妈打开"音乐机"，美妙的乐曲便传了出来。噼噼啪啪，砰砰砰，嚓嚓嚓，这只是前奏，高潮在后面。当妈妈把青菜放入锅里，会有一阵"哗哗哗，唰唰唰"这样的声音传来，到了最后，那声音变得沉闷起来，咕嘟咕嘟。我想，如果厨房音乐厅演奏出的音乐越好听，那做出的饭菜是不是越香呢？这家音乐厅过几个小时就开门一次，不到一个小时就关门一次。那音乐令我十分享受。

（沈奕诺）

（八）文言文改写现代文

文本：三年级上册第24课《司马光》。

　　这是小学阶段第一次出现文言文。《司马光》一课共30字，是在小学语文教材中"加大传统文化所占比重"的具体体现。与原先的课文《司马光砸缸》比较，文字极为简练，画面感更足，想象空间更大。除了完成教学任务外，我画了如下思维导图（图5-6），学生根据思维导图把这篇文言文改写成了习作。

第五章 缓坡而上，实践读写一体化

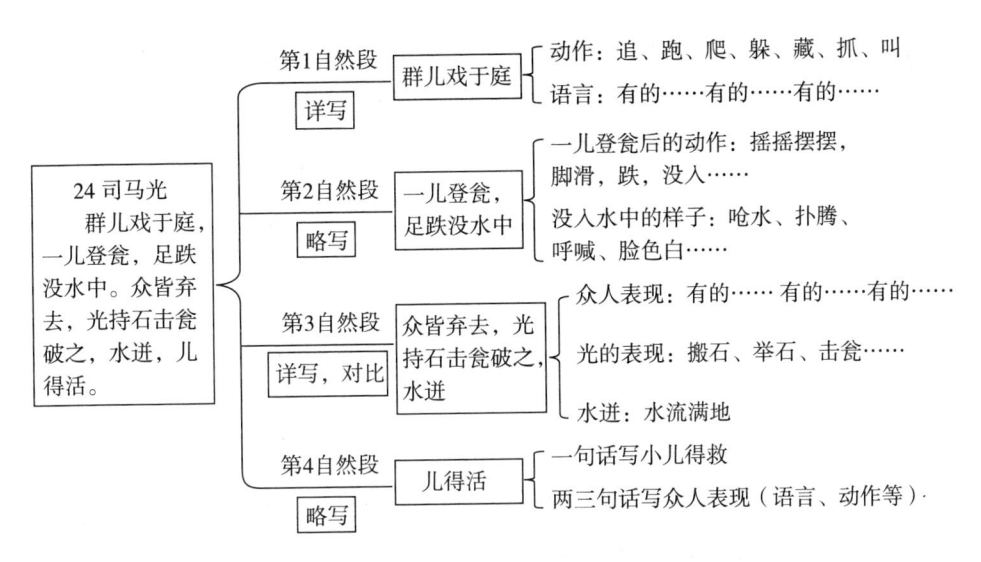

```
                                          ┌─ 动作：追、跑、爬、躲、藏、抓、叫
                 第1自然段 ── 群儿戏于庭 ──┤
                   详写                   └─ 语言：有的……有的……有的……

                                          ┌─ 一儿登瓮后的动作：摇摇摆摆，
                 第2自然段 ── 一儿登瓮，  │   脚滑、跌、没入……
  24 司马光         略写      足跌没水中   └─ 没入水中的样子：呛水、扑腾、
    群儿戏于庭，                              呼喊、脸色白……
  一儿登瓮，足跌
  没水中。众皆弃                             ┌─ 众人表现：有的……有的……有的……
  去，光持石击瓮   第3自然段 ── 众皆弃去， ├─ 光的表现：搬石、举石、击瓮……
  破之，水迸，儿   详写，对比   光持石击瓮
  得活。                        破之，水迸  └─ 水迸：水流满地

                                          ┌─ 一句话写小儿得救
                 第4自然段 ── 儿得活      ─┤
                   略写                    └─ 两三句话写众人表现（语言、动作等）
```

图 5-6 文言文改写思维导图

附一篇学生文章：

司马光

阳光明媚，一群儿童在庭院里嬉戏玩耍。他们有的在玩你跑我追的游戏，有的在玩捉迷藏，还有的在跳皮筋……孩子们玩得不亦乐乎。

有一个正在玩捉迷藏的男孩爬上了瓮沿，他站在瓮沿上摇摇摆摆，突然，男孩脚下一滑，没入了水中。男孩呛了几口水，吓得脸色苍白，大声地呼叫着："救命！"

其他的儿童看见了，有的围在瓮边不知所措，有的吓得赶紧跑远了。只有司马光在一旁冷静地想办法。突然，司马光看见瓮边有一块大石头，他艰难地抱起那块大石头，瞄准瓮的底部，用力一砸，只见瓮裂了一条缝。他又砸了几下，瓮上出现了一个小洞。接着，司马光使出吃奶的劲把瓮砸了一个大洞，这时水哗啦哗啦地涌出来了。

小孩得救了。大人们知道这件事后，赶忙跑来把男孩身上的水擦干净，抱到温暖的屋里。其他人知道司马光砸缸的事情后，都竖起了大拇指夸赞他聪明勇敢。

（陈梦萱）

学生进入五年级后，我们又读了不少小古文，古文改写也再次得到强化

训练，这在后续的文章中还会提到。学生在古文、现代文之间穿梭，可以体会古文言简义丰的特点，感受现代文的随性洒脱之美，一定程度上丰富了自己的写作素材。

三、三年级下册随文读写实践课例

（一）散点扫描 + 一点聚焦

文本：三年级下册第2课《燕子》。

鸟儿在空中飞翔，虫儿在花间嬉戏。大自然中处处有可爱的生灵。《燕子》一课文笔优美，传递着一花一鸟总关情的人文内涵。文中有两处空白点可进行随文练笔建构。

练笔一：1+1+1=1。

一身乌黑的羽毛，一对轻快有力的翅膀，加上剪刀似的尾巴，凑成了那样可爱的活泼的小燕子。

多么灵巧活泼的燕子！教学这一段时，我概括出作者写燕子的方法是1+1+1=1，分别从羽毛、翅膀、尾巴三个方面写，用个"凑"字勾勒出燕子的形态美。然后问学生：你能用这种方法写一种可爱的生灵吗？

出示一只健硕的小狗的图，让学生仔细观察后选择三个典型的"1"写出这只小狗的特点。例文如下：

一身健硕的肌肉，两只直挺灵敏的耳朵，加上黑宝石似的眼睛，凑成了那样机敏活泼的小爱犬。

学生在我的指导下从多角度观察同一只小狗，运用"1+1+1=1"的方法描写动物特点，说出了以下文字。

一身雪白的绒毛，两只支棱起来的耳朵，加上水汪汪的一双大眼睛，凑成了那样调皮活泼的小爱犬。

四条短粗的小腿,一条短小舞动的尾巴,加上肥硕的身体,组成了我的"团子"爱犬。

练笔二:散点扫描+一点聚焦。

课文的第二自然段这样写:

二三月的春日里,轻风微微地吹拂着,如毛的细雨由天上洒落着,千条万条的柔柳,红的白的黄的花,青的草,绿的叶,都像赶集似的聚拢来,形成了烂漫无比的春天。小燕子带了它的剪刀似的尾巴,在阳光满地时,斜飞于旷亮无比的天空,叽的一声,已由这边稻田上,飞到那边的高柳下了。

梳理成下边的图例,引导学生明白作者采用"散点扫描+一点聚焦"的办法写了春天的景物,学习这种写法可以进行多种场景的描写(图5-7)。

春天的景物 { 轻轻的微风 细雨 / 千条万条的柔柳 / 红的白的黄的花,青的草,绿的叶 / (赶集似的) } 散点扫描

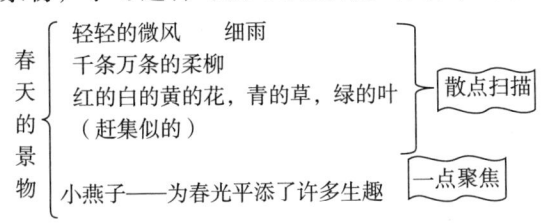

小燕子——为春光平添了许多生趣 一点聚焦

图5-7 "散点扫描+一点聚焦"思维导图(一)

依据下边的提示,练习用"散点扫描+一点聚焦"的写法来写秋天的景物(图5-8)。

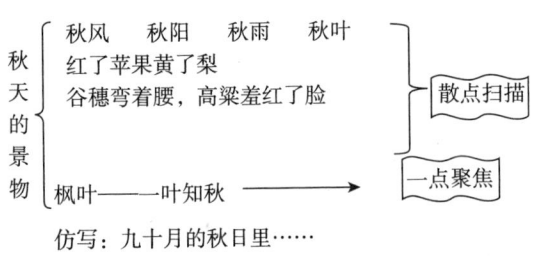

秋天的景物 { 秋风 秋阳 秋雨 秋叶 / 红了苹果黄了梨 / 谷穗弯着腰,高粱羞红了脸 } 散点扫描

枫叶——一叶知秋 → 一点聚焦

仿写:九十月的秋日里……

图5-8 "散点扫描+一点聚焦"思维导图(二)

附学生练笔:

九十月的秋日里,金风送爽,天地之间一片通透。如金子般的阳光催红了苹果,催黄了梨。谷穗也低下了头,高粱更羞红了脸。各色的秋叶在连绵秋雨中飘落,枫叶以最热烈的颜色——红色拥抱秋天。这儿一团,那儿满山,在秋风中跳着热情的舞蹈。霜叶红于二月花,的确,如火的枫叶是秋色中最

亮丽的风景。

（任纪钰）

（二）一种事物的三种姿态

文本：三年级下册第3课《荷花》。

这一单元以"可爱的生灵"为主题，语文要素是"试着一边读一边想象画面，体会优美生动的语句"。这样的描写集中在第二、三自然段，要求默读第二、三自然段，思考作者是如何观察的，你看出了哪些观察之道？

"荷花已经开了不少了。荷叶挨挨挤挤的，像一个个碧绿的大圆盘。白荷花在这些大圆盘之间冒出来。"这段话遵从"整体"到"局部"的顺序描写荷花。

"有的才展开两三片花瓣儿"这句话写的是初放的荷花；"有的花瓣儿全展开了，露出嫩黄色的小莲蓬"这句话写的是盛放的荷花；"有的还是花骨朵儿，看起来饱胀得马上要破裂似的"这句话写的是未放的荷花。三种姿态的荷花各有其美。

"这么多的白荷花，一朵有一朵的姿势。看看这一朵，很美；看看那一朵，也很美。如果把眼前的一池荷花看作一大幅活的画，那画家的本领可真了不起。"这些句子是从更小细节"一朵""一朵"的角度来写的，作者加入了丰富的想象，画面感十足。

学习文本，得出"观察之道＝写作之道"的结论，概括出以下三条观察之道：

（1）从整体到局部再到细节描摹事物。

（2）局部：写一种事物的三种姿态。

（3）细节：美在一朵一朵，一池活的画。

然后仿照三条写作方法进行练笔。出示桃花的整体图片进行练说，然后对"粉色的满枝花骨朵儿—白色的满枝盛开的桃花—漫天飞舞、飘飘洒洒的花瓣"三种姿态进行局部描写。再到细节："这么多的桃花，一朵有一朵的姿态。看看这一朵，很美；看看那一朵，也很美。"最后写独特想象："陶醉在眼前这大片的红云中，犹如怀抱着一大幅活的画，不由感叹大自然才是最伟大的画家。"

全班学生先以"桃花"为主题进行了第一次练笔,熟悉了写作路径,然后以思维导图呈现"雪花"的框架(图5-9),进行独立写作,继续练写一种事物的三种姿态美。

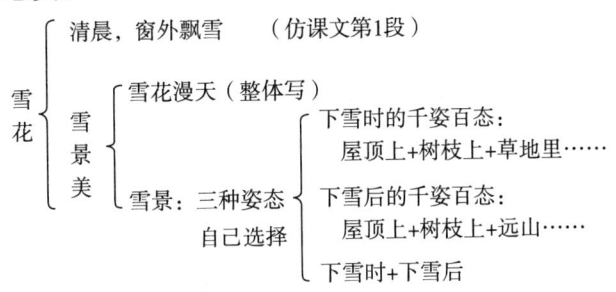

```
        ┌ 清晨,窗外飘雪   (仿课文第1段)
        │
雪  雪  ┤ ┌ 雪花漫天(整体写)
花  景  │ │                    ┌ 下雪时的千姿百态:
    美  │ │                    │   屋顶上+树枝上+草地里……
        └ └ 雪景:三种姿态 ─────┤ 下雪后的千姿百态:
              自己选择          │   屋顶上+树枝上+远山……
                                └ 下雪时+下雪后
```

图5-9 练写雪花的思维导图

附学生习作一篇:

雪　花

清晨,一觉醒来,看到窗外漫天飞雪,我惊呼一声"下雪啦"!我赶紧穿好衣服,站在窗前赏起雪来。

白茫茫的世界一下子静默了,只听见簌簌的雪落声。天女散花一般,很均匀,很优雅,天地之间犹如挂了一张镂空的纱。

屋顶上已经积了厚厚的一层,像蛋糕上面的奶油,柔柔的,蓬松松的;树枝上也挂满了雪花,原先褐色的枝条一下子变身成白色绒条;草地上的雪不很均匀,有的地方雪厚一点儿,有的还露着草芽,草芽吃掉雪花后都很开心。

雪停后,那就是我们的时光了,盼望着,盼望着!

(陈梦萱)

(三)昆虫备忘录

文本:三年级下册第4课《昆虫备忘录》。

汪曾祺在《昆虫备忘录》中用富有情趣的语言介绍了四种昆虫——复眼蜻蜓、花大姐、独角仙、蚂蚱的特点,表达了作者对自然生命的热爱之情。这些可爱的生灵装点了世界,美化了生活。学完课文后,我再次推荐阅读了法布尔的《昆虫记》和《小牛顿科学馆》,要求学生通过观察和搜集资料,选择一种昆虫作一份备忘录。

　　课堂上，我以"八哥"为例，呈现了写"昆虫备忘录"的构思提纲（图5-10），要求学生搜集资料后完善提纲，形成一篇小文章。没想到张书豪同学的文章写得很是有趣。

$$
构思提纲\begin{cases}为什么叫八哥？\\八哥和鹦鹉一样吗？\\八哥的种类有哪些？\\八哥的生活习性怎样？\\八哥是如何自我保护的？\\写出你的独特感受\end{cases}
$$

图5-10 练写八哥的构思提纲

附学生练笔一篇：

八　哥

　　八哥，好气派的名字。其他鸟类名字大多带着"鸟"字旁，表示自己是鸟类大军的一员，而八哥却以"哥"自称，看它那黑乎乎的模样，的确像"黑帮大哥"。

　　人们常常把八哥和鹦鹉混在一起，似乎因为它俩都会学人说话。其实它俩相差甚远。八哥其貌不扬，说话也"咬舌"。而鹦鹉呢，模样俊俏，说话更是清脆响亮。怪不得说"鹦鹉学舌"，而不说"八哥学舌"呢！

　　八哥是聪明的鸟类。我曾经看过一段惊人的视频：为了躲避肉食者的追捕，成千上万只八哥在天空中结伴飞翔，排成变化万千的迷惑阵形，有时如同一个巨大的"感叹号"，有时如一只蝙蝠。它们如一阵风，掠过天空，只留下人类的惊叹。

　　我真想成为一只眼观六路的八哥呀，做一次浩荡的飞行，那真是爽！

　　八哥呀八哥，你若再拥有鹦鹉的能言善辩和帅气外表，那还了得！不就成"十哥"了吗？

（张书豪）

（四）分类观察，精细的动作描写

　　文本：三年级下册第15课《小虾》。

　　"看，花儿在悄悄绽放。听，蜜蜂在窃窃私语……自然界如此奇妙，留心观察，会有新的发现。"这是三年级下册第四单元的导语。本单元以"留心观察"为主题，以"借助关键语句概括一段话的大意"为阅读课文的训练要素。《小虾》作为自读课文写得非常有趣，学生在读一读后交流课本上的自读问题，重点放在随文练笔上。

1. 练笔一：分类观察，分类描写

"这些小虾，有的通体透明，像玻璃似的，这是才长大的；有的稍带灰黑色，甚至背上、尾巴上还积着泥，长着青苔，这是老的，大家叫它千年虾。"这段话作者写了两类虾的不同样子，做到了分类观察，分类描写。学习这种方法，描写下面两条不同形态的金鱼（图5-11）。

图 5-11 两条金鱼的形态

引导学生练说后写一段话，以此类推，可继续以家庭作业的形式鼓励学生留心观察不同形态的同一类事物，写出它们的区别，以此训练学生留心观察生活的能力和意识，落实单元要素。

附学生练笔：

这两条金鱼各有特色：其中一条下巴处鼓着两个透明的泡泡，眼睛两侧长着两把小扇子，面目怪异，威风凛凛的。另外一条头顶红色小帽，甩着丝纱一样的尾巴，飘飘然，像个"小淑女"。

2. 练笔二：总分构段 + 动作描写

课文的第三自然段体现本单元要素很是淋漓尽致，是随文练笔的好载体。第三自然段分析如下：

缸里的小虾十分有趣（总写句）。它们有的独自荡来荡去，有的互相追逐，有的紧贴住缸壁（整体地写三类姿态）。要是你用小竹枝去动动那些正在休息的小虾，它们会立即向别的安静的角落蹿去，一路上像生了气似的，不停地舞动着前面那双细长的腿，腿末端那副钳子一张一张的，胡须也一翘一翘地摆动着，连眼珠子也一突一突的（详写逗弄，动作描写传神）。如果这时碰到正在闲游的同伴，说不定就要打起来。小虾的搏斗很激烈，蹦出水面是常有的事，有时还会蹦到缸外的地面上（详写小虾打架）。

赏析了文段写法后，在练笔一的基础上，继续往下扩充写。出示如下写作提纲：

> 总写：缸里的小鱼十分逗趣
>
> ⇩
>
> 分写：其中一条下巴处鼓着两个透明的泡泡，而眼睛两侧长着两把小扇子，面目怪异，威风凛凛的。另外一条头顶红色小帽，甩着丝纱一样的尾巴，飘飘然，像个"小淑女"。而那条……
>
> ⇩
>
> 细节描写——抢食时的动作（重点写）

附学生练笔一篇：

缸里的两条金鱼十分逗趣。其中一条下巴处鼓着两个透明的泡泡，眼睛两侧长着两把小扇子，面目怪异，威风凛凛的，像个"大哥"。另外一条头顶红色小帽，甩着丝纱一样的尾巴，飘飘然，像个"小淑女"。它们两个像极了哥哥和我，我没事时经常观察它们的一举一动。

一次，我发现这两个家伙互掐起来，只为了抢食我投放下去的面包渣。那条"大哥"鱼以饿虎扑食的速度冲上来，结果用力过猛稍偏了方向，面包渣直冲"淑女"而去。"淑女"一个优美转身，把面包渣揽入怀中一口吞下。"大哥"像是生气了似的，鼓起腮直撞"淑女"的头，"淑女"不慌不忙地转动灵活的身体一一躲过。我又投下一些面包渣，说："别争了，我的乖乖，让你们吃饱就是了。"

（张笑嘉）

（五）宇宙另一边的加减乘除

文本：三年级下册第16课《宇宙的另一边》。

爱因斯坦说过："想象力比知识更重要。"三年级下册第五单元是习作单元，以"走进想象的世界，感受想象的神奇"为要素，教学本单元时，为了落实语言要素，为想象习作打开视野，继续随文踏上想象练笔之路。

课文第八自然段这样写：

"在宇宙的另一边，加法是这样的：大地万物加上一场大雪等于一片白茫茫，那时，无数的孩子会从家里冲出来，打雪仗、堆雪人、滑雪……这样，大地万物加上一场大雪又等于无数孩子的节日。"多么有趣呀，这又可简化为式子：大地万物 + 一场大雪 = 一片白茫茫 + 无数孩子 = 孩子的节日。

第九自然段这样写：

"乘法是这样的：'早春二月'乘以'竹外桃花三两枝'，再乘以'春雨贵如油'，等于'春风又绿江南岸'，又等于'碧玉妆成一树高，万条垂下绿丝绦'，最后等于'儿童散学归来早，忙趁东风放纸鸢'。"

太有想象力了，这可简化为式子：早春二月 × 竹外桃花三两枝 × 春雨贵如油 = 春风又绿江南岸 = 碧玉妆成一树高，万条垂下绿丝绦 × 儿童 × 纸鸢 = 儿童散学归来早，忙趁东风放纸鸢。

师：作者为什么这么说？说说你的理解。

生：冬天来了，大雪覆盖大地万物，世界成了白茫茫的一片，这个时候是孩子们最快乐的时候，堆雪人、打雪仗、溜冰，孩子们太兴奋了，比过节还要愉快。

生：乘法是这样的。早春二月，天气刚刚转暖，春风吹开了三两枝的桃花，若再有一场贵如油的春雨滋润万物，柳树自会垂下万千丝绦，大江南北定是一片生机。这样的美景怎么能少了孩子们呢？放学归来的孩子，趁着习习春风放一会儿风筝，把藏了一个冬天的顽皮释放一下。

师：仿照课文八、九自然段写一写，你的想象中宇宙另一边的加减乘除法还是什么样的？可根据以下提示（图5-12）进行创编，也可独立创编。

做乘法 { 寒冬腊月　　鹅毛大雪
千山鸟飞绝，万径人踪灭。
墙角数枝梅，凌寒独自开。
梅须逊雪三分白，雪却输梅一段香。

图5-12 创编提示

附学生练笔：

三只碟子＋一只黑色的小猫＝一地碎片＝一只将要受到责罚的可怜猫咪＝一只幸灾乐祸的狗。

（张梓航）

到了秋天，一片树林除以一阵秋风等于满地的落叶。这时候，人们最喜欢在树林间踩着枯黄的落叶散步。偶尔，一片落叶飘落，或金黄，或火红。让人不禁想起一句诗："自古逢秋悲寂寥，我言秋日胜春朝。"

（宋明萱）

减去一座大厦的四根柱子等于什么？等于无数的残垣断壁，或等于一出大悲剧。很多人被压在残垣断壁下，这些人有的已经死去，有的在等待救援。哭声、求援声、消防车的警笛声，乱成一片。所以，宇宙的另一边不会随便使用减法的，也绝不会有偷工减料的人。

（赵月豪）

（六）快慢镜头写连续动作

文本：三年级下册第19课《剃头大师》。

学习秦文君的《剃头大师》时，我引导学生发现"剃头大师"的理发动作可以采用快慢镜头的方式来理解，如图5-13所提示的：

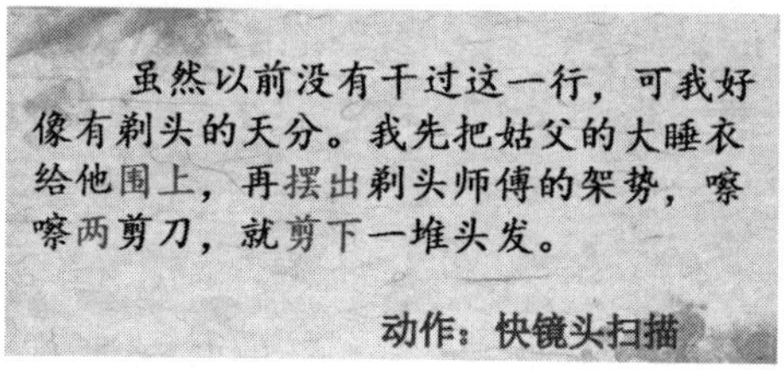

> 虽然以前没有干过这一行，可我好像有剃头的天分。我先把姑父的大睡衣给他围上，再摆出剃头师傅的架势，嚓嚓两剪刀，就剪下一堆头发。
>
> 动作：快镜头扫描

图5-13 创作提示（一）

"围上""摆出""嚓嚓两剪刀""剪下"四个动词如快镜头扫描，表现了"我"这个"蹩脚的大师"的任意而为。读中想象，做出架起摄像机拍摄的动作，学生很轻松地明白了这一连续的动作在瞬间就完成了，快，快！

后边的描写，如图5-14所提示的：

> 我觉得自己像个剃头大师，剪刀所到之处，头发纷纷飘落，真比那老剃头师傅还熟练。这儿一剪刀，那儿一剪刀，不一会儿，姑父的睡衣就像一张熊皮，上面落满了黑头发。
>
> 细节：慢镜头特写

图 5-14 创作提示（二）

这段可以理解为慢镜头特写。摄像头可以对准那"纷纷飘落"的头发、像"熊皮"一样的睡衣，拉长时间，拉慢镜头，缓缓推进，表现出"剃头大师"的"得意忘形"，慢，慢！

学生理解了之后，出示练笔提示，如图 5-15 所提示的：

场景再现——作业被撕

快镜头扫描 ─ 撕作业
            扬作业
            不停地唠叨

慢镜头特写 ─ 委屈的眼神
            哗哗的眼泪
            打湿的作业
            工整的书写

图 5-15 创作提示（三）

"撕作业"部分瞬间发生，瞬间结束，快镜头扫描，用连续动作来写，表现气氛紧张。

"重写作业"部分缓慢发生，缓慢结束，慢镜头特写，用间断的动作来写，表现心情郁闷。

我先和学生把大体思路捋了一遍，学生们很兴奋。也许这个话题与他们的生活相近，他们或多或少都经历过这些吧，教室里叽叽喳喳了好一会儿。之后是独立练说，小组内互相说一说，回家成文。孩子们普遍写得很好，截取两篇练笔记录经过：

我写完作业，胆战心惊地交给妈妈检查。妈妈的脸色突然变得铁青，"你看看，'放牛'写成'放午'，'白纸'的'纸'没有点，你到底是怎么写的？""嘶啦"一声，作业被妈妈撕成碎片。她生气地说："不重写就难受吗？不写完别想睡觉！"说完就去干活了。

我的眼泪一下子就涌了出来，打湿了衣服。我悄悄地回到屋里，一笔一画，认认真真地写了起来。爸爸、哥哥都准备睡觉了，我还在写啊，写啊！等我终于重写完拿给妈妈看时，她的嘴角露出了微笑，把我拥在怀里也掉下了眼泪。

（赵月曼）

妈妈要求我把作业递给她看，我慢慢地把试卷拿给她。

只见她的眼睛像扫描机一样，一行一行地扫描着我的试卷。慢慢地，她的脸色变成了火烧云，气不打一处来地吼道："这日子没法过了！"说着便把试卷撕得粉碎。

不一会儿，爸爸打来电话。我心想："完了，老爸撞到枪口上了！"果然不出我所料，老爸成了出气筒。妈妈把刚才的不愉快像夏天的暴雨一样倾倒在电话里，爸爸一声也不出。

（杨宇潼）

（七）再次练写总分构段

文本：三年级下册第六单元"围绕一个意思写一段话"。

本单元园地中再次安排了总分构段的练写，并提供了两个题目："小丽多才多艺"和"雨下得真大"。没有讲怎么写，已经练写过多次，这次是巩固训练。

我出示思维导图抛砖引玉、拓宽思路。条条大路通罗马，我要的是结果，是"会熟练运用总分构段"这一结果。图5-16是学生练写总分构段的写作提示。

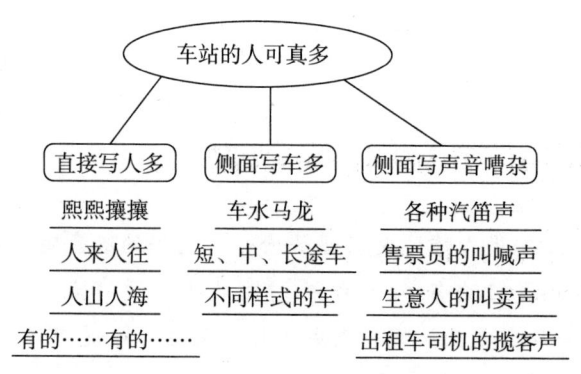

```
                车站的人可真多
        ┌───────────┼───────────┐
    直接写人多      侧面写车多      侧面写声音嘈杂

    熙熙攘攘        车水马龙        各种汽笛声
    人来人往        短、中、长途车   售票员的叫喊声
    人山人海        不同样式的车    生意人的叫卖声
    有的……有的……                出租车司机的揽客声
```

第五章 缓坡而上，实践读写一体化

图 5-16 练写总分构段的写作提示

我在作业上交后筛选出优秀练笔，一一赏读、点评，为"优秀小作者"拍照传群；有待提高的习作指出不足，让他们自己再进行有针对性的修改。下面摘录学生写作的片段：

　　车站的人可真多。进进出出的人熙熙攘攘的，黑压压的一片。跑短途、长途的公共汽车，还有络绎不绝的出租车都像被谁指挥着一样有序地进出车站。每次到站，满车的乘客匆匆下车离去，跑了一路的汽车也"呼哧"一声轻松下来。周围的生意人更是卖力地吆喝着，出租车司机不停地询问着过往的乘客，嘈杂的声音此起彼伏。

（徐子轩）

　　雨下得真大，像无数条鞭子狠命地往玻璃上抽打，真令人害怕。闪电敲打着大铁鼓，似乎地震了似的。突然，一道闪电划破天空，顿时像白天一样明亮。风呼呼地吹着，把大树吹得东倒西歪，就像喝醉了酒似的。雨倾泻到到地上，不一会儿，大地一片沼泽，都能养鱼了。

（张峻瑜）

　　雨下得真大呀！往窗外一看，松树被风刮弯了腰，平时人来人往的小巷变得空无一人。窗外所有的事物都变得模糊不清了，只传来雨点敲打物体的嘈杂的歌声：一会儿噼里啪啦，一会儿沙拉沙拉，一会儿叮叮咚咚。歌声随着雨势大小而变化，这雨天的交响曲还是很震撼的。

（唐睿泽）

四、四年级上册随文读写实践课例

（一）为美好而歌

文本：四年级上册第3课《花牛歌》。

我们在学习《花牛歌》时，赏析了文中精妙的比喻和奇特的联想。之后，学生在思维碰撞后写自己的"歌"，为美好而歌，读来颇有童趣。面对简单的文本，与其啰啰唆唆、满锅糊糊、没有重点地讲，不如让学生读几遍简单赏析后，真正动手写一写，以免眼高手低。毕竟，写作是更高级的思维。

　　　　　　孙悟空歌
　　　　　　孙悟空在筋斗云上飞，
　　　　　　前面迎来天兵天将。
　　　　　　孙悟空在石凳上坐，
　　　　　　猴儿们献桃邀功。
　　　　　　孙悟空被关在炼丹炉里，
　　　　　　练就了一双火眼金睛。
　　　　　　孙悟空戴上了金箍，
　　　　　　师傅一生气就让他头疼欲裂。

（陈顺鑫）

　　　　　　飞鸟歌
　　　　　　飞鸟在空中飞，
　　　　　　引得白云急急追。
　　　　　　飞鸟在草地上啄，
　　　　　　小虫小虫直躲藏。
　　　　　　飞鸟在树上唱，

小朋友们乐呵呵。
飞鸟在巢里眠,
月亮偷偷穿云衣。

（赵月曼）

米饭歌
米在锅里洗澡,
躺在锅里泡温泉。
米饭在碗里散发香味,
引来一群"小馋猫"。
米饭在嘴里游走,
舌头高兴得拍手。
米饭在肠胃里兜转,
小娃娃长得结实如牛。

（王鸿溶）

（二）一片·一棵·一山

文本：四年级上册第4课《繁星》。

《繁星》言简义丰，写了作者在三个不同时段、三个不同地点赏繁星的不同感受：从前在家乡的庭院里单纯地看到了密密麻麻的繁星，孩童的视角只是觉得星星多；三年前在南京的菜园，看到了群星密布，应该是成人在家的心态；如今，在海上看到了半明半昧、摇摇欲坠的繁星，联想到妈妈温暖的怀抱，是即将远去的游子的心态。

学生自读课文，填写表格，交流表格后有感情地朗读，课文就学完了。接下来随文练笔。我的课堂追求深耕作，浅教学。

抛出话题：不同地点、不同状态的枫树之美。

（1）放学路上＋一片枫叶＋所见所感。

（2）小区楼下＋一棵枫树＋所见所感。

（3）鲁山山上＋一片枫林＋所见所感。

学生一点就通，一千片树叶没有两片是完全相同的，枫叶更是如此。

附学生习作两篇：

今天，走在回家的路上，一片枫叶恰好落在我的头上。拿下来一看，火红的枫叶像一个手掌，还像一簇燃烧的火焰，那么多的枫叶平躺在路上，形成了一片红色地毯。

周末，我来到枫树下。抓起满满的枫叶，我顺着风的方向向天空一抛，枫叶雨唰啦啦落下来。我穿梭在枫叶雨中，找到了一片特别大的枫叶和两只昆虫。昆虫在枫叶上开始昆虫大战，全然不去欣赏这浓浓的秋意。

假日里，我到山中欣赏枫林。枫叶的颜色真不少，这片山是红色的，那片山是红黄带绿的，像极了彩带。一阵风吹过，满山的枫树跳起了优美的舞蹈，让我想起了"停车坐爱枫林晚，霜叶红于二月花"的诗句。

（陈顺鑫）

放学的路上躺着一片片枫叶，我想到了沙白的诗句："湖波上，荡着红叶一片，如一叶扁舟，上面坐着秋天。"我把枫叶捧在手心里，感觉凉飕飕的。枫叶火红的颜色像一团火苗在我手里燃烧。秋天住进了我手心里。

周末，我和朋友在楼前的枫树下玩耍。我摘下一片枫叶做书签，让秋天拥抱书香。我们扒开深深浅浅的落叶，寻找躲着的小虫，有独角仙、松毛虫等。那时，我们就像法布尔一样细致观察它们。

假期里，我们一家人爬山赏枫叶。满山上密密麻麻的，成了枫树的海洋。斜阳照耀下，枫树如同浓妆的美女在迎风起舞，也像帅哥在唱摇滚。

（任钰轩）

五、四年级下册随文读写实践课例

（一）动静结合写片段

文本：四年级下册第一单元"田园诗"三首。

这三首诗都采用了动静结合的方法写出了乡村的独特与纯朴。"梅子金黄杏子肥，麦花雪白菜花稀"的喜人景象，"篱落疏疏一径深，树头新绿未成阴"的恬静，这些静态描写如画卷般徐徐展开。"惟有蜻蜓蛱蝶飞"的舞动，"儿童急走追黄碟，飞入菜花无处寻"的动如脱兔，"醉里吴音相媚好"的逗趣，"最喜小儿亡赖，溪头卧剥莲蓬"的俏皮，这些动态描写则如跳跃的音符般灵动。

学完古诗后，继续练习用"动静结合"方法写片段。绝大部分孩子都能领会这种写法，只是写人物居多。附学生习作两篇：

妹妹最喜欢玩气球了，我们把气球拴在她手里，她不停地拍打气球，两只眼睛目不转睛地盯着气球，头也跟着气球的方向移动，脚一蹬一蹬的，有时用手拽住气球的绳子，再用另一只手毫无方向地乱抓，每次都会被气球逗得大喊大叫。

妹妹发呆的时候却十分安静，小小的手含在嘴里，眼睛瞪得大大的，静静地趴在妈妈的肩膀上，如果不仔细看的话，你还会以为她睡着了呢！

（房俊宇）

我和姨家的小妹妹到水景公园玩。看见有人在摘木瓜，妹妹立马颠颠地往前跑，伸出双手，眼巴巴地看着人家，人家就给了她两个金黄的木瓜，她高兴得一蹦一跳往湖边走去，头上的羊角辫欢快地摇了起来。结果一不小心，摔了一个大马趴，哭得泪水涟涟，没办法我们只好回家了。

她边走边哭，回到家就看起了动画片儿，她虽然是双眼盯着电视，但还时不时地抽一下鼻子。过了大约半个小时，她把头一歪，就在沙发上睡着了。她一闭眼，那长长的眼睫毛就显出来了，小嘴半张，胸脯一起一伏。

（魏陈梓轶）

（二）写一个人物的一个特点

练写要点：

（1）总分总构篇，首尾呼应。

（2）散点扫描写特点（选择三个"散点"表现人物的某一个特点，略写）。

（3）一点聚焦再写特点（选择一件小事重点表现人物的同一个特点，

详写）。

（4）书写工整，页面干净。

严格按照要点来写，按照要点来评，写如此写，评如此评，教练评一体化。

在我的带动下，孩子们也学会了自己利用手机"语音输入"功能整理自己的作文。难免有瑕疵，但瑕不掩瑜。抓大放小，以欣赏的眼光看待学生习作，会给学生带来自信。对于学生自己毛遂自荐的文章，我做了点评，引导学生明白：学习了一些写作的小方法就要用起来，从课文中学写作，从大家笔下学写作是轻松有效的路子。不要原地踏步，不要"学""用"两张皮。教学评一体化在作文教学中尤为重要。

附学生习作一篇：

"戏迷"爷爷

有人迷棋，有人迷花，还有人迷球，而我爷爷迷戏，是个地地道道、不折不扣的"戏迷"。（评：对比的写法，突出爷爷的与众不同，开篇简介，开门见山）

爷爷特别爱听戏。只要他知道哪里有唱戏的，不管多远，也不管刮风下雨，他都会骑着摩托车直奔着戏场而去；夏天时，环城公园里顶着大太阳，他仍然戴着草帽听人唱戏，一坐就是几个小时；就算是出门，爷爷也把"戏"装在口袋里，走到哪儿听到哪儿。（评：三个散点，三个角度扫描爷爷爱听戏）

爷爷最喜欢的是躺在沙发上看戏。只见他侧着身子，腿摆成三角形，右胳膊微微弯曲，头枕在胳膊上，左手在腿上打着节奏，眼睛一会儿睁着，一会儿眯着，摇头晃脑、津津有味地看戏，还跟着哼唱。不一会儿，我发现他的眼皮开始"打架"，过不了几分钟，爷爷的呼噜声此起彼伏，我蹑手蹑脚地走过去拿起遥控器，刚换了台，爷爷立马把眼睛睁得大大的，嗔怪我说："你为什么给我换了台？"我说："您不是都睡着了吗？"爷爷始终不承认自己睡着了，坚持说自己一直在听戏。哈哈哈，我爷爷就是这么好玩！（评：一点聚焦，看戏动作描写精到）

听戏不仅丰富了爷爷的精神世界，也带给我们一家很多欢乐。我在爷爷的影响下，也会唱一些戏段呢！你说，"戏迷"爷爷是不是名副其实？（评：

首尾呼应，深化主题）

（任纪钰）

（三）不同角度对比写事物

文本：四年级下册第6课《飞向蓝天的恐龙》。

《飞向蓝天的恐龙》中有如下段落是指导学生随文练笔的好文段：

"数千万年后，它的后代繁衍成一个形态各异的庞大家族：有些恐龙像它们的祖先一样两足奔跑，有些恐龙则用四足行走；有些恐龙身长几十米，重达数十吨，有些恐龙则身材小巧，体重不足几公斤；有些恐龙凶猛异常，是茹毛饮血的食肉动物，有些恐龙则温顺可爱，以植物为食。"

这一段采用总分构段的方式，冒号起到解释说明的作用，然后从不同角度对比着写了恐龙的形态各异：形态＋行走、身型＋体重、性情＋食性。运用列数字、直接描写的方法论证"形态各异"。

教学时，我在引导学生学习了这种写法后，开始举例练笔。我着重举了两个例子：我班同学上课的不同状态，宠物狗狗的多样习性。让学生二选一练笔。练笔良莠不齐，但绝大部分同学都掌握了这种写作方法。附学生四篇练笔：

我们班同学的上课方式千姿百态。大部分同学上课都把老师讲的每字每句入脑入心，书上记满了知识点，5分钟计时背诵比赛时，70%的同学都能背过200字的文章；而有些同学隔两三分钟就开始游离，不是朝外看就是发呆，书上空空如也，一句话念碎了也记不住；极少数同学上课小动作不断，开始翻桌洞，然后再玩笔，身上像套了金钟罩，一个字也听不进去，书上呢则是些奇奇怪怪的乱符号。

（唐睿泽）

我们班同学的上课姿态可谓千差万别。大部分同学专心、认真，仔细听老师讲的每一个字、每一句话；极少数同学心不在焉，上课时经常分神，不时向窗外望去，仿佛在想自己飞上天会是怎样的，不时地抠抠橡皮，给橡皮做手术呢？玩玩尺子，尺子都被他玩坏了十几把了。

（王俞丹）

有些狗狗的样子高大威风，比如金毛犬，体重达几十甚至上百斤；有些狗则温和活泼，比如茶杯犬，体重才几斤，非常讨人喜欢；有些狗吃饭时像君子一样文雅，有些狗则啊呜啊呜、狼吞虎咽地海吃，弄得满脸都是；有些狗仔好吃懒做，像少爷似的；有些狗受了主人的恩惠，为了报答主人，尽职尽责地看门护院，就算虫子进来也不放过。

（张梓航）

现在，宠物成了很多人的陪伴，它们的习性各异。有些狗高大威猛，只要遇到陌生人就会霸气地叫两声，以显示它的存在；有些狗身材娇小、可爱，时常被人抱在怀里；有些狗非常懂得报恩，只要主人出门，它就看门护院，一直等到主人回来；有的狗则很率性，完全不理会外人的恩惠，只要你靠近它，它都会凶你几声。

（高振皓）

（四）纳米技术的前世今生

文本：四年级下册第7课《纳米技术就在我们身边》。

《纳米技术就在我们身边》一课很有意思，课文涉及的知识，孩子们兴趣十足。充分搜集资料是必须落实的，孩子们或抄，或剪贴，或打印，利用小自习的时间充分交流后再来学文，很多内容也就不讲自会了。

单元要素一直是提出四个有价值的问题，并有水平地解答，小组内交流评价。从上册的"提出问题"到本册的"提出问题并解答"，敢于提出问题，能提出有价值的问题，真的是当今孩子所缺乏的。很多孩子习惯了张嘴等着老师投喂给他，没有思考，没有质疑。我认真落实单元要素，希望有助于改变些什么。

课后题安排了说话：如果让你利用纳米技术，你会把它运用到生活中的哪些地方？发挥想象说一说。我则让学生练写了一段话，筛选一部分，展现独特思维：

我会把纳米技术应用到学习上，用纳米材料制成的书包不但可以折叠，携带方便，而且具有缩放功能。不用时，它能和文具一起缩小，只有一个橡皮擦那么大，我们可以将它揣在衣兜里；要用时，它便自动变回原来的样子，使书包里整整齐齐。纳米还能保护书始终像新书一样。用纳米制成的钢笔能监督我们的书写姿势，还能在我们做作业出现错误时提醒我们，用上几年都不用换墨囊。

（李玉妹）

纳米技术能让你不再变黑，我在妈妈的高级防晒霜里放入纳米颗粒，能有效反射紫外线，还能让妈妈逆生长，省却了妈妈很多的苦恼。纳米眼镜不但形态各异，而且越戴越能消除近视，还能按摩穴位。

（张书豪）

（五）心怀感恩，居家战"疫"

文本：四年级下册第9课《现代诗三首》。

网课的第一天，我们学习了冰心的诗集《繁星》中赞颂母爱的小诗：

> 这些事——
> 是永不漫灭的回忆：
> 月明的园中，
> 藤萝的叶下，
> 母亲的膝上。

学习完成后，我引导学生创编。又是居家的日子，每个家庭都不易，企业停工歇业，家长在家陪伴孩子，母亲居多。

师：如果你的母亲就在你的身旁，请你有感情地读给她听，表达对她的感激之情。如果妈妈没在家，等她回来，一定记得读给她听。

通过这样的共鸣共情，感谢家长的付出，指引孩子心怀感恩。一张安静的书桌来之不易。

学生创编得很不错，择优记录如下：

> 这些事——
> 是永不漫灭的回忆：
> 明亮的圆月，
> 翻动的书页，
> 母亲的微笑。

（张峻瑜）

> 这些事——
> 是永不漫灭的回忆：

明亮的月光下，
淡淡的艾香里，
吱吱的蝉鸣，
微微的凉风，
忽明忽暗的村落，
天马行空的谈话，
童话般的故乡。

（徐艺嘉）

这些事——
是永不漫灭的回忆：
沉甸甸的压岁钱，
颤颤巍巍的身影，
恋恋不舍的远送，
哦，我的祖母！

（高振皓）

这些事——
是永不漫灭的回忆：
周末的公园，
嫩绿的草地，
微风的抚摸，
多彩的风筝，
耳边的故事，
居家的陪伴，
妈妈的爱无言！

（任纪钰）

这些事——
是永不漫灭的回忆：
粗糙的双手，
和蔼的微笑，
满头的白发，

奶奶的岁月。

（陈梦萱）

这些事——
是永不漫灭的回忆：
圆月在当空，
柳枝在舞动，
姥姥的影子，
闪动在银光中。

（沈奕诺）

这些事——
是永不漫灭的回忆：
拥挤的医院，
厚厚的防护服，
浸湿的衣衫，
最可爱的逆行者。

（张书豪）

这些事——
是永不漫灭的回忆：
泛起的波纹，
耸立的青山，
火热的太阳，
快活的鱼儿，
父亲的钓竿。

（崔家润）

这些事——
是永不漫灭的回忆：
在那阳光照射的草帽上，
在那丰满的稻谷上，
在那千滴万滴的汗水里，
在那满是皱纹的脸上，

写满了奶奶的辛苦。

（宋明萱）

这些事——
是永不漫灭的回忆：
温暖的春光，
静谧的星空，
香甜的水果，
疲惫的笑脸，
轻柔的话语，
母亲的一天。

（赵月曼）

编辑完成，我发到班级群，附上一句话："群里的母亲们，请听孩子们唱给你们的赞歌！有这样的少年，妈妈会微笑，祖国会微笑。"

（六）轻叩诗歌的大门

1.《绿》

文本：四年级下册第10课《绿》。

艾青的《绿》是首现代诗，我感觉有点儿驾驭不了。然而，当下的网课岂能容许老师得过且过，必须埋头备课备出自己的"道道"来。上课40分钟，备课、做课件2小时。逼着自己钻研现代诗的解读，逼着自己寻找落实单元要素的路径。

课文是仿写的好素材，提供了大量描写颜色的词语和诗句，以备有米可炊。当然，学生对生活的感知，对语言的敏感才是最好的"米"，所以布置作业时，先读我的下水文，再鼓励学有余力的学生来做，拒绝一刀切。

很快，学生的大作就陆续发过来，佩服、惊叹当今的少年郎。我逐首修改后传到班级群，又马不停蹄地做成"美篇"，为的就是传播这份惊喜。摘录我的下水文及部分佳作如下：

绿
好像被绿色的大幕遮蔽了，
到处是绿色……

到哪儿去寻找这么多的绿:
青绿、鲜绿、葱绿、
碧绿、水绿、草绿……
绿得刺你的眼,
绿得让你禁不住掬它入口。
艳丽的花朵被染绿了,
树下农民伯伯的身影是绿色的,
鸣叫的鸟声是绿的,
柳树上的春烟也被染成绿的了,
翩翩起舞的蝴蝶翅膀也是绿色的了。
所有的绿不规则地排列,
集中起来的,
交叉重叠的,
挨挨挤挤的,
一枝独秀的……
风儿吹过,
所有的绿不约而同地
摇曳、摇摆、摇晃,
你也随着起舞……

(张吉爱)

绿
好像绿色的森林遮盖住了世界,
到处是绿的……
到哪儿去找这么多的绿:
葱绿、暗绿、水绿、
碧绿、鲜绿、浅绿……
绿得迷人,绿得出奇。
耸立的高山是绿的,
路上的行人是绿的,
静静的湖水是绿的,

房屋也是绿的。
所有的绿汇聚在一起,
拥抱在一起,
活泼地蹦跳在一起。
突然一阵风吹过,
好像魔术师在变魔术,
所有的绿就纷纷扬扬地,
在空中飞舞起来。

(崔家润)

红
好像红色的颜料瓶翻倒了,
到处是红的……
到哪儿去找这么多的红:
朱红、粉红、绯红、
酒红、砖红、橘红……
红得发紫,红得热烈。
远处的山坡是红的,
天空的风筝是红的,
小朋友的笑容是红的,
春天的暖风也是红的。
所有的红相约在一起,
拥抱在一起,
依偎在一起,
开心地挨在一起。
一阵风吹来,
好像体育老师在吹哨,
所有的红就整齐地
按着节奏飘动在一起……

(房俊宇)

绿

好像遮盖上绿色的绒毯

到处都是绿色……

到哪儿去找这么多的绿：

淡绿、浅绿、鲜绿、

新绿、青绿、深绿……

绿得温柔，绿得温暖，

绿得让你禁不住拍照。

外面的天空是绿的，

乡下的房子是绿的，

上课的教学楼是绿的，

孩子们的欢声笑语是绿的，

翩翩起舞的蝴蝶也是绿的。

不一样的绿聚集在一起，

挨挨挤挤的，

打打闹闹的，

密密麻麻的，

君子淑女的。

蜜蜂蝴蝶飞来，

所有的绿，

跟着蝴蝶蜜蜂摇动起来，

你也跟着加入了……

（孙睿秋）

2.《白桦》

文本：四年级下册第11课《白桦》。

学了《白桦》这首现代诗以后，我鼓励学有余力的学生用细腻的心灵去感受，用发现美的眼睛去观察，用诗歌的形式写植物，很快我就收到22篇稚嫩却灵动的诗歌。都说孩子天生是诗人，我渐渐信服了这个观点。我只修改了错别字和极少数不妥的地方，其余浑然天成，未加雕饰，摘录两篇佳作如下。

梅花
在寒冷的冬日，
正是梅花开放之时，
她仿佛穿上粉色裙子，
在风中舞蹈。
十里飘香的花朵，
崎岖有形的树干，
串串花齐放，
美却不争春。
美如少女，
坚如战士，
香赛牡丹，
胜于别花。
在冰天雪地里，
玉立着这棵梅花树，
在耀眼的阳光下，
是多么显眼夺目。
忽然一阵风，
如天女散花般，
香气飘满了整个冬日，
梅花只在怯怯地笑。

（高振皓）

雪松
在我的窗前，
矗立着一棵雪松，
仿佛涂上银霜，
披了一身雪绒。
长满针的枝头，
雪绣的花边飒飒，
串串松子坠枝，

绿绿的穗子如画。
不管春夏秋冬，
总能见到他的身影，
在美丽的朝霞里，
闪着晶亮的雪花。
雪松四周徜徉着，
飞速赶来的朝霞，
它向俏丽的雪松，
送去清晨的问候。

（刘魏烨）

3.《在天晴了的时候》

文本：四年级下册第12课《在天晴了的时候》。

疫情阻滞了孩子们的脚步，但阻滞不了孩子们飞扬的想象。戴望舒的诗《在天晴了的时候》犹如一颗石子，投放进渴望春天、盼望放风筝的孩子们心田，一石激起千层浪，诗篇带着他们的心情飞到我这里来，我则以欣喜之情，透过他们的文字看到了更美好的童真世界。这个世界比戴望舒笔下的世界要美得多。

看庭前花开花落，赏天上云卷云舒，莫如倾听孩子们对疫后春天的呼唤。开往春天的列车，你慢点儿开，莫负童心，切莫无情！

没有哪个冬天不会过去，春已来，疫将除。天晴之时，共赴春光。因为你们的诗歌已经做了注脚，我相信孩童的感知。附学生两篇习作：

在天晴了的时候，
请到乡下去走走；
一脚踩在泥潭里，
一定让你快乐无比；
小草身上的灰尘，
已经被雨水冲刷干净；
花儿也爬满了枝头，
试试寒，试试暖，
然后一朵朵地开始绽放；

蜻蜓抖了抖翅膀上的水珠，
在池塘上空点水飞舞。
在天晴了的时候，
到乡下去走走；
呼朋引伴，牵着手，
背着相机，放歌前行。
太阳驱散了乌云，
风儿轻抚人们的脸蛋，
一眼望去——
初春的，天晴的样子。

（陈梦萱）

当春天来了的时候，
该到小路上去走走，
被春雨润过的泥土，
一定是松软又新鲜；
在比美的花儿，
也比之前精神了许多；
自在飞翔的花蝴蝶，
慢慢露出了她们的笑脸。
到小路上去走走吧，
看看吧！
看呀！
天上的太阳战胜了阴霾，
叮咚作响的溪水，
姹紫嫣红的花姑娘们，
还有万里无垠的云朵，
它们，
都在闲游。

（孙芯雅）

（七）写一种动物的多面性

文本：四年级下册第 13 课《猫》。

最是寻常烟火气，最是寻常动人心。老舍笔下的《猫》耳熟能详，百读不厌，就在于作者把寻常动物写得有滋有味。一只猫，集老实、贪玩、尽职、胆小、勇猛于一身，高兴时温柔可亲，不高兴时一声不出，多么像一个孩子，喜怒哀乐，皆由心生。

我喜欢这样的率真，故能教出一些自己的东西来。言语训练时，我们利用翻转的方式体悟老舍语言的精妙：

老舍这样写猫的老实，你另辟蹊径，从另外的角度还可以怎样写？

老舍这样写猫抓老鼠时的尽职，我们可以写猫做了母亲后的尽职。

老舍略写了猫的胆小与勇猛，我们可以用详写的方法来表达。

借名家思路，但也不人云亦云，一边学课文，一边言语训练，初步感受一种动物的多面性如何写。我再出示一段完整范例，要求学生借鉴后写片段：一种动物的多面性。孩子视角下的多面动物更像个孩子了。附学生习作三篇：

姥姥家的猫非常胆小，总想躲在安全的地方，一阵风，一片树叶落下，鸟儿扑扇翅膀都能把它吓得撒腿就跑，见到陌生人更是吓得躲到窝里不敢出来。说它胆小吧，有时候还很勇猛。当狗来和它抢食的时候，它会灵活得像一只猴子般跳上狗的后背抓挠它。有时它也会去戏弄一下华丽的大公鸡，和鸡瞪瞪眼，抢点儿吃的。

（张仕佳）

老家的鸡十分古怪，它又胆小又勇猛。

"啊！"真香！红烧排骨好了！我们一家老小围桌坐。真美味！快看呀：守在一旁的大白狗都流口水了呢。出于同情，爸爸把骨头扔给了它，大白狗"汪汪"两声后，便去享用美餐。可这时，老公鸡走了出来，看见大白狗的美味后便"嗒嗒嗒"地跑了过去，一下子把骨头叼在嘴里，啄食着上边的肉。当大白狗回过神来，老公鸡早把骨头上的肉啄食干净了。

这老公鸡有时也十分胆小。刚刚立秋，就见这只老公鸡在小树林里溜达。突然一片枫叶跳舞般落下，把老公鸡吓得一激灵！可不止这些！还有一次老公鸡正走着，却被一只小蚯蚓吓得竖起了羽毛，如临大敌的样子。

（孙芯雅）

奶奶家养了一只猫,灵活善变,大脑和智慧远远超过了狗。

它平时很乖,天天灵活地抓老鼠,一只只老鼠都败在了这只小猫的爪下。可它总是到了饭点不吃饭,而不到饭点的时候追着奶奶要吃的,馒头一口也不吃,天天吃肉,挑食得难伺候。

它还是一位变脸大师。平时在院子里跑东跑西,这瞧瞧那看看,上蹿下跳,不得安宁,总"喵喵"叫个不停。可是受到一点点委屈,那样子看起来是多么可怜,躺在地上一动不动像睡着了一样,先前的活泼可爱烟消云散。它也非常勇敢,没事就和大公鸡打架,那只笨手笨脚的大公鸡哪是它的对手,不一会儿就落荒而逃了。

妹妹和猫是形影不离的好朋友,猫简直变成了妹妹的小跟班,天天在村里游荡,一到分别的时候,妹妹就不开心了,猫也沮丧着脸。可是我们再次回奶奶家的时候,猫似乎又把妹妹忘了,躲得远远的,即使给它好吃的也不一定赢得它的芳心。

(陈顺鑫)

以上记录的是教学实践中探索"读写一体化"的部分课例,这些课例为学生提供了一层层台阶或搭建了一个个支架,让三年级的习作起步并缓坡而上,让四年级的习作有章可循,有效缓解了学生的作文畏难情绪,也有助于学生逐步习得规范的行文方法,避免了写"放胆文"的诸多弊端。

叶圣陶老先生曾把小学生比作植物,他说:"小学教师便是种植家,栽培小学生有效没有效,只有教师负责任。"我已做了24年的种植家,养护了一大批祖国的树苗,我无法用准确的语言描绘我培植的这些小树苗将来的长势怎么样,但求我的责任、勤恳无愧于心。我不断地在自己的田地里耕作,施展想法,收获果实,"读写一体化"中段教学的有效开发与实践,很好地发挥了奠基和规范作用。

看着学生的一篇篇习作,最大感受就是孩子们之间的写作差异还是比较大的,大部分孩子已经做到了文通字顺,内容具体,描写具体感人,甚至章法得体,也有少部分孩子前言不搭后语,行文混乱,条理欠缺。作为一名语文教师,看着孩子们之间的差异,我深感责任重大,路漫漫其修远,吾将努力、努力、再努力!

曹文轩曾经说过:"一个人能写一手好文章,这是一个人的美德。"孩子们都具有让这种美德更加光辉灿烂的潜质，这需要更多地读好书，更多地笔耕尝试。写作更多的是一种感受，当你学会大大方方地投入大千世界的怀抱，用心感受，用心书写，世界必将回馈给你更灵动的文字。孩子们，你们好似花蕾初绽，芬芳四溢。你们笑着、唱着、装扮着这个世界。希望你们用自己的眼睛去观察，用自己的心灵去感悟，用自己的语言去表达，用自己的妙笔去描绘，让世界因你们的多彩而更加多彩。

六、整本书阅读中的读写实践

（一）相约小豆豆

进入三年级的首本整本书阅读的作品是《窗边的小豆豆》。跟孩子说好的，只要孩子表现好，学习效率高，余下的时间就读书。这不，《窗边的小豆豆》走进了我们的课堂。

为了能迅速调动起孩子阅读的热情，我先读了其中最贴近孩子的几章——"海的味道、山的味道""放回原处""试胆量"和"冒险树"。

最让孩子们忍俊不禁的是小豆豆掏大粪的内容。通过读书，我发现七八岁的孩子对屁声震天、臭气熏天、光屁股、掏大粪之类的内容总是报以笑声。这也验证了专家们所说的"一切的成长首先取决于身体的成长"。读到"挖出来的东西，就堆在掏口周围。当然，每挖出一舀子，小豆豆都要检查一下钱包会不会混在里面"，有些孩子就捂紧了鼻子，从他们的表情可以看出，他们脑海中正浮现着小豆豆从粪堆里找钱包的情景。读到"小豆豆停下来，思考着怎么样才能把渗到地面里的水分，按校长先生嘱咐的那样全部放回去。思考的结果是：把渗进了水的土也放回去一些，就可以了"时，孩子们阵阵的哄笑声驱散了漂洋过海的臭味。显然，孩子们已经和这个劳而无功的小豆豆融为一体了。

"蓦然回首，那人却在灯火阑珊处。"也许小豆豆的生活寄托着这些孩子对自由无限向往的隐秘愿望。

孩子们被巴学园里的趣事吸引——巴学园里的每个孩子都有一棵属于自己的树，自己什么时候想爬就爬，别人想爬必须征得主人同意。读到这里，教室里唏嘘声一片——我们都有属于自己的一棵树多好啊！

在踩踏草坪抓住给班级扣 2 分的纪律约束下，谁又敢奢望能有属于自己的一棵树呢？但读书能给人带来美好想象的作用就在这儿，尽管现实冷峻，但仍不能阻挡我们对"有属于自己的一棵树"的美好想象。这样的想象会促使孩子继续读下去，享受下去，甚至把楼下的哪棵树也划定为自己的树呢！

在读完"海的味道、山的味道"后，我问孩子们："海的味道是什么？山的味道又是什么？"

"是海洋里的东西，是陆地上的东西。"

我接着问："你今早吃过'海的味道'和'山的味道'了吗？"

这一问不要紧，教室里炸了锅，46 张小嘴都眉飞色舞地说起了自己的早餐。显然大部分孩子的早餐没有同时具备这两种味道，不过这并不影响他们对"海的味道、山的味道"这一章节的品尝。

读完了"试胆量"一节，孩子们也明白了："妖怪原来自己也害怕呢。"

我延伸地说道："其实，人最大的敌人就是自己。如果一个人自己把自己打倒了，就没有一个人能帮助他。如果一个人坚信自己能行，他迟早也会成功。"我说这些话，孩子们似懂非懂，就让他们自己去体悟吧，凡事只有自己经历了，悟到了，才会真正起作用。

任何阅读只有读出自己才会产生共鸣。我对小豆豆的喜欢也可能源于我在某些方面跟她有相似之处。我不会用心理学的方法追溯到童年，寻找这种喜欢的根源。只是小豆豆总是活蹦乱跳地生活在我心里，我只要一想到这个小女孩，就会心地笑起来。

我没有别的办法把我的这种感觉传达给孩子，只有读书给他们听，希望他们也和我一样只要想到小豆豆，就能笑起来。

朗读了几次之后，班内的《窗边的小豆豆》一书就渐渐多了起来，每组 2 本就可顺畅漂流了。我跟孩子们说："我们用三周的时间好好嚼这本书，每周拿出一节课进行读书交流，相信你会喜欢上这个可爱又不靠谱的小豆豆的。"

在我的大力推动下，这本书很快就读完了，我们搞了一个简单的班级读书会，然后，鼓励学生也学着书中的章节写一篇关于小豆豆的其他趣事，把全班写的集结起来，取名为《小脚印班的小豆豆》，我们班的中队名是小脚印。

下边附一篇学生的读后创编：

音乐节

周五放学前，小林校长突然宣布说："下周，我们举办音乐节。在父母同意的情况下，家里有乐器的可以拿一种乐器来，最重要的是每人都得准备一个跟音乐有关的节目，可以邀请父母一起来参与。"

小豆豆一听，马上站起来大声说："我爸爸会来的，他是小提琴家。我爸爸会拉小提琴，但我不会。"

说到会拉小提琴的爸爸，小豆豆心里是非常自豪的。而小豆豆对音乐却不敏感，她唱歌还时常跑调，她完全没有因此而自卑，只是觉得她有这样的爸爸很满足。

回到家，看见爸爸正在擦拭他心爱的小提琴，小豆豆就把这件事跟爸爸说了。爸爸是个很喜欢孩子的大人，所以很爽快地答应到巴学园参加音乐节。但讨论到小豆豆要准备的音乐节目时，爸爸却犯了难。因为小豆豆的哪个细胞跟音符都不搭调，但爸爸从来不说，这保护了小豆豆的自尊心。所以，小豆豆还能大声地唱着跑调的歌，毫无节奏地扭动身体，但小豆豆发达的运动能力是爸爸最为惊叹的。

商量了一番后，最终决定，爸爸拉《我是一个兵》的小提琴曲，小豆豆则扮演士兵在舞台上做踢正步、卧倒、匍匐前进、射击等动作。爸爸干什么工作都很认真，他闭着眼睛拉了好多遍，而小豆豆呢，只是粗略地做了几个动作。

音乐节终于来了，小豆豆牵着爸爸的手真像一个士兵一样，昂首阔步地走进学校的礼堂。

小豆豆自己给自己报了幕：接下来由小豆豆和她会拉小提琴的爸爸上台表演节目。小豆豆完全不知道自己是如何演完的，只听到了热烈的掌声。她至今也不知道，掌声是送给爸爸的还是送给她的，还是送给他们两个的。

（二）了不起的罗尔德·达尔

1. 遇见罗尔德·达尔

三年级上学期的期中考试完成后，我向孩子和家长重磅推荐了罗尔德的作品。为了尽快调动起学生的阅读热情，首先要做的就是朗读。

首先读的是《女巫》，因为其奇特的想象和孩子喜欢妖怪、魔兽的心理不谋而合。于是《女巫》便走进了我们的教室，惊嘘声伴着讨论声此起彼伏。

当读到"真正的女巫穿平平常常的衣服，就像平平常常的女人，住平平常常的房屋，做平平常常的工作"时，孩子们开始左顾右盼，似乎在寻找教室里有没有女巫。我说："就像我，我也可能是女巫喽！"孩子们一片哗然。

当读到"你也许不知道，女巫说不定就住在你家右面的那座房子里"时，孩子们更是按捺不住地互相喳喳起来，我知道他们都在判定，他们的邻居是不是女巫，个个说得面红耳赤。

更疯狂的事还在后头。当读到"她甚至可能正是——你听了真会猛跳起来——这会儿在读这些话给你听的老师。请你仔细看看这位老师。她读到这句荒唐的话时也许还对你微笑呢"时，教室里简直沸腾了，个个瞪大了眼睛，直勾勾地看着我，努力寻找我和女巫的相同点。我微笑着看着他们说："我就是女巫，昨晚刚变成的。你们等着吧，有你们好过的了。"孩子们前仰后合地说："你不是女巫！"教室里一片欢笑声。我陆续又读了《我的姥姥》和《如何识别女巫》两篇。

为了不至于让孩子陷在故事里太深，我又解释说："罗尔德很小就失去了姐姐和父亲，所以他的童年是有缺憾的。之所以他能写出这样离奇古怪的故事，跟他的童年经历是有关的，大家不要信以为真。世界上是没有女巫的，但不缺少像女巫一样坏的人。"

和推荐《窗边的小豆豆》一样，朗读了几次之后，班内的《女巫》一书很快多了起来，有些学生还买了《蠢特夫妇》《查理和巧克力工厂》等书，极个别学生买了罗尔德的整套作品。我要做的是点燃星星之火。我着重以《查理和巧克力工厂》和《了不起的狐狸爸爸》为读本，先是读完了作品，后开展了班级读书会，还观看了《查理和巧克力工厂》的同名电影，学生对罗尔德的作品特点有了初步感知。

2.《查理和巧克力工厂》班级读书会

（1）教学目标。

①更全面、更细致地走进故事，通过赏析文字、看电影、看图片等方式感悟主要人物的性格特点。

②赏析作品幽默、夸张的语言风格。

③激发学生阅读罗尔德·达尔其他作品的兴趣。

（2）教学准备。

《查理和巧克力工厂》的电影、读书摘记。

（3）教学过程。

第一板块：走近五个孩子。

①导入。

A.最近一段时间以来，我们一直在读《查理和巧克力工厂》这本书，今天我们来交流。

B.读书名，向罗尔德·达尔问好。

②走近五个孩子。

A.看图片，猜人物：截取书中的典型图片来猜人物，引导学生说出理由。

B.看文字，猜人物：出示突出五个孩子特点的句子，猜猜他（她）是谁，在回顾中，激起学生爱憎的情感。

灯片1：他是个九岁的男孩，胖得像用强力打气筒打足了气一样。他浑身都是鼓出来的松软的肥肉，脸像一个大面团，上面有两只像小葡萄干的贪婪眼睛窥视着外面的世界。

师：奥古斯塔斯给你留下什么印象？（肥胖、贪吃、没有节制。心里有不可告人的想法，所以总是窥视外面的世界）你能把你的情感读出来吗？

灯片2："我的金奖券在哪里？我要我的金奖券！"她尖叫着，会在地板上躺上几个小时，用最吓人的样子又踢又叫，吵个没完。

师：从她的照片、眼神中，你还看出了什么？（富有、冷漠、霸道、任性……）

灯片3：他难过地微微一笑，接着耸耸肩，捡起那块巧克力糖，把它递给他的妈妈说："吃吧，妈妈，吃一口。我们把它分了吃。我要每个人都尝一

尝。"（查理是个有爱心、懂事的孩子，有好东西愿意与家人分享）

欣赏上边的这段视频，感受查理一家的亲情。然后指导朗读。

师：查理还是一个怎样的孩子？（引导学生结合描写重点谈谈认识）

灯片4：我就是热爱口香糖。我不能没有它。我整天嚼口香糖，除了吃饭的几分钟，我会把它从嘴里拿出来，为了安全地放好，我把它贴在我的耳朵后面。老实告诉你们吧，如果一天里有一分钟不嚼口香糖，我简直就浑身不舒服，实在不舒服。

师：维奥莉特给你留下什么印象？（集中精力干着一件傻事，毫无意义的傻事。指导朗读：请用能表现她特点的语气朗读）

灯片5："你们这些傻瓜没有看到我正在看电视吗？"有人想提问，他就大叫，"我不是告诉你们不要打扰我吗？这个节目真是呱呱叫！太棒了，我每天都看。每天所有的节目我都看。我最喜欢强盗。那些强盗真了不起！唉，如果我也能这样干就好了！告诉你们，这才是生活！真棒！"

师：这是谁？猜想一下他长大后会怎样，为什么？

第二板块：走进五个家庭。

①师：现在老师施一种魔法，假如你们有选择出身的权利，这五个家庭，你最想让谁当你的家长？为什么？你最不想让谁当你的家长？为什么？（出示五个孩子的图片）

②引用名言，提高认识程度。

当学生根据书中描写父母的句子，讲出不喜欢那个家庭的理由时，老师随机出示名言，帮助学生精简语言，提高认识。

维鲁卡家：你知道用什么方法一定可以使你的孩子成为不幸的人吗？这个方法就是对他百依百顺。——卢梭

维奥莉特家：有小孩的父母，即使对家畜等，也不可以使用粗野的语言。——木村久一

奥古斯塔斯家：今天傻吃，明天一定会吃傻。

迈克·蒂维家：爱其子而不教，犹为不爱也；教而不以善，犹为不教也。

第三板块：走进巧克力工厂。

①师：（电影中的图片）二月的第一天，这个重大的日子终于来临了，五个孩子在家长的陪伴下来到了旺卡的巧克力工厂。

②师：（电影中的图片）旺卡的巧克力工厂太神奇了，那里有可以吃的金凤花、壮观的巧克力大瀑布、好看的玻璃大糖船、神奇的发明车间，最神秘的是，十多年来，人们只看到巧克力被一车一车运出来，却不知道谁在里面工作。

③师生回顾：旺卡先生带着五个孩子主要参观了工厂的四个地方（课件展示巧克力车间、发明室、果仁车间、电视巧克力车间）。今天老师请小朋友用自己最感兴趣的方式介绍巧克力工厂，可以用朗读的方式介绍，也可以采用描述的方法介绍，还可以用表演的方法介绍。

④请学生用自己喜欢的方式介绍自己最感兴趣的地方，老师出示相应的图片和视频辅助理解，重点是巧克力车间。在学生介绍的过程中板书四个地方的特点：

巧克力车间	美
发明室	奇
果仁车间	妙
电视巧克力车间	绝

⑤选择你最喜欢的一个车间，读一读里边的重点描写或者自己描述一下。

第四板块：感悟文字，欣赏幽默、夸张的语言。

①过渡：同学们，当你们读这本书时，不仅会被紧张的情节吸引，还会被达尔幽默的语言逗得捧腹大笑。幽默的语言，不仅能吸引读者，更重要的是让你在笑声中受到启发和教育。我们来欣赏大家的一些读书摘记。

②课件出示学生对幽默句子的赏析，共欣赏三组，边欣赏边总结。

③老师总结：

原来，绝妙的比喻可以达到幽默的效果。

原来，极度的夸张可以达到幽默的效果。

原来，大胆的想象可以达到幽默的效果。

原来，机智的讽刺可以达到幽默的效果。

原来，精彩的场面描写可以达到幽默的效果。

原来，对人物语言的刻画也可以达到幽默的效果。

（4）作业布置。

师：想象力最丰富的时候是人的童年时代。聪明的你们，请想象一下，

（出示）30年后，那五个孩子都成了大人，他们会是怎样的？会不会再次相聚在巧克力工厂？查理当上老板后会有什么新发明吗？30年后的查理巧克力工厂又是什么样呢？

请你给《查理和巧克力工厂》写一个续集，说不定你就是第二个罗尔德·达尔呢！

附学生创编一篇：

30年后的查理和巧克力工厂

人到中年的查理已是举世闻名的巧克力大亨。世界上百分之五十的巧克力来自他的工厂。他已不再把挣钱当作人生的追求，而是把追求创新、发明创造当作人生的快乐，但是他的聪明才智似乎用完了，为了发明更多的东西，他请来了当地的学霸小孩，因为他确信这些小孩也像他小时候一样有无限的想象力。

第一个小孩为他设计了一种吃了不会蛀牙并且能改善蛀牙的巧克力，但是要买到这种巧克力必须花掉孩子们大量的零花钱，必须是孩子们自己的零花钱才行。因为这种巧克力能自动识别是不是孩子自己的零花钱，这真是一个很难做的选择题，能有效限制孩子们随便吃巧克力的不良习惯。查理为这个孩子颁发了"最佳设计奖"的奖牌。

第二个小孩为查理设计了一种专供老人们吃的巧克力。因为老人们的牙口不好，这种巧克力在嘴里融化后即可带给老人足够的营养，并且没有任何不好的影响，老人们完全不用担心"三高"问题。购买这种巧克力必须由老人的孙子、孙女一辈来购买，并且打八折就可买到。查理这是什么用意呢？原来，查理想通过这款巧克力培养孩子们的孝心，以此带领人们都去关心老人们的生活。查理为这款巧克力起了一个很有诗意的名字：爱之梯。

第三个孩子设计的是一块自动奖励型巧克力。每逢小主人取得任何进步的时候，这款巧克力就会变换成小主人喜欢的口味，并说出一些鼓励的话语。这款巧克力对孩子的身体没有任何不好的影响，小孩子完全可以放心食用。购买这种巧克力时，只需要五次得"优"的作业或试卷即可，不需要付其他的钱。查理给这个孩子颁发了"最具关怀"奖。

还有很多不同学霸带来的神奇设计，查理都和他的团队一一变成了现实，因此，那一年的很多"诺贝尔发明奖"都被孩子们拿走了。

如今，查理的工厂成了世界上最具创新精神、最利于人体健康的巧克力生产厂家，备受全世界人们的喜爱。

（张铭轩）

3.《了不起的狐狸爸爸》班级读书会

（1）教学目标。

①能用自己的语言叙述故事内容，说出自己的收获。

②欣赏书中精彩的语言片段，感悟语言的表达魅力。

③在交流中培养合作、分享意识，激发阅读其他书目的兴趣。

（2）教学准备：课件、头饰、课本剧。

（3）教学过程。

①激情导入，激发兴趣。

师：孩子们，在我们的印象中狐狸不是偷鸡摸狗，就是喜欢说谎骗人。而英国奇幻文学大师罗尔德·达尔却为我们塑造了一个了不起的狐狸爸爸。今天我们就召开一个班级读书会，展示一下你的阅读收获。

②三言两语说故事。

第一，借助图片，梳理人物。

师：谁先来说一下，这本书向我们描述了一个怎样的故事呢？我们先来梳理一下里边的人物。（出示图片）大声喊出他们的名字。用一两句话介绍这些人物。

第二，借助结构图，粗略感知全书。

师：刚才我们回忆了其中一部分内容。我们读完一本书，要能粗略说出整本书的意思才行。请大家根据结构图，把全书的主要意思说一说。狐狸爸爸经常为了一家人去偷博吉斯的肥鸡……（出示：常去偷食物；合谋干掉他；打通地道召开宴会；仍然在等待）

第三，借助目录，提炼重点章节。你可以选择一部分来说，也可以说说你印象最深的地方。（出示目录）

师：大家真了不起，能把这么厚的一本书概括成一两句话。你们也是了不起的小书虫。

③你说我猜大家谈。

师：相信读完故事，故事里的人物都深深地印在了你的脑海里。那咱们就玩一个"猜猜他是谁"的游戏好不好,比比看谁的印象最深刻!

第一,(出示插图)他是……,他正在得意洋洋地喝着美味的苹果酒呢!快和他打个招呼吧!

师:谁想说人物让我们大家猜呢?可以读书里的话,也可以学他的动作或者用其他方式展示。

第二,博吉斯(书中的插图),他胖得出奇,一日三餐都要吃三只盖着厚厚一层水果布丁的水煮鸡。

第三,比恩。(做动作,说语言)

生:用中指优雅地挖了挖鼻子说"我有一个绝妙的计划"。他是谁?

师:关于比恩还有哪些有趣的描写呢?出示句子,体会作者语言的精彩。

生:他瘦得像一支铅笔,在他们三个人当中,他是最聪明的一个。

老师总结:原来绝妙的比喻可以让人们印象深刻。(指导朗读)

生:比恩从来没洗过澡。他甚至连哪儿都没洗过。因此,他的耳朵孔里被各种各样像耳屎、污垢以及口香糖和死苍蝇之类的脏东西堵塞了,这样他就成了聋子。

师:读了这些描写,你有什么感受?

师:这种夸张的写法同样给人深刻的印象,比恩的肮脏让人觉得恶心。(指导朗读)

第四,邦斯。

生:他长得矮,站在世界上任何一个游泳池里的浅水一端,他的下巴都会在水面以下。他是谁?

师:这就意味着……看来,邦斯和比恩一样是个肮脏鬼。(指导朗读)

出示一组描写邦斯的句子,体会作者语言的精彩。

句子:他把鹅肝捣成令人作呕的糊糊,然后把它们塞进炸面圈里。(配图出示,引导学生观察插图中的炸面圈,体会邦斯的贪吃)

第五,儿歌。还记得附近的孩子唱的儿歌吗?(出示儿歌)

比恩,邦斯,博吉斯,
一瘦一矮一胖子。
三个坏蛋真是坏,
模样虽然不一样,

没有一个不贪财。

师：还可以加上"没有一个不贪吃，没有一个不肮脏"。（再读添加后的儿歌，一起拍手唱）

第六，獾。

师：里边还有一个有趣的人物，那就是獾。书中有一段描写他喝苹果酒的句子，大家来欣赏。（出示句子）

苹果酒咕嘟咕嘟地流进了他的嗓子眼里。"就像……就像融化的金子！"他喘息着说，"噢，狐兄，这就像……就像是饮用阳光和彩虹啊！"

师：你觉得这个句子怎样？（指导朗读）

第七，小狐狸们。

师：故事中还有四个非常懂事也非常能干的小家伙，他们是？

分师生角色朗读，出示课本 45～46 页上的对话。

爸爸：那办法不好，那终归还是不行。

小家伙们：为什么不行，爸爸？

爸爸：因为那就是说咱们还要继续挖洞，而咱们已经三天三夜没吃东西了，谁也没有足够的力气干下去了。

小家伙们：我们能行，爸爸！我们能干，我们能不能行，你就瞧着吧！你也能行的。

爸爸：我……我想咱们也许可以试一试。

小家伙们：快说吧，爸爸！说说你想让我们干什么。

师：这四个小家伙怎样？自由朗读。

（4）评说人物。

①评说狐狸爸爸。

师：刚才我们把故事中的主要人物串了一遍，其中最主要的人物是了不起的狐狸爸爸。你都从哪里读出了狐狸爸爸的了不起呢？（引导学生结合具体描写谈谈狐狸爸爸了不起的表现）

要点1：坚强、勇敢、坚持不懈；

要点2：父爱如山，相亲相爱的一家人；

要点3：办事谨慎、细心；

要点4：富有智慧、机敏；

要点5：慷慨相助。

师总结：正像大家说的那样，狐狸爸爸勇敢、坚强……所以才被动物们称为"了不起的狐狸爸爸"。指导朗读书名——《了不起的狐狸爸爸》。

②评说三位农场主。

师：与了不起的狐狸爸爸形成鲜明对比的是三位农场主。他们都是什么样的人？大家来评说一下。（要点：阴险、狡诈、冷酷、凶狠、肮脏、贪财）

（5）精彩回放，我在其中。

①欣赏课本剧。

师：大家喜欢这本书吗？我班更有几个孩子把其中的《狐狸先生有个计划》排成了课本剧。我们来欣赏。（一组学生上台表演《狐狸先生有一个计划》）

②了不起的罗尔德·达尔及作品。

师：这个故事的确很有意思，我们一会儿为狐狸爸爸担心，一会儿又为狐狸爸爸的妙着儿拍手称快。紧张、刺激，又不失幽默，这就是罗尔德·达尔的风格。他的作品具有不可思议的魔力。出示读：

了不起的狐狸爸爸，了不起的罗尔德·达尔！

师：相信读了这本书，你对达尔有了更深的认识，下面就请谈谈你对达尔的了解吧！（引导学生注意书籍扉页和后边的信息）

师：作者罗尔德·达尔也是一位了不起的爸爸。有一天晚上，他照常给两个女儿讲故事。他讲到一种神奇的粉末，可以用一根长长的吹管吹进卧室，在人睡着的时候能对大脑产生奇迹！两个女儿追问："它是怎么做到的？谁把它从窗口吹进来的？"他解释了几句，道了声"晚安"，就匆匆下楼了。过了一会儿，当灯火熄灭，女儿们几乎睡着时，她们卧室的窗外突然有动静。她们睁开眼睛看见一根长竿从窗帘之间伸了进来，外面一个人正在大声地吹气。这个大家伙就是……

师：生活中罗尔德·达尔也是这样一个似乎永远长不大的大小孩，他的脑袋中充满了奇思妙想，不信，你看！（出示其他作品，读作品名称）

师：孩子们，希望你们再去读老小孩的其他作品，每一本都跟《了不起的狐狸爸爸》一样精彩。让我们齐读这句话来结束今天的班级读书会吧！

阅读就像一条优美的小路，可以引领你到你想去的地方。

4. 巧搭支架，赋力中段学生整本书阅读

从低段"连滚带爬"的短篇阅读到中段"基本畅通"的中长篇阅读，突破了识字量的瓶颈，学生往往陷于走马观花式速读和浅层次思考。中段学生进行整本书阅读时面临着诸多挑战：阅读能力是否能跟进，阅读方法需要教师加强指导，阅读习惯的养成，等等。因此，在中段整本书阅读过程中，教师作用也应由低段的"形影不离"变为"若即若离"。老师的"若即若离"主要是为学生提供支持性、指导性的阅读支架，在学生阅读困顿处施以援手，以此激发学生持续的阅读兴趣，指导阅读方法，从而促进学生以读促思，提升阅读能力。

下面以统编教材三年级"快乐读书吧"《中国古代寓言》为例，说明一下支架的搭建角度及策略。

《中国古代寓言》由 76 个故事组成，内容丰富，包罗万象，大多来自民间，家喻户晓，口口相传。76 个故事每篇都很简短，容易读完。故事各自独立，学生读完容易形成碎片化记忆。因此，必须搭建起阅读交流的支架，帮助学生化零为整，习得方法，为后续的《克雷洛夫寓言》《伊索寓言》阅读提供支持。

这 76 个故事看似各自独立，但在包含的道理方面很多故事是大同小异的，人物形象也有"千人一面"的特点，语言风格也有相似之处，这就为搭建支架提供了切入点。

支架一：故事勾连，巧记内容有方法。

（1）关键语句记故事：有些寓言故事在文中会有几句"关键语句"，这些关键语句直接概括了此故事，可以借助关键语句来记故事。

（2）借助插图记故事：这本书里有丰富形象的插图，利用插图记故事是个好方法。

（3）相似道理记故事：76 个故事不是毫无联系的，编者往往把含有相似道理的寓言编写在一起，这样放在一起读更容易触类旁通。

（4）相同人物记故事：有一些故事主人公是相同的，如齐宣王的故事就有两个，把相同人物的故事放在一起读，可以加深对人物的认识。

四个巧记内容的支架，既从多个维度把故事化繁为简，前后勾连，一篇带多篇，教给了学生把握故事内容的方法，又便于进行检视阅读，一举两得。

支架二：咬文嚼字，积累语言有方法。

关注有新鲜感的词句是三年级语文要素中的重要一项，在整本书阅读中要迁移训练，加强积累。针对这一点，我们搭建了三个支架帮助学生积累有新鲜感的词句。

（1）道理丰富的句子：好多寓言在故事的最后会用一两句话点明道理，这些句子值得积累。

（2）古今文对照的片段：中国古代寓言很多是从文言文演化而来的，本册书安排了三篇文言文，可把现代文与文言文进行比较阅读。

（3）来自寓言的成语：中国古代寓言故事很多都固化为成语或短语被广泛使用，可整理成读书笔记。

24万字的故事，有很多值得积累的句段。这三个支架，可以帮助学生积累有新鲜感的、道理丰富的、韵律强的句段和直接来自寓言的成语，丰富语言积累，增强语言感受力，促进语言建构与运用。

支架三：人物归类，赏析形象有方法。

我国古代寓言故事塑造了形形色色的主人公形象：只信尺码不信自己脚的郑国人、截竿入城的鲁国人、写"万"字的傻儿子……把这些众多人物分为两类该怎么分？

（1）发现"愚人"之"愚"：找出他们"愚"在何处，劝一劝他们。为什么有这么多"愚人"？引导学生明白"愚人"形象增强了讽刺、劝诫、警示的效果。

（2）学习"智者"之"智"。故事中的"智者"有谁？"智"在何处？他们天生是智者吗？

比较阅读，发现寓言中"愚人"与"智者"两大类人物，对"愚人"进行劝说就明白了道理，发现"智者"之智就读懂了故事，从而感受寓言中丰富多彩又略带"千人一面"的人物特点。这一支架抽丝剥茧，起到了"牛鼻子"的作用。

支架四：联系生活，悟道理有方法。

相同故事，不同感悟。这些寓言给了你什么启发？你联想到了生活中的什么人、什么事？借助表5-3阅读思考。

表 5-3　阅读提示

寓　言	笑　点	道　理	运用与联想
《东郭先生和狼》	东郭先生对狼那么好，却差点儿被狼吃了	不要引狼入室，要分清善恶，明辨好坏	唐僧与东郭先生很相似，善良过了头
……	……	……	……

　　寓言的意义在于故事的价值取向和对现实的观照作用，读懂故事，明白道理又是本单元的语文要素。融合二者就要求教师必须创设运用情境，引导学生引用或者化用寓言，表达理解，在具体的语言实践中读出生活中的寓言，从而进一步落实语文要素，提升语文素养。此支架以可视化的形式让阅读思维外显出来，便于交流、修正。

　　巧搭支架，赋力中段学生整本书阅读，主要在阅读中和阅读后进行，意在构建深入阅读的话题，创设轻松交流的氛围，调动学生的表达欲望，同时关注学生的阅读方法，在有价值的"聊书"中，表扬那些会读书、会思考的学生，使其积累阅读成就感，从而培养自主阅读的优秀读者。

第六章　群文读写，构建学习任务群

四年级下学期开始，我在"读写一体化"的基础上拓展了"1+X"主题式群文读写的实践探究。"1"指的是部编教材中的文章，"X"代表的是课外读写，是和"1"具有相似特点的一组文章，这就要求进行单元课程整合。整合的目的是聚焦单元关键要素，实现单元内、课内外的有机融合，实现各部分内容横向联系，形成合力，让学生经历学习语言文字运用的全过程，实现听说读写能力的融合发展。整合的路径主要有以下几种方式：

第一，课内整合：精读课文+略读课文；精读课文+习作；口语交际+习作；综合性学习+习作。

第二，课内外整合：一个单元组+一本经典书目；一个单元组+优秀经典诗词。

这样的主题式群文读写有效落实了单元语文要素，打通了单元间的纵向联系，有利于准确地理解和清晰地把握关键要素的梯度发展路径，有助于教师基于学生的学习经验确立适切的学习目标，选择恰当的教学起点。

一、共读团，你读书的样子真好看

你读书的样子真好看！

为什么要读书？因为：脚步丈量不到的地方，文字可以。

读书的意义是使人虚心，较通达，不固执，不偏执。

书中未必有黄金屋，但一定有更好的自己。

读书，你哪怕深陷泥泞，也依然可以仰望星空。

书或许不能解决眼下的难题，但它会给你冲破困难的力量。

读书，就是让自己变得辽阔的过程。

当你爱上读书，独处就成为一个人的狂欢。

别抱怨读书的苦，那是你去看世界的路。

整本书阅读进入四年级下学期如何推动？整本书阅读推动三年多了，但在个别学生身上效果仍不理想。四年级再做些什么能最后拉他们一把？教育，是件费心劳神的事。就读书来说，三年多了，我想了很多办法，做了很多事情，其效果、影响当下还无法估计。但面对个别学生，我还是觉得不完美。教育，应该是向前看的。阅读，即使有遗憾，也应该摒弃功利一直做下去。因为坚持了就会有美好的事情冒出来，悄悄地。如大部分学生在我的引导下喜欢上了阅读，教室里多了几分宁静，家长多了几分放心，我也能在躁动不安的周五下午有少许的清闲……也许还有其他的影响，如眼界、修养、核心素养、未来可期等闪亮的词汇，在我与他们相处的日子里，这些勃发的东西看得不清楚，也就不能盲目地划归为自己的功劳。

学生是不成熟的阅读者，在阅读的时候，他们与这个世界上的每个人是平等的，与这个世界是零距离的。在我的课堂上，我希望这样的"零距离"多一点儿，特别在每学期的前三分之二的时间里，我会更多地引领孩子多阅读，多积累，多练笔，少抄写，少刷题。

所以，四年级构建了"共读团"，实行了"阅读存折"的做法，开展了许多的奖励活动……只为不负每一个应拥有书香的童年。

成立"共读团"的做法如下："共读团"适合中高年级，主要目的是思维碰撞，让阅读走向深入，建立组织，形成约束。共读团的组团原则：强强联合，弱弱相扶。即阅读能力强的同学组团，阅读能力相对弱的组为一团，4～6人为一团。为了增加仪式感，用专门时间成立"共读团"。根据原则自由组团，老师做调节。组团完成后选出团长，制定团规，考虑活动及安排，填写表格，全班陈述，手写签字摁手印。每周拿出1～2节课作为"共读团"读书时间。共读时间分为两部分：安静读书时间和交流碰撞时间。共读时间结束后，每个团评议出"最佳小书虫"，从读书是否认真、发言是否积极等方面评议。鼓励"共读团"利用周末、假期到书店、书房进行"约读"活动，成员间分工买书或开展好书漂流活动等。团长可定期轮换。相关活动拍照、拍视频传到班级群，互相借鉴，老师及时表彰，发挥优秀团队的带动作用，形成持续动力和关注，活动有特色的共读团做经验介绍。

家长会上，向家长详细说明成立"共读团"的目的及意义、需要注意的事项，特别是安全事项，叮嘱家长监管好孩子安全并给予孩子的"约读"活动大力支持。

如此反复，时时关注，经常表扬，"共读团"逐渐成为常态，成为孩子们喜欢的阅读方式。随着共读团活动的持续推进，我发现这一做法深得学生喜欢，学生的自主性被激发，他们能在团长带领下，自主自愿、有效地开展一些阅读、思考及交流活动，发挥了"一棵树摇动另一棵树"的传帮带作用。

"阅读存折"是日常阅读的足迹留存。我设计了阅读存折，如表6-1所示：

表6-1 小脚印中队阅读存折

姓　名		时间节点	月　日至　月　日
时间	阅读内容	阅读时间	自我评价
周一			今日读书　　颗星
周二			今日读书　　颗星

续 表

周三			今日读书　颗星
周四			今日读书　颗星
周五			今日读书　颗星
周末			周末读书　颗星
家长评价	主动阅读○　认真读○　读书时间合理○		
备注	1. "阅读内容"填写书名及页数或篇章，如《克雷洛夫寓言》第 5～10 页 2. "阅读时间"指在家的阅读时间，阅读时间可累加		

学生根据每天的阅读作业开展自主阅读，一周一检查，一周一反馈。

以上两项阅读推进办法的实行，构建了阅读梯级，比较好地完成了从低中段"大手拉小手"的牵拉阅读到高段自主独立又不失约束的阅读过渡，效果甚好。

孩子们，你们读书的样子真好看！这才是少年该有的模样！将来，你也会因为读书成为别人羡慕的模样。加油吧，我的中国少年！

二、整本书阅读，聆听成长的声音

（一）与动物小说的约定

第十册第一单元（原先的教材）是动物单元，四篇暖情的文章让孩子们在文字世界里与动物亲近了一把，我们的随文练笔也刺激了孩子那向善向美、天生喜欢小动物的敏感神经。

随之展开的系列动物小说的阅读更是让孩子们不亦乐乎、神魂颠倒。首先推荐的是沈石溪的系列动物小说，看的第一本就是《狼王梦》。孩子们表现出的"吃书"能力让人惊叹，他们对好书的吸纳让人欣慰。

情景一：每个孩子的书包里、桌洞里都有一本动物小说。

情景二：孩子们利用零打碎敲的时间捧起书来就读，随时随地。

情景三：好书的漂流很常见，孩子们都乐意让好书流动起来。

情景四：每天晚上都有20分钟的阅读时间，从不动摇。

情景五：有些喜欢阅读的家长也和孩子一起经历着动物的喜怒哀乐。

很快，孩子们读完了《狼王梦》《最后一头战象》《红豺》《雪豹悲歌》……进度不一样，效果不一样，但孩子们对好书的热情是一样的，如痴如醉。

进入五年级下学期，我没有把目光只聚焦在毕业考试上，我仍然压缩上课时间让孩子尽情阅读，每晚作业的第三项一直是"自由阅读"。孩子们喜欢我的课，喜欢聊书，喜欢跟我讨价还价："老师，我们完成指定任务就读书吧！"家长们反映，孩子阅读的热情进一步被点燃，有时需费些口舌才挪动孩子看书的视线……我听着高兴。我要拽住孩子童年的尾巴梢，在上面画上彩色的阅读、积累的翅膀，期望他们能在自由阅读的天空多飞一会儿。

"我与动物小说的约定"已经持续了一段时间，既然"约定"，就要一诺千金。那就是他们读完动物小说后，我还要领着他们继续丰赡的读书之旅，我会动员家长给孩子们配备以下图书：曹文轩的唯美小说《草房子》、林海音的自传体小说《城南旧事》、秦文君的校园小说《男生贾里》和《女生贾梅》。前两本是我特别钟爱的，因为我喜欢所以反复读，因为我喜欢所以研究深。兴趣是最好的老师，老师的阅读也是如此。前两本是学生必须吃下的"主食"，我们将开读书交流会。后两本是开启初中生活的序曲，因其有趣的学校生活贴近孩子的成长需求，学生大都读得飞快。五年级下学期的阅读秉承整体化设计，围绕公认的好书读深读透，为小学生活作一完美收官，不搞阅读的"拼盘"。

"我与动物小说的约定"，我们作了七方面的探索，最有代表性的当属动物名片和思维导图的设计、续编或改编故事和给沈石溪先生的一封信三部分内容。每次阅读活动都是全体做起来，然后筛选出优秀一些的结集成册子。

翻看册子，是一个月阅读旅程的真实反映，是激发孩子们创造性的记录。我喜欢这样"读中思"的阅读模式，孩子们也将从中受益。

从阅读到悦读，从连滚带爬地读到日不间断地读，从注重数量的读到注重品位的读，我们正在改变，我们仍在努力。

一切都会越来越好，只要我们做了。

（二）《草房子》读书课设计

1. 影片引入

播放电影《草房子》中桑桑坐在屋顶上点名的那一段。

师：坐在房顶上点名的这个少年是谁？你是怎么知道的？你还知道什么？这些孩子都住在一个共同的地方，那就是"草房子"（板书），多么古朴幽雅的地方，里边肯定有更好听的故事。今天，咱们走进草房子，听听发生在这些孩子身上的故事，好吗？

2. 交流过程

（1）整体交流。

①这本书主要写了一个怎样的故事？

②你喜欢这本书吗？简单点儿。

总结：我也特别喜欢这本书，尤其喜欢像你们一样可爱的孩子们。他们在油麻地小学的六年里，不断学习，不断成长。我似乎听到了他们节节成长的声音。接下来，让我们走进他们的内心世界，聆听他们成长的声音。（板书）

（2）详细交流，分析人物，确认身份。

我们已分成了五组，每组将代表不同的人物，下面确认一下身份。

你们组是？为什么同学们都叫你秃鹤？你没有一丝头发，为什么还坚持上学？

你们组是？你是油麻地首富家的孩子，所以你拥有很多同伴们没有的东西？比如……

你们组是？你经常做一些异想天开的事情，比如……

你们组是？他们都说你是江南小蛮子，是不是你真的很野蛮？

你们组是？你都有哪些特长？

（3）围绕话题，组内深入对话。经过聊天，大家都明了了自己的身份。那这些同伴又有怎样丰富的性格特点呢？下面咱们围绕以下三个话题进行更深入的交流。

以小组为单位通过下列方法赏析本组所代表的人物：

①透过事例谈人物。

②赏析典型语段谈人物。

③结合生活实际谈人物。

小组讨论：小组内先碰碰头，梳理各自的发言要点，尽力避免重复的陈述。

（4）全班深入交流。

①个别谈，谈到自己感兴趣的人物时，其余学生可以补充。

②适时穿插关于杜小康的一段影片：请大家仔细看，想想主人公当时是怎样的一种状态。

③赏析相关描写。你是从文中的哪些描写读出杜小康面对困境非常镇静、从容的？赏读文本，谈体会，读自己感受最深的文本。

④穿插第二段影片：桑乔背着桑桑到处寻医问药。师有感情地配说："一下子衰老的父亲背起桑桑又踏上了寻医问药的征程。这条路何时才走到尽头呢？谁也不知。一双双本该闪亮的眸子里，此刻却流露出太多太多的期盼，无奈。"你想说点儿什么？

总结：法国作家雨果曾说过"生活中最大的幸福就是，坚信有人爱着我们"。桑桑是多么幸福呀，那浓浓的亲情永远是我们的港湾。（板书：幸福着）

⑤总结：交流到现在，我由衷地喜欢上了这群孩子，我想大声地对他们说"天生我材必有用"，路就在脚下，勇敢地向前去吧！你们都是好样的！你想对他们说点儿什么？

3. *深化感悟，提高认识*

在书后面的封面上有这样一句话："美的力量绝不亚于思想的力量。一个再深刻的思想都可能变为常识，只有一个东西是永不衰老的，那就是美。"交流到现在，我被书中的永恒的人性之美感动了，被人与人之间浓浓的爱感动了，被油麻地人生命不息、奋斗不止的精神感动了，感动在我心底流淌。你被感动了吗？说说看。

总结：我们都感动了。"草房子"这个古朴优雅的名字，感动曾经，感动当前，也将感动永远。故事让我们懂得生活就要行动，行动就要奋斗（板书：

奋斗着),就让我们像他们一样生活着向前去,把奋斗、努力撒在路上,也收获满怀的幸福、喜悦吧!好,这节课就上到这里,以后再交流书中的大人形象。

写在后边:此课是在淄博市"红帆船"读书节上的一节公开课,也是我第一次在全市层面的公开课。只记得当时博得老师的一致好评,也隆重开启了我阅读、研究整本书教学的序幕。现在想来,在整本书研究方面,我开启得较早,投入的热情也较大,学生受益良多。对此,我深感自豪和责任重大。

(三)《城南旧事》读书课设计

1. 情景导入

这就是林海音(图片出示),一个生于日本、长于北京、成就于中国台湾的享有盛名的女作家。林海音有两个故乡,却只有一个童年,那就是她的《城南旧事》。

(1)创设情境:随着音乐缓缓响起,一个苍老的声音出现。播放电影中的开头部分。

(2)作者主要回忆了童年时的几件事?

(3)这段时间,我们随着英子走进了她的城南,走进了她的旧事,也一起分享着她的心情。当我们怀着一颗沉静、思念的心读完这个故事,我想问问,你脑海中久久萦绕的是什么?

2. 整体交流

顺接以上第(3)问,引导学生从画面、眼神、声音等方面谈开去,引领学生在人物内心世界游走,体会人物性格,突出个性理解。

3. 问题聚焦,深入探讨作品实质

(1)重点塑造了几个女性形象?(板书:秀贞、妞儿、宋妈、兰姨娘、妈妈)

(2)这几个女性形象有什么共同之处?(都离英子而去,擦去板书)

(3)看影片一(秀贞和妞儿母女离去的片段)。

问题:这是谁离英子而去?此时你最想说什么?带着你的情感来读读相关片段吧!

（4）赏读童年离英子而去的精彩段落。

师：当那首只有在毕业时才唱起的骊歌响起时，（影片主题曲响起，老师深情朗读）"我哭了，我们毕业生都哭了。我们是多么喜欢长高了变成大人……虽然，这些人都随着我长大而没了影子。是跟着我失去的童年也一块儿失去了吗？"

师：是啊，难道这些人都随着童年也一块儿失去了吗？你能帮帮英子吗？生自由谈。

4.深入对话，指导生活

（1）人虽然离开了英子，却有更多宝贵的东西永远留给了英子，也留在了我们的心田。那是什么？

（2）生自由谈。要点：对别人的爱心、对生活的向往、执着的精神……

（3）就让这些也在我们的心田开花结果。你们和英子一样，马上要成为中学生了，那请你为即将成为中学生的英子和自己留下几句勉励的话吧！

生自己练写几句话。

（4）响起《感恩的心》的歌曲。让我们怀着一颗感恩的心，感谢那些帮助过我们的人，感谢生活，让我们在未来的生活中更努力地闯练。

（四）《男生贾里全传》教学设计

1.书名

《男生贾里全传》。

2.适合年级

五、六年级。

3.内容简介

《男生贾里全传》是我国著名儿童文学作家秦文君创作的小说，曾改编为电影、电视剧播映。作品以男生贾里为中心，徐徐展开了一幅刚刚开始的多姿多彩的初中生活画卷。这当中有校园生活的酸甜苦辣，有对美好未来的憧憬，也有对亲情和纯洁友谊的渴望……一段段丰富多彩又让人感慨万千的成长故事，一切都是即将毕业的小学生所向往的。

作者以女性特有的细腻笔调将少男少女们微妙的情感变化和跌宕起伏的

心灵历程娓娓道来，刻画了一批正在成长的初中生形象，并因此勾勒出一个个当代中学生五彩缤纷的生活画面，富有强烈的艺术感染力。

设计理念：进入高年级，孩子的思想逐渐成熟起来，他们渴望被认可，渴望投入到新鲜的生活中，对未来充满了憧憬。但思想与行为的不确定性，往往使得他们不能正确看待事物，出现偏激行为。因此，我希望通过阅读一些贴近他们生活的儿童文学作品，为他们成功渡过转型期做些准备，让他们在冷静地思考中多一份对生活、对精神成长的关注。

4. 活动目标

（1）通过看电影、小组讨论、改编剧本等阅读形式，引导学生更全面地了解文本内容，深化认识。在交流中分享快乐，分享思想。

（2）初步了解一些赏析小说人物形象的方法，提高阅读小说的兴趣和能力。

（3）能够对自己的初中生活进行积极向上的构思，用饱满的热情迎接未来。

5. 阅读要点

（1）多彩真实的生活：生活得最有意义的人，并不是年岁最大的人，而是对生活最有感受的人。以贾里为代表的初中生张开热情的翅膀拥抱生活。作品都记叙了哪些初中生活？哪个画面、哪个事件给你印象深？这些事件给他们的身心带来怎样的变化？身处其中，你有没有其他解决办法？

（2）个性鲜明的人物：作品都刻画了哪些人物？他们的哪些特点给你留下深刻的印象？他们做的事情，哪些是你赞同的，哪些是你不敢苟同的？对他们一分为二地评析一下。

（3）幽默风趣的语言：轻松、俏皮中不乏幽默，有利于丰富儿童对不同语言风格的认识。诵读你认为精彩的词、句、段并分析其妙处。

（4）对自我生活的观照：有了对作品的深度思考，归纳作品的内涵，并由此找到生活的原生点，产生生命观照的自觉历程。你找到书中人物的生活原型了吗？仿照作者的语言风格写写他吧！读出自己影子的读书才是有效的，把读后的感悟写下来吧！

6. 活动准备

（1）观看电影：集体观看《男生贾里》的影碟。

（2）围绕表6-2中的列项概括主要内容，每一项可单列。

表6-2 概括提示

书 名	作 者	主要内容	主要人物	次要人物	人物的共同点	人物的不同点	喜欢的人物及分析	读后感

（3）改编剧本：作品取材的真实性为改编提供了可能。鼓励他们选择精彩章节改写成剧本，在舞台上体验生活。

（4）心随书动：以"令我感动的……""令我无奈的……""令我愤怒的……""令我痛快的……""令我捧腹大笑的……"等为题，写写你认为最可圈可点的地方。

设计意图：阅读兴趣需要点燃，观看电影是最直观、有效的方法。阅读需要提炼概括，特别是小说。对于小说的首要元素——人物，从哪些方面进行赏析，是学生今后要掌握的阅读方法。此环节给学生提供一个框架，让学生有路可循。

7. 活动流程

（1）整体把握，提出问题。

①近段时间来，我们随着贾里体验了一番初中生活，体验了一番成长的滋味。我想问问，你脑海中久久萦绕的或者说挥之不去的究竟是什么？简短点儿，真实点儿。

②你觉得以贾里为中心的这群刚入学的初中生，他们的初中生活是一种怎样的生活？

③我还想问问大家，敢不敢说对《男生贾里全传》中所有人物都了如指掌了？进入"人物猜猜看"环节。

第一步：老师说出对作品中某个人物的文字描述，让学生猜猜人物的名字。

第二步：从八个小组中精选出一些精彩的人物形象的文字描述，由相关小组读给大家听，大家猜猜看。

④对人物的了解仅限于猜出他们是谁是远远不够的，我们还要达到和他们心心相印的程度。出示问题：

A. 你喜欢和谁交朋友？为什么？

B. 书中有形形色色的少年形象，他们有什么相似的地方？又有哪些不同？

C. 他们很多人的生活和我们一样，在这么多人当中，你有没有找到自己的影子或别人的影子，或联想到其他作品中的人物呢？

设计意图：通过交流"脑海中挥之不去的是什么？"和"他们的初中生活是一种怎样的生活？"这两个话题，学生整体把握了小说内容，老师也以此了解学生的整体阅读情况。第三环节用游戏的方式点燃学生交流的欲望，从整体把握转向人物赏析。第四环节用三个有梯度的问题，引导学生对小说人物作比较分析，进而读出自己，读出生活的影子。

（2）小组合作，感悟形象。

①学生拿出读书笔记，在小组内对以上问题进行探讨，并确定发言人。出示交流要求：

A. 三个问题都要谈到。

B. 小组内发言人数要追求最大化。

C. 可借助读书笔记或阅读小报等辅助材料发言。

D. 可利用板书或现场讨论。

②交流评价，归纳总结。

总结：人物是小说的首要元素。通过刚才的交流，咱们来概括一下赏析小说人物的主要方法。

A. 概括法，即对书中出现的主要人物的性格特点进行概括。

B. 比较法，即对书中出现的主要人物进行比较，概括出他们的相同点和不同点。

C. 联系法，即对书中出现的人物和现实中的人物（包括自己），或其他作品中的人物进行联系，由此及彼。

③回归整体，心随书动。

A. 校园生活的酸甜苦辣咸，我们都已尝过。一段时间以来，我们和这帮可爱的初中生一起快乐，一起悲伤，一起着急，一起感动……让我们进入"心随书动"环节。

B.学生交流写好的《令我感动的……》《令我无奈的……》《令我愤怒的……》《令我痛快的……》《令我捧腹大笑的……》等文章。（简短些）

④表演改编的剧本。

设计意图：进入高年级，对一本书的交流不应局限在对故事情节的再现和简单的人物分析上，而要把思维的触角伸得更远一些。其有效方法有：小组讨论；学会运用一些较高层次的读书方法，如对比阅读、联想阅读、写读后感；等等。此板块有效整合这几种方法，以帮助学生深入解读小说并最终形成阅读能力。

（3）深化认识，推荐阅读。

①最是书香能醉人，长成须读五车书。读书给我们带来了无限的乐趣，让我们的心灵找到了一个诗意的居所。读完这本书，大家都有或多或少的感悟，对人、对事、对今后的道路都有很多感想。谈谈你最大的感悟是什么。

A.小组内自由谈。

B.把感悟浓缩成几句话写下来。

C.交流感悟。

②配乐朗诵《我为少男少女们歌唱》。

我为少男少女们歌唱。
我歌唱早晨，
我歌唱希望，
我歌唱那些属于未来的事物，
我歌唱正在生长的力量。
……
轻轻地从我琴弦上
失掉了成年的忧伤，
我重新变得年轻了，
我的血流得很快，
对于生活我又充满了梦想，
充满了渴望。

③推荐阅读：好书是阳光，它能温暖你的心；好书是阶梯，它能催你往上行。（秦文君语）喜欢秦文君的就去尽情阅读吧！重点推荐她的《女生贾梅全传》，其次是《天棠街3号》《小丫林晓梅》《宝贝当家》等。

设计意图：一个人的精神发育史就是他的阅读史。任何阅读只有关照到自身的生活时，才是有意义、充满乐趣的。在学生即将毕业的关键时期，引导他们对未来的生活做一些理性思考是有益的。但不管怎样，作为成人，我们还要始终相信孩子的未来是不可限量的，激昂的《我为少男少女们歌唱》将会点亮他们前进的方向。《女生贾梅全传》和《男生贾里全传》是双胞胎，此时的推荐阅读也就顺理成章了。

此文发表在《小学教学设计（语文）》2012年第6期）

三、浅谈大单元视域下的学习任务群整体构建

——以四年级上册语文第七单元为例

（一）整体观照"大单元"之"大"

1. 厘清语文要素编排的"大"

何谓大单元？这里的"大"首先指基于语文要素编排的"大"。统编教材针对文体差异、学生认知差异，把某一项语文核心能力螺旋编排在不同年级，呈梯级上升之态。建构大单元视域下的学习任务群，首先要有这样一个"大"框架、"大"概念。就拿"概括"这一语文学习的核心能力为例，三至六年级共安排了8个单元来推进这一核心能力的达成。单是四年级就安排了4个单元：上册第四单元是神话，要求"了解故事的起因、经过、结果，学习把握文章的主要内容"；上册第八单元是历史名人故事，要求"了解故事情节，简要复述课文"；下册第六单元是成长小说，要求"学习把握长文章

的主要内容"；下册第七单元是爱国人物故事，要求"关注主要人物和事件，学习把握文章的主要内容"。这四个单元螺旋递进，提供给学生不同的概括方法：或借助起因、经过、结果来概括，或了解故事情节来概括，或关注主要人物和事件来概括……文体不同，提供给学生的"把握主要内容"的学习路径不同，最终达成"会概括"这一核心能力的培养。

2. 聚焦人文主题编排的"大"

第二层"大"是指"双线组元"的一整个单元，这是可视化的"大"。本单元人文主题是"天下兴亡，匹夫有责"。"匹夫"泛指平凡人，单元中的"匹夫"有早年出使西域的王昌龄，有在唐朝诗坛上名不见经传的王翰，有后半生颠沛流离、朝不保夕的李清照，有饱受苦难的少年周恩来，有在民族大义前坚守节操的青年才俊梅兰芳，也有那群热爱祖国的中国台湾师生。虽然这些人物后来成了俊杰，但在当时的社会现实中都是"一介匹夫"，然而这些平凡人却有着不平凡的爱国担当、民族节操，小人物，大情怀，故而能很好地注解本单元人文主题。由此，设计本单元学习任务群遵循的主线是在概括中感悟匹夫担当。"概括"是单元核心能力，着眼于语文要素；"感悟匹夫担当"意在以文化人，体现人文性。

3. 着眼单元内的"大"而多变

第三层"大"是指同一单元内的课文在细节上是有差异的、多变的。《古诗三首》中呈现的是一个主要人物和一个事件；《为中华之崛起而读书》中则是一个主要人物的三个主要事件；《梅兰芳蓄须》则是围绕梅兰芳蓄须这一个典型事件，呈现了三个辅助事件；阅读链接《难忘的一课》作为辅助课文，是学生自读自测的载体，趋于简单，是一个主要人物和一个事件。也就是，课文在"大要素""大人文"统领下，不变又多变。学习任务群的设计者要熟知编者"大"中求变的编写意图。把握好"大"，方向不会错；把握好"变"，方可灵活处之。

（二）整体构建学习任务群的内涵

大单元视域下的整体构建学习任务群包含三层内涵：

1. 提供有效的学习支架

大单元视域下的学习任务群构建首先构建的是学习支架,即教师要设计出能够帮助学生深度学习或有效完成任务的各类支持,包括真实学习情境的构建、设置驱动性任务、提供拓展性资源、加强学习过程指导、参与全过程评价等。

2. 适切训练以往的语文要素

以前学习过很多语文要素,不是都要再训练,而是结合本单元文本特点和语文要素,选择适切的要素再加以训练,训练的目的是更好地达成本单元核心能力的培养,如四年级上册第一单元提出"边读边想象画面",让学生想象周恩来亲眼目睹妇女哭诉无门时的情景体会中华不振;本单元课文涉及的社会背景丰富,学生必须充分了解后才能更好地理解课文,因此可结合第二单元要素"阅读时尝试从不同角度去思考,提出自己的问题",鼓励学生大胆提出问题并尝试解决;"天下兴亡,匹夫有责"的美好品质是通过人物的动作、语言、神态表现出来的,这跟第六单元的训练要素一脉相承,要求学生走进字里行间,抓住人物的某一方面体会他们的担当有为。在构建任务群时,教师要统筹考虑这些要素再进行适切训练,既促进语文能力的再提升,又有助于本单元要素的落实,一举两得。

3. 力争教学练评一体化

大单元整体构建力争"一单元一大得",围绕核心能力,深度学习。因此,构建时要考虑教学练评的一体化。教,从碎片化的知识点教学转向提供学习支架、培育核心能力的主题教学;学,从以前的读一读、问一问、抄一抄的低阶学习转向利用学习支架开展综合化、思维可视的高阶学习;练,从注重知识点的训练转向核心能力的提升训练;评,从散射状评价转向围绕核心能力的评价。

(三)整体构建学习任务群的路径

1. 根据文本特点和占有资源精准确定任务群

本单元课文包括三首古诗,文中词句多具有新鲜感,还涉及辛亥革命、抗日战争、台湾"光复"等历史背景,有一定的时代距离,故基础性任务群最好单独设计一下。无论哪一种文体，发展性学习任务群都是必须巧妙构建的，因为这关系到语文核心素养的落地，所以下面的设计也侧重了这一任务群的构建。"天下兴亡，匹夫有责"的故事数不胜数，中华儿女多奇志，开展跨学科、跨媒介阅读利于"培养爱国主义、集体主义、社会主义思想道德"。综合分析本单元文本特点和占有资源，构建一个基础性任务群、两个发展性任务群（文学阅读与创意表达、思辨性阅读与表达）、一个拓展性任务群。

2. 情境创设与单元核心一脉相承

根据本单元的人文主题和语文要素，我们以"中华儿女多奇志"这一情境贯穿四个任务群的构建。不论是"不教胡马度阴山"的李广，还是慨叹边战不断、国无良将的王昌龄；不论是"醉卧沙场"的一般士兵，还是为中华之崛起而读书的少年周恩来；不管是蓄须明志的梅兰芳还是带领学生读"我是中国人"的台湾教师……他们都是有奇志的中华儿女。主题情境一以贯之，培育学生家国情怀。

3. 构建学习支架落实任务群

学习支架对于落实任务群起着杠杆支点的作用，特别是发展性和拓展性的任务群更需要精巧设计学习支架。具体设计如下：

（1）中华儿女多奇志——任务一（字词句无障碍）。为了扫清字词句的阅读障碍，我们设计了以下表格（表6-3）。

表6-3 任务一用表

要求：通过抄写、剪贴、查字典、查阅资料等方式预习课文，扫清障碍				
理解新鲜词句	积累新鲜词句	我了解的背景	我解决的问题	我未解决的问题

基础性任务群根据文本特点可单设，也可融进发展性任务群里。本单元课文与学生生活有较大时空差异，有新鲜感的词句较多，涉及的社会背景复杂，于是单设基础性任务群，以学生自主学习、合作交流为主，扫清后续阅读的障碍，表扬会学习的"中华儿女"们，使其积累成就感。

（2）中华儿女多奇志——任务二（颁奖词中会概括）。新课标对"文学阅读与表达"第二学段的要求是"阅读并讲述革命故事、爱国故事……以及对革命英雄、仁人志士的崇敬之情"。为了达成这一目标，结合本单元语文要素，设置的学习支架是"请你选择2～3个文中的中华儿女，为他们写颁奖词"。颁奖词的语言要简练概括，列明主要事件，表达崇敬之情。

为了增加情境的真实性，我们专门设计了写颁奖词的纸张，并且用了2021年本县"感动中国"人物朱彦夫的事迹作为例子（图6-1）。

生命于你不止一次，士兵于你不只是经历，没有屈服于长津湖的冰雪，也没有向困难低头。与自己抗争，向贫穷宣战，一直在战斗，一生都在坚守，人的生命应当像你这样度过。——2021年"感动中国"人物朱彦夫颁奖词

颁奖词

尊敬的朱彦夫爷爷：
　　您，在朝鲜战场上豁上命与敌人血战；
　　您，在四肢残缺的情况下从零开始苦练各种生活技能；
　　您，带领乡亲们植树造林，筑坝种果，发家致富；
　　您，为了创作《极限人生》翻烂了四本字典；
　　生命于你不止一次，士兵于你不只是经历，长津湖的冰雪没有压垮您，生活的困苦也被您征服。您，与自己抗争，向贫穷宣战，用羸弱之躯撑起了家国担当。
　　请接受我们少先队员最崇高的敬礼！

（a）"感动中国"颁奖词　　　　（b）学生撰写的颁奖词

图6-1　学写颁奖词

学生课前观看了朱彦夫的事迹介绍，课上，我引导学生用简练语言概括了四个主要事件，结合2021年"感动中国"颁奖词，重新把颁奖词和主要事件融合在一起进行创意表达，完成自己的作品。授之以渔后，学生以此为例子，大胆创新，走进课文，梳理主要事件，撰写颁奖词。整个过程，巧搭支架，既注重了"概括"方法的习得，又让学生受到了"匹夫担当"的熏陶，还表达了学生对英模的崇敬之情，在多重建构中实现了文学阅读与创意表达的完美融合。

（3）中华儿女多奇志——任务三（群文阅读巧比较）。"思辨性阅读与表达"中指出："本学习任务群旨在引导学生在语文实践活动中，通过阅读、比较、推断、质疑、讨论等方式，梳理观点、事实与材料及其关系。"因此，在构建这一任务群时，要提供给学生丰富又精准的学习材料，便于他们展开比较阅读和讨论。为此，我们设计了下面的表格，设计的学习支架是补充阅读的材料。让学生思考：你从中又看到了怎样的匹夫担当？有什么独特的发

现？修改你的颁奖词（表6-4）。

表6-4 任务三用表

课　文	拓展阅读	匹夫担当	我的发现
《出塞》王昌龄	王昌龄的《从军行》其四、其五		
《夏日绝句》李清照	杜牧的《题乌江亭》		
《为中华之崛起而读书》	周恩来的诗作《无题·大江歌罢掉头东》		
《梅兰芳蓄须》	老舍的散文《梅兰芳同志千古》		

所拓展的文本中，第一行是同类主题的，第二至第四行是表现同一人物不同侧面的，都从不同角度丰富了"天下兴亡，匹夫有责"的内涵。学生在这一系列的阅读实践中，围绕驱动性任务，聚焦"匹夫担当"这一人文主题，发现群文间的联系与不同，在思维的广度和深度上下功夫，从而实现"基于课标，成于素养"的总目标。

（4）中华儿女多奇志——任务四（拓展任务我能行）。拓展性任务群主要针对革命领袖周恩来、京剧大师梅兰芳和生活中有意义的话题进行构建。构建的学习支架如下：

①观看电影《童年周恩来》，欣赏梅兰芳的京剧唱段《霸王别姬》或《贵妃醉酒》，与同学交流感受。

②观看中央电视台2021年的《感动中国》节目，选择你最感动的一个人物，结合任务二中的训练，重新撰写一份颁奖词。

③寻找身边的好人：观察记录身边平凡好人的点滴事例，写成观察日记。

学生从中选择1～2项独立或合作完成，开展跨学科、跨媒介阅读，在观影、京剧欣赏、观看电视节目过程中再次感受"匹夫担当"的时代内涵；以作品（思维导图、观后感、研究报告、诵读展示、日记等）形式呈现，增强"作品意识"，便于后续交流、评价，从而实现"基于课标，融通生活，夯实素养"的根本追求。

④设计体现教学评一体化的评价量表，如表6-5所示：

表6-5 评价量表

学习内容	自我评价	小组评价	教师评价
任务一	①我共理解了（　）个词句，主要运用的方法是（　） ②我积累了（　）条词句，书写（　） ③我搜集的信息对理解课文帮助很大（　），一般（　），意义不大（　） ④我提出了（　）个问题，解决了（　）个	在小组中积极合作，充分交流，完成分配的任务 ☆☆☆☆	自主学习，信息裁剪恰当，所提问题有价值 ☆☆☆☆
任务二	①我读了（　）遍课文，对课文内容很熟悉（　），不太熟（　） ②颁奖词中主要事件概括得很准确（　），一般（　），书写（　）	评价同上 ☆☆☆☆	阅读充分，概括恰当，书写工整 评语：
任务三	①拓展阅读篇目，我读了（　）遍，对课文内容很熟悉（　），不太熟（　） ②通过读这组文章，你对"天下兴亡，匹夫有责"有了哪些新认识，或者概括水平有提高吗？请评价	评价同上 ☆☆☆☆	阅读充分，积极善思，有自己的见解 评语：
任务四	①我完成了（　）个任务,学习时长（　），作品是（　　） ②在这个过程中,（谁）对我帮助很大，写几句感谢的话	评价同上 ☆☆☆☆	选择一点深入学习，作品完整，内容丰富 ☆☆☆☆

此评价量表注重考查学生在学习过程中的态度、参与程度和核心素养的发展水平，注意了以往语文要素的适切训练，多主体评价与多元评价相结合，评价形式也多变，可以有效发挥指挥棒的作用，从而引领学生展开学习。

（四）规避构建学习任务群之"坑"

（1）规避顺序之"坑"。教师在设计任务群时，可按照上面第（三）部分提到的从1到3的顺序进行设计，但呈现给学生的必须是评价量表（表6-5），后边依次是学习支架。目的是以评价导航学习，让学生明白学什么、学成什么样，以终为始。

（2）规避"一刀切"之"坑"。构建学习任务群对教师是挑战，对学生更是挑战，对于学习力偏弱的学生一定着眼于自身进步的评价，以鼓励为主。

四、献给党的赞歌

——建党 100 周年任务群实践活动

新版课程标准在中段的"文学阅读与创意表达"中指出："阅读并讲述革命故事、爱国故事、历史人物故事，感受幸福生活来之不易，表达自己对美好生活的向往，以及对革命英雄、仁人志士的崇敬之情。"

2021 年，伴随着国家层面中国共产党建党 100 周年系列庆祝活动，学校举办了不少庆祝活动。作为语文老师兼班主任的我也精心设计了一组综合学习活动，配合上面文章中提到的"中华儿女多奇志"的单元学习，设计了一套"组合拳"，想从语文的角度对学生进行革命主义、爱国主义教育。

第一板块：战略家与战术家。

晨诵内容如下：

知己知彼　百战百胜　运筹帷幄　决胜千里
出其不意　攻其不备　围魏救赵　声东击西
四面楚歌　腹背受敌　草木皆兵　风声鹤唳
兵贵神速　突然袭击　神出鬼没　所向无敌

学生在小组内互相帮助解释不懂的词语的意思，之后全班交流比较集中的个别词语的意思。

师：这组词语是描写什么的？

生：是描写战争的，打仗的。

师：战争是讲究战术的，战术是指作战的方法，就是具体的打法。这组词语讲到了哪些战术？

生：要知道自己和对方的力量，这就是"知己知彼"。

生：出兵时要让对方防不胜防，在对方放松警惕的时候突然袭击，这就是"出其不意"。

生：当对方比你强大时，不能强攻，可以采用"围魏救赵、声东击西"的方法。

生：出兵要果断，不可犹豫不决，贻误战机，这就是"兵贵神速"。

生：打仗时，可以和对方玩"捉迷藏"的游戏，让对方摸不清你的想法，这就是"神出鬼没"。

生：我知道"四面楚歌""风声鹤唳"这两个成语故事……

师：这几点都做得很好的人，我们就叫他"战术家"。像我国的粟裕、彭德怀、陈毅、邓小平、刘伯承等老一辈革命家，他们都是伟大的战术家。与"战术家"相对的是"战略家"。"战略家"一般指通观全局，有长远眼光并能制订详细、全面、正确作战计划的人。刚才我们说的这些革命先辈既是战术家也是战略家，你还知道古今中外的哪些战略家？

生：毛泽东。

生：诸葛亮。

师：还有很多，像我国的十大元帅（配人物头像出示）朱德、彭德怀、林彪、刘伯承、贺龙、陈毅、徐向前、罗荣桓、聂荣臻、叶剑英，他们既是战术家又是战略家。他们既能打赢一场场战斗，又能纵观全局，运筹帷幄，决胜千里。

师：如果大家感兴趣，可以买《十大元帅轶事》来阅读。要想让自己更聪明，有大将风采，那就来读读吧！（我摇晃着手里的书，向他们炫耀）

出示下列名句：

读史使人明智，读诗使人聪慧，演算使人精密，哲理使人深刻，道德使人高尚，逻辑修辞使人善辩。

——培根

师：让我们伴随培根的名句，开始与将军的对话。

几天后，我陆续在教室里发现了这本书的身影。书不尽言，言不尽意。就让他们在我的欲擒故纵之下，读万卷书，胸藏万汇。

第二板块：吟诵革命志士的诗词。

我整理了10首革命志士的诗词：李大钊的《口占一绝》，夏明翰的《就义诗》，毛泽东的《七绝·改西乡隆盛诗赠父亲》《七律·长征》，周恩来的《大江歌罢掉头东》，朱德的《赠诸友》，恽代英的《时代的囚徒》，陈毅的《梅岭三章》，刘伯坚的《带镣行》，秋瑾的《满江红》。要求学生一天背一首，等到全体学生都背过了，以小组为单位自由编排诵读的展现形式，以小型诵诗会的形式展现吟诵成果。

第三板块：绘制"诗词里的党史"思维导图。

师生一起绘制，从简介人物、历史背景、英雄本色、摘抄原文等角度绘制，在写一写、画一画中感受革命领袖、革命先烈伟大的精神世界和人格力量，增强情感体验。我把孩子们绘制的思维导图编辑成"美篇"发往班级群和学校群，受到家长和同事的称赞。

第四板块：我了解的"抗美援朝"。

要求学生从概况（原因、时间分段、口号、战歌、首长）、中美军事对比、著名战役、英雄人物、伟大意义、抗美援朝精神六个方面进行梳理，可绘制思维导图或表格，可写成文章。

我先做了思维导图范例，学生在多样的语文实践活动中，通过搜集筛选资料、阅读比较、书写绘制、判断讨论等方式，梳理抗美援朝的经过，形成自己的观点，从而形成明确的善恶、是非立场，产生爱国情怀。

第五板块：观看电影《长津湖》。

学生做足了前边的功课，为走进电影院做好了准备。我组织全体学生走进电影院观看了电影《长津湖》。有些学生后来还观看了《长津湖之水门桥》。

第六板块：写观影感或者献给党的赞歌。

观影回来，学生结合以前掌握的史料，写了观影感或者献给党的赞歌。下面是孙睿秋写的文章，在"央视影音"活动中获奖，同时获奖的还有多篇，这极大地激发了学生的写作热情。此项综合性实践学习一举多得，收获多多。

从小红船到东方巨舰

常听大人、老师说"革命年代""革命"等词，年幼的我不理解。我去问爸爸，爸爸的解释我也是一知半解。随着读书越来越多，我知道了很多"革命者"的故事，了解了很多"革命事件"。我渐渐明白：革命就是中国人民在伟大的中国共产党的领导下赶走侵略者，推翻腐朽的社会制度，建立新中国的伟大征程。这个征程，犹如红军长征——红军不怕远征难，万水千山只等闲。

"让我们荡起双桨，小船儿推开波浪……"1921年7月底，十几名有志青年在嘉兴南湖的画舫上举行了中国共产党的第一次代表大会。从此这艘小红船承载着中国人民的希望，担负着创造新生活的重任，在历史的长河中乘风破浪，激流勇进。这艘小红船是一艘希望的小红船，是一艘坚定的小红船，是一艘革命的小红船。

"没有共产党就没有新中国……"小时候经常听外公、爷爷讲起党的故事，而我只是懵懵懂懂地记住了一些可歌可泣的革命故事和伟大的革命人物。等我上学了，读的书多了，还观看了一些经典的红色电影，那些模糊的英雄形象清晰起来。党的女儿刘胡兰，在大批干部转移上山时，刘胡兰也可以随部队转移，但她主动请求留下来坚持战斗，和战士一起打跑了鬼子！然而，由于叛徒出卖，刘胡兰不幸被捕。面对鬼子的铡刀，刘胡兰面不改色，年仅15岁就壮烈牺牲，是中国共产党女烈士中最小的一个，"生的伟大，死的光荣"，她当之无愧！致敬刘胡兰！

不但这些耳熟能详的英雄人物影响着我，还有身边优秀的共产党人感染着我。参加过长津湖战争的朱彦夫爷爷，少小离家保家卫国，身负重伤意志坚强，伤残归家不忘致富乡亲。当我参观朱彦夫事迹馆的时候，看到他写的如拳头大的字艰难地缩小为小格子里的字，从肌肉发达到四肢伤残，我一次又一次热泪盈眶，感动于朱爷爷的意志坚定。而我的太外公是我们村第一名党员，在革命战争年代，冒着生命危险加入共产党，与日本鬼子和国民党斗智斗勇，一战到底；新中国成立后，他继续发挥余热，担任村书记，一心为公为乡亲们做好事。透过他们的事迹，我更加清楚地认识到：是一代又一代的中国共产党人前赴后继，不怕牺牲，全心全意为人民，才有了我们今天的幸福生活。

"1979年，那是一个春天……"一首《春天的故事》拉开了改革开放的帷幕。落后就要贫穷，落后就要挨打。邓爷爷在深思熟虑下确定了开放的新思路。几十年间，改革开放的春风吹遍了大江南北，吹暖了每个中国人的心。爸爸、妈妈一代人就是见证了改革开放而成长起来的一代人，听他们说童年的艰苦和现在的美好，其中的满足溢于言表。

"告别万家灯火，漫天的繁星……"2019年底一场没有硝烟的战争悄然来到我们身边，无数最美逆行者用他们的担当和爱抚慰了我们无助的恐慌。钟南山院士、张定宇院长、陈薇院士在这场战争中始终坚守在抗击疫情的第一线,奋不顾身,指导人们打赢抗击疫情的保卫战。而我的爸爸作为共产党员积极参与社区志愿者活动,在一次次核酸检测中贡献出自己的力量。他们也是新时代最美的人!

从吃糠咽菜到山珍海味,从"东亚病夫"到体育强国,从小米加步枪到东风-41弹道导弹,从小红船到"辽宁号""天宫遨游""蛟龙探海""火星漫步",我们在中国共产党的带领下创造了一个又一个奇迹,祖国实现了从"站起来"到"富起来"再到"强起来"的伟大转变。

少年强则国强,少年富则国富。作为祖国母亲的少年一代,我为祖国的发展感到骄傲。我们更要坚定意志,努力学习各种本领,勇担重任,把我们的东方巨舰驶向更远……

强国有我,请党放心!

五、传统文化综合实践教学案例的开发研究

部编教材增加了传统文化的比重,在小学阶段主要增加了古诗文,适当增加了小古文、歇后语、寓言等的占比,内容丰富,形式多样,符合学生年龄特点和接受习惯,这是对传统文化的重视。当前,课本上的传统文化教学内容仍以主题来编排,承载单元要素训练任务,如三年级上册第4课的三首古诗,以"秋天"为主题编排,达到"会背诵""会默写""理解诗意"的目标就可以。再如三年级下册第1课的三首古诗以"可爱的生灵"为主题编排,完成"会背诵""会默写""想象画面"的目标即可。纵观部编教材中传统文化内容的编排,多采用主题形式,如"节日主题""哲理主题""乡村主题",有一定的综合性,但我们认为综合性还不强,综合的方式还太单一。传统文化"课程化"使用的教材比较多的是地方教材《传统文化》读本,小学生所使用的课外传统文化学习材料大多具有教师的个人色彩,如使用《小学生必背古诗112首》或《必背古诗80首》等;也有以单一性教材《声律启蒙》《千

字文》《弟子规》等为读本的；还有些学校使用校本教材，里边的内容也多以主题编排，如"四季诗""边塞诗""论语篇"等。这样的传统文化教学内容只注重了量的积累，缺少研究性、综合性，"文化"气息不浓，忽视学生的文化体悟，不够贴近学生的生活。

现实教学中，依托教材进行的传统文化教学，主要是以教师为主导的"灌输式"教学。学什么、怎么学、达到什么目标都是"规定动作""必选内容"，失去了"文化"本身的意义。再加上考试任务，最终以"会"为目标，教学行为以反复背诵默写、师生交流、讲授引导等单一的形式呈现。这样的教学方式忽视了传统文化教学自身的特殊性，破坏了学生对传统文化的热爱，变得枯燥乏味。而课外的传统文化的学习主要是背诵、素读，基本都是以记忆为目的，以不求甚解的大量积累为目标，以"熟读唐诗三百首，不会作诗也会吟"为理念，基本不搞专题研究，教学形式更加单一。阅读"知网"上的传统文化教学方面的资料，我们还发现这些资料大多将传统文化与思政课"联姻"，注重传统文化在思想道德方面的作用，削弱其语文味。

教师对综合性学习的重视程度不够。虽然教材中安排了一些综合性学习内容，但考试涉及极少，组织起来费时耗力，老师们也就处理得轻描淡写。综合实践怎么实施，怎么评价，大多数老师缺乏策略。综合实践更加强调教师的主导作用和博学多才，要求教师具备整合、创新的意识和能力。这些更高的要求，加上自身专业素养的缺乏让很多老师"望而却步"，不敢尝试。

基于以上认识，我带领热爱传统文化的老师申请立项了市级课题"小学传统文化综合实践教学案例的开发研究"，希望通过研究，探索出一条传统文化教学和综合实践高度融合的路径——案例研究法。在一个个的案例实践中，丰富传统文化教学的内容，着重培养学生的语文实践能力，拓宽传统文化学习和运用的领域，从单一的传统文化教学中走出来，扩宽阅读的广度和深度，增加思维和探究含量，让传统文化教学在合作、探究的综合性学习中迸发浓浓的语文味。

课题分学段进行，意在"拿来就用"。我们把每个案例做成资料包，包括教学设计、课件、资料延伸、研究小报告等，使用者根据个人理解稍作加工就可用。这可以提升老师驾驭综合实践的能力，提高研究者对传统文化的深入研究和持续热爱。另外，学生在案例研究中围绕一个"点"，通过多方位的传统文化的搜集、筛选、探究、交流，形成对这一"点"的全面认识，获得语文素养，特别是产生了对传统文化的研究热情。

综上两点，本课题对已有的传统文化教学在"深度""宽度"上作了拓展，主要目标是：

（1）开发出适合中、高两个年段的综合性传统文化教学案例并实践于课堂，丰富老师的教学资源。案例能够形成比较明晰的教学环节，便于老师们灵活驾驭。

（2）拓宽传统文化与综合实践深度融合的渠道，丰富传统文化教学形式，使其更有趣、更有文化味道。

（3）提升课题组老师的专业素养，促进学生对传统文化的深入热爱，通过扎实的研究，最终转化为老师看得见的成长，转化为学生素养的提升，提升我校语文教学的整体水平。

经过两年的探究实践，该课题已于 2021 年 9 月顺利结题。主要研究成果是：

（一）"3+4+2+2"案例开发路径

"3"指的是吸收语文教师、美术教师、音乐教师三科教师参与案例开发，实现跨学科学习和项目式学习。语文教师侧重从文学的、研究的角度切入，引领学生广泛阅读、开展项目式探究，以研究报告、思维导图、课件展示、诵读展示等方法进行信息整理和呈现所学，引导学生初步运用多种方法整理、呈现信息。美术教师侧重于用各种绘画形式和美育活动进行案例延伸，让学生在作品创作中感受传统文化的多样表现形式，提升欣赏美、鉴赏美的能力。音乐教师则用音乐的语言引导学生体悟传统文化里的音乐元素。

"4"指的是围绕国学文化、历史文化、民俗文化（传统节日文化）、非遗文化（剪纸 + 葫芦画 + 扎染）进行案例开发。传统文化博大精深，结合学校实际和课题组成员个人爱好的不同，以这四个方面为开发的切口。小切口，大作为。语文、美术、音乐教师根据自己的学科特点进行内容整合，推动传统文化跨学科的实践性学习。美术教师侧重于用各种绘画形式和美育活动进行案例延伸，让学生在作品创作中感受传统文化的多样表现形式，提升欣赏美、鉴赏美的能力。音乐教师则用音乐的语言引导学生体悟传统文化里的音乐元素。

第一个"2"指的是通过请进来、走出去,校内外结合两种方式实施。学校对接县文化馆老师、沂源的非遗传承人、热爱传统文化的家长,邀请他们进校给孩子们授课,充实了授课教师队伍,吸收优质传统文化资源进课堂。学校对接研学基地、敬老院、烈士陵园、县博物馆及县里特殊的文化活动,组织学生走出去拓宽视野,丰富体验。学校先后组织学生赴桃花岛、博物馆、牛郎织女爱情发源地——燕崖等地参观研学,受益学生1 000余人。

第二个"2"指的是以课堂案例、活动案例两种案例形式将研究成果实践于学生。课堂案例是主渠道,承载着打通"元认知"、激发情感、培养初步能力的目标,再辅之以在"活动案例"中丰富体验、全面感受,达到升华情感、强化能力的目标。两种案例形式互为补充。

"3+4+2+2"的开发路径,使传统文化综合实践的天地更为开放。学生走出封闭的空间,在多学科、多领域的天地里实践、探索、体验和创作,让传统文化学习更接近真实情境。学生深度参与,情感更投入,更想学,更会学,学得更有意义。

(二)"一主三辅"的课内外实践案例

"一主"指的是以语文课堂为主,以语文教师为主要开发主体。语文教师围绕国学、历史、民俗文化进行主题式案例开发,形成完整的课例资料包,以便其他教师"拿来就用"。一年多来,语文教师主要开发了表6-6中的15节案例。这些案例采用主题式开发,开展小切口、大文章的研究指导,学生广泛阅读、筛选整合信息,以研究报告、课件展示、作品创作、思维导图等多种形式呈现研究结果,综合提升深入学习的能力。

表 6-6 传统文化综合实践主题案例汇总表

案例内容	案例分类	课程目标	主题分解	具体案例
国学文化	生肖文化	人对动物的敬畏和不断认识；爱护动物；文化自信	生肖的传说、习俗、诗词、俗语、成语；现代人与动物	①生肖文化 ②虎年说虎 ③"狗"的多面性
	诗词文化	透过一个小的切入点感受诗词文化的多彩；勇敢自信；项目式研究；文化自信	"愁""山""水"三个小切入点的主题式学习；思维导图、研究报告、课件展示、实地参观	④怎么一个"愁"字了得 ⑤跟着诗词游山河 ⑥小水滴里学问多
历史文化	历史人物奇闻趣事	立体饱满、可爱的人物形象；积极向上的进取精神；研究性积累，文化自信	关于李白、曹操、曹植、曹丕、苏洵、苏轼、苏辙、刘备、刘禅等历史人物的诗词、视频、美食、奇闻趣事；撰写研究报告、诵读展示、情景剧表演等	⑦李白的四大爱好 ⑧一波三折：苏轼 ⑨上阵父子兵
民俗文化	春节	人与自然和谐相处，孝老爱亲，文化自信	春节的由来、习俗、诗词、美食、压岁钱	⑩我们的节日——春节
	元宵节	勤劳勇敢、进取精神、孝老爱亲、文化自信	元宵节的由来、习俗、诗词、美食	⑪我们的节日——元宵节
	清明节	敬祖报本，孝老爱亲，文化自信	清明节的故事、由来、习俗、诗词、美食	⑫我们的节日——清明节
	端午节	感受爱国情怀，尊重先贤，文化自信	端午节的故事、由来、习俗、诗词	⑬我们的节日——端午节
	七夕节	体验家乡的七夕节，热爱家乡，文化自信	七夕节的故事、诗词；搜集身边的爱情佳话	⑭我们的节日——七夕节
	中秋节	珍惜劳动成果，感受中秋内涵，文化自信	中秋探源、中秋习俗、诗词、歌曲、美食	⑮我们的节日——中秋节

"三辅"指的是以体验活动为主，针对开发的15节案例，从活动、诵读、阅读三个辅助层面构建实践类课程。这个过程以语文、美术教师为开发主体，以音乐教师为辅助，引导学生进行跨学科、多媒介阅读，整本书阅读，作品创作，很好地体现了语文的综合实践性。具体如表6-7所示。

表6-7 传统文化实践案例汇总表

案例内容	案例主题	课程目标	活动课程	诵读课程	阅读课程
国学文化	生肖文化	动手能力、主题式阅读，在实际创作中体验	创作生肖画、剪纸、橡皮泥等作品	诵读关于生肖的诗词、俗语、成语等	阅读现代人写动物的文章，如老舍的《猫》《母鸡》，丰子恺的《白鹅》，沈石溪的动物小说系列，观看《人与自然》节目
	诗词文化	感受书法魅力，日积月累，跨媒介阅读	创作书法作品，经典诵读展示，"国学小名士"比赛	小学生必背古诗+宋词300首+校本读本《阳光读写》	观看中央电视台的《中国诗词大会》
历史文化	历史人物奇闻趣事	多渠道、跨媒介深入了解历史人物	历史名人作品的诵读展示、情景剧表演	关于历史人物的诗词、古文等	观看跟历史人物有关的影视作品，如电视剧《三国演义》；人文历史纪录片《苏东坡》

续 表

案例内容	案例主题	课程目标	活动课程	诵读课程	阅读课程
民俗文化	春节	劳动、创意物化作品、日积月累、主题式阅读，尝试写小古文	洒扫庭除、准备年货、撰写对联、练写小古文	诗词中的春节、对联	观看春节联欢晚会，阅读名家写春节的作品，如《北京的春节》
	元宵节	创意物化作品，日积月累，主题式阅读	开心做元宵、灯笼，高兴闹元宵	诗词中的元宵节	观看元宵晚会，阅读名家写元宵节的作品
	清明节	敬重英模、爱国教育、跨媒介阅读	踏青游春，到烈士陵园扫墓	诗词中的清明节	观看英模影片《长津湖》《长津湖之水门桥》；阅读名家写清明节、英模的作品
	端午节	创意作品，了解屈原及作品	包粽子、制作龙舟手工	诗词中的端午节	观看三集人文纪录片《屈原》，阅读郭沫若的作品《屈原》
	七夕节	实地参与活动，主题积累、阅读	参与燕崖的庆祝活动或参加一场婚礼，为新人送去祝福	诗词中的七夕节，赞美爱情的名言警句	阅读四大民间爱情故事《牛郎织女》《白蛇传》《梁山伯与祝英台》《孟姜女哭长城》
	中秋节	家务劳动，主题积累和阅读	制作灯笼，做团圆饭，赏月	诗词中的中秋节	观看中央电视台的中秋晚会，阅读名家写中秋的作品
非遗文化	葫芦画、剪纸、扎染	了解发展历史，欣赏作品，大胆创作形成作品	每周两课时的少年宫特色活动		阅读剪纸主题的绘本《老鼠娶亲》；给自己的作品命名，写序言或图文说明

"一主三辅"的课内外实践课程增强了传统文化教学内容的综合性和实践性，更加强调在真实情境中进行主题式深度学习；改变了以往传统文化教学形式单一的现状，注重课内外结合、多学科整合、多媒介阅读的融合学习，学生参与的广度和深度都得到了加强，实践性明显。

（三）"1+1+1 > 3"的案例整合策略

第一个"1"指的是与多学科的整合。这一点在上面的具体案例中已多有呈现，不再赘述。

第二个"1"指的是与校园文化的切合。我校以"山水"为元素，提出"德参高山，智若善水"的文化理念。在开发教学案例的时候，我们兼顾了校园文化与传统文化的切合，开发了两节案例——跟着诗词游山河、小水滴里学问多，以此促进学生对校园文化的认识和认同。

第三个"1"指的是与区域特色文化的链接。我县有丰富的、具有区域特色的文化，如非遗文化"葫芦画"，我校的王静老师就是葫芦画的传承人；校外辅导员解明泉老师是牛郎织女文化的传承人；我校王美玲老师钟爱于剪纸，刘文慧老师钟情于扎染。链接这些身边资源，极大丰富了案例的内容，深受学生喜欢。

"1+1+1 > 3"的案例整合策略，拉近了传统文化与学生的距离，实践性案例从身边来，到周边去，以文化人的意义更加彰显。

下面呈现的是几个教学课例。

1. 20分钟小诵读——学艺

今天来背诵《阳光读写》上的"日积月累"部分。在京剧的锣鼓声中，下列词语缓缓出现在屏幕上：

> 生旦净丑　喜闻乐见
> 粉墨登场　锣鼓喧天
> 唱念做打　有板有眼
> 余音绕梁　字正腔圆
> 惟妙惟肖　活灵活现
> 感人肺腑　动人心弦
> ——中国戏曲

自己读两遍，念准字音，明白意思，不明白的地方同桌互相探讨。学生有板有眼地念起来。一些博览群书的孩子边做戏曲的动作边摇头晃脑地念叨着。为了让学生能够活学活用，我将这些词语串联如下：

京剧作为中国国粹，是人们喜闻乐见的一种艺术形式，生旦净丑是京剧中的角色。你瞧，他们在锣鼓喧天的伴奏中粉墨登场了。他们一会儿唱念，一会儿做打，其字正腔圆的演唱听来余音绕梁，那有板有眼的一招一式无不动人心弦，所演绎的人物也惟妙惟肖，活灵活现。许多经典唱段深受人们喜爱，经久不衰。

师：学了就用处处行，光学不用等于零。你也学着，争取用上尽量多的词语来赞美一下我国的国粹。

然后欣赏了一段京剧唱段，促进对这些成语的理解。

有了这样的连词成句，学生很快记诵在心。接下来，诵读：

台上三分钟，台下十年功。师傅领进门，修行靠个人。

要练惊人艺，须下苦功夫。若要戏路通，全靠幼时功。

艺多不压身，艺高人胆大。百日笛子千日箫，小小胡琴拉断腰。

仍然是自己诵起来，不明白的请教同桌后全班再交流。

师：你读懂了什么？

生：我读懂了要想练好本领，就要肯吃苦，多下力。

生：我读懂了舞台上的精彩是靠无数的背后苦功夫换来的。

生：我明白了学无止境，学海无涯。

男女对读，同桌对读，两遍之后学生基本记诵完成。

师：现在我们正是"学艺"的年龄，正如那喷薄欲出的朝阳。那我们如何来学艺呢？

接下来推出"谆谆教导"篇：

长江后浪推前浪，世上今人胜古人。若使年华虚度过，到老空留后悔心。有志不在年高，无志空活百岁。少壮不努力，老大徒伤悲。好好学习，天天向上。坚持不懈，久炼成钢。三百六十行，行行出状元。冰生于水而寒于水，青出于蓝而胜于蓝。书到用时方恨少，事非经过不知难。

先自读自悟，再来交流。

师：哪句话让你觉得最受用？

生：坚持不懈，久炼成钢。我的最大弱点就是虎头蛇尾。

生：若使年华虚度过，到老空留后悔心。我们要好好学习，天天向上，不然老了会后悔的。

师：不用到老就会后悔的。比如，我现在就后悔更年轻时看书太少。书到用时方恨少啊!

在轻柔的音乐中,三篇"日积月累"的晨诵结束,只需再拿出一些时间熟记在心。那就留给打卡吧!

2. 综合实践活动"李白的四大爱好"教学设计

(1)教学目标。

①自己多方搜集资料,完成一份研究单。

②通过李白自己的诗作、别人写李白的诗作,以及视频、图片等资料系统了解李白的四大爱好。

③在全班交流中丰富对李白四大爱好的认识,生发对传统文化的热爱,多积累,做一些专题性研究。

(2)教学流程。

①半个盛唐之李白。

A. 出示以下句子,有感情地诵读。

> 我想梦回大唐,去见一见,那繁荣的盛唐;
> 我想梦回大唐,去见一见,那倾国容颜的玉环;
> 我想梦回大唐,去见一见,那豪情潇洒的酒仙李白。

B. 我们中华民族是个伟大的民族,产生过很多诗人。后人也很崇拜这些诗人,其中我们都很熟悉的就是李白。李白绣口一吐,就半个盛唐。盛唐本就是中华历史上最辉煌的一个时期,李白又是这个最辉煌时期的一个最伟大的诗人。今天,我们再次踏上"寻李白"之旅,探究他广泛的爱好。

设计意图:从学生熟悉的现代诗中引出李白,开启"寻李白"之旅。李白作为中华民族的诗人,值得后人去崇拜,崇拜的最好方式就是研究和传承他的作品。

②多姿多彩之李白。

A. 出示研究单,小组内交流完善研究报告。

B. 总结:李白用一颗拳拳爱国之心终身为国,却屡不得志。他的丰富阅历促使他在广泛的爱好中排解郁闷。他的四大爱好是:酒、山水、月、友。

设计意图:五、六年级学生已接触过研究报告,放手让学生自主搜集有效信息,在充分掌握信息的基础上筛选出自己感兴趣的内容,完成研究报告,获得阅读成就感。

③爱好广泛之李白。

板块一：好酒之李白。

A.出示李白对自己的描述和杜甫写李白的诗。

百年三万六千日，一日须倾三百杯。（李白）

李白斗酒诗百篇，长安市上酒家眠。天子呼来不上船，自称臣是酒中仙。（杜甫《饮中八仙歌》）

B.朗读谈体会：从哪里看出李白好酒？你仿佛看到了什么？听到了什么？

C.出示诗句：

兴酣落笔摇五岳。（李白）

笔落惊风雨，诗成泣鬼神。（杜甫）

D.谈体会：你从这些诗句里体会到了什么？

E.老师总结引读：这几句诗用素描的手法勾勒出李白对酒的嗜好，以及喝酒后的诗情奔涌。李白喝酒后往往"斗酒诗百篇"，篇篇"惊风雨"，篇篇"泣鬼神"，每当烂醉如泥时，还经常"长安市上酒家眠"，不过这也不足为奇。一次天子召唤他赶紧上船，他却"不上船"。真情豪放的李白，自豪地大声呼喊"臣是酒中仙"。由此"诗仙"一名便广为流传。

F.看视频：李白醉酒未醒时挥洒诗篇，让唐朝大太监高力士给他脱靴子的故事。学生模仿醉酒后的李白演一演。

G.成也美酒，败也美酒。学生结合资料分析：李白醉酒让高力士给他脱靴子的事情与李白今后命运的关系。

设计意图："好酒之李白"板块较之后面的三个板块，用力用时较多。一来这一板块故事性很强，可用的教学信息很丰富；二来引导学生明白，酒在李白的创作中发挥了重要作用，激发学生的探究欲望。

板块二：好山水之李白。

A.借助李白的足迹图和游览图，体会李白对山水的喜好。

李白曾在江苏留下《登金陵凤凰台》，在安徽留下《独坐敬亭山》，在江西留下《望庐山瀑布》，在重庆留下《早发白帝城》，在陕西留下《登太白峰》……可谓足迹遍布大江南北，横贯东西。

B.学生交流，绘制更细致的李白游览图。

C. 探究：李白的性格与他爱好山水的关系。

设计意图：借助李白的游览图及留下的诗作，引导学生体会李白遍布南北、横贯东西的游览范围，探究李白性格与他爱好山水的关系，从而明白读万卷书很重要，行万里路也很重要。

板块三：好月之李白。

A. 拍手唱《古朗月行》。

B. 出示李白写月的诗句，快速诵读。

> 举头望明月，低头思故乡。
> 江行几千里，海月十五圆。
> 举杯邀明月，对影成三人。
> 月下飞天镜，云生结海楼。
> 山明月露白，夜静松风歇。

C. 月亮，这一特定的文化元素被李白赋予了生命和变化多端的情感。李白写月亮的诗作远远多于他的山水诗作。李白单单对月亮的称呼就多达60多种，出示：

从形象色彩上有朗月、素月、半月等。

与自然景物结合的有山月、海月、云月等。

有对历史追忆的汉月、古时月等。

与地名结合的有峨眉月、天门月等。

D. 总结：李白在望月、思月、呼月、邀月、问月、醉月、赏月、弄月、梦月，甚至"欲上青天揽明月"中寄托着对明月的喜爱之情。

E. 鼓励学生对月亮这一特定文化元素在中华传统文化中的重要地位做专题研究。

设计意图：月，内涵丰富的文化元素，在李白的诗作里被赋予了摇曳生姿的魅力。此板块采用粗笔勾勒的方式，采撷李白写月的千古名句和对月的多样称呼，体会李白与月的不解之缘。

板块四：好友之李白。

A. 出示三首不同侧面的赠答友人的诗，朗读欣赏。

三首诗：《赠汪伦》《黄鹤楼送孟浩然之广陵》《闻王昌龄左迁龙标遥有此寄》。

欣赏要点：
a. 每首诗表达了李白与谁的怎样的情谊？
b. 他们是怎样送别的？你仿佛看到了什么，听到了什么？

B. 总结：李白在170多首送别诗中，无论是以歌声相送还是远远目送，无论是让明月相送还是喝酒相送，都是在用心、用情相送。

设计意图：人情练达即文章。通过三首不同侧面的赠答诗，创设想象空间，让学生在想象练说中体会李白丰富的感情世界，触摸李白细腻的一面，为下面的真情吟诵埋下感情伏笔。

④真情李白，千古流转。

A. 李白作为中华民族的一个大诗人，给我们留下了不朽的诗作，下面我们通过吟诵他的诗作来赞美他。可以个人展示也可小组展示。

B. 配乐吟诵展示。

设计意图：对诗人最好的崇拜就是传承他们的作品和精神。通过真情吟诵，让李白的诗人形象在学生心中熠熠生辉。读经典之书，做有根之人。敬畏，是对传统文化应有的态度。

随着对李白学习的深入，我们对李白更是喜爱有加。放浪天才，一生悲喜。一生艰难追梦，一世诗酒问道。

以"假如我和李白生活一天"为题，在小组内进行思维碰撞，然后成文，再交流赏析，两节课完成。学生的习作尽管多有瑕疵，但瑕不掩瑜。本"美篇"截取他们习作中的有趣部分呈现，为的就是表扬更多同学，让学生树立信心，体验喜悦。

"要是能重来，我要选李白……"在这歌声中，请读：

假如我和李白过一天

如果你问我想和谁过一天，我当然说和李白过一天啦！"好，满足你的愿望。"一瞬间，我就穿越到了一千年之前。

呀！我真的穿越了！我和李白在一起，此时的李白正在喝酒。

他喝完酒把酒杯一扔，手里不知何时多出了一柄长剑，只见他一会儿一个神龙摆尾，一会儿一个白鹤亮翅，一边舞剑一边吟诗。"君不见，黄河之水天上来，奔流到海不复回。君不见……"

忽然从月亮上飞下来一位女子，竟然是嫦娥！嫦娥伸出纤纤玉指，说道:"你就是李白吧!""你……你……你就是嫦娥?"此时的李白竟然结巴起来!嫦娥快走两步,拾起长剑,"你的诗还没有吟完,下一句是什么?"李白接过嫦娥手中的长剑,继续舞剑吟诗:"高堂明镜悲白发,朝如青丝暮成雪,人生得意须尽欢……"一旁的嫦娥听得痴迷了,和着李白的节奏跳起舞来。一曲终了,李白和嫦娥静静地站在院子里,四目相对,谁也不说话。过了许久,嫦娥自言自语道:"好久都没这么畅快过了。"说完她向李白微微一笑,转身欲飞。李白紧追两步说:"白兔捣药秋复春,嫦娥孤栖与谁邻?"嫦娥听到这两句诗,一下子僵住了,她转过头来,望着李白,满眼都是泪水。李白说:"嫦娥仙子,当年你盗取西王母送给后羿的不死药,可曾后悔?"嫦娥怅然道:"我本是天上仙女,后因后羿射日得罪上天受到牵连被贬下凡,我偷吃不死药,只是想回家而已。""月宫是你的家吗?"李白问。嫦娥不再回答,抬头望着冷清的明月。一阵风吹来,嫦娥衣衫随风飘舞,身体也慢慢飘起,消失在茫茫的夜空中。

怅然若失的李白望着茫茫星空,回想自己在皇帝身边的这三年,喃喃絮语:"真是荒废了时光,辜负了美景,还好,还来得及,我一定要把失去的时光补回来。"于是,一身洁白长袍的李白佩剑远游去了,只留下我在凝望。

一天的时间很快到了,我又穿越到家里,还是那一天,还是那一个下午。我竟然真的见到了李白,我太高兴了。原来李白是那样的风流倜傥,胸怀大志,以后我要好好学习李白的诗。

(魏陈梓轶)

3. 用小古文写春节

下面是学生写的春节的小古文,虽多有瑕疵,但瑕不掩瑜,整理下来,以记录孩子的语文成长之路。

春　节

年,乃吉祥也,各色美食齐全,人各居家,其乐融融。

年,忙碌也,必早起,洗、扫、拖、抹、挂,齐动手,不亦乐乎!

吾与妹同购物。因过年,可恣意购。数袋满,心中喜不自胜。

今日为年,花天锦地,红飞翠舞。春联福字门前高挂,福星高照也。诸朋遍于各地各归其家。名贵良酒、各色佳肴集于此日,宴毕守岁,孩童嬉闹,其乐融融。是夜子时,各家食水饺,喜迎新春。大人口中道:"事如意,平安罩；身体壮，福全到；亲满堂，欢乐笑……"

年哉，团圆也；年哉，添岁也；年哉，始也。

（闫宸睿）

年

迎新春，辞旧日，天增岁月；贺佳节，庆盛宴，人添寿元。福禄临门，财喜入户；欢天喜地，全家康健。烹宰猪羊，丰盈富足；美酒佳肴，争奇斗艳；糖果瓜桃，一应俱全。推杯换盏，笑语不断；天伦之乐，何须多言！

家宴毕，守岁始，孩童嬉闹，父母安闲。拌馅和面，或包水饺，或看春晚，其乐融融。亲朋故友，互致问候；道吉祥，祝平安，俱是欢颜！真乃：家和万事兴，国泰民安！

（王君恒）

六、文学阅读与创意表达任务群的微案例

（一）唐诗中的两只蝉

内容：五年级上册第14页中的"日积月累"。

蝉

[唐] 虞世南

垂緌饮清露，
流响出疏桐。
居高声自远，
非是藉秋风。

简单疏通意思后，我问道："你从这首诗里，读出了什么？"

稀疏的几只小手举起。

生：蝉的声音嘹亮，凭借的不是秋风的力量，而是站在高处的缘故。

生：我想到了"站得高，望得远"这句话。

生：我想起了"会当凌绝顶，一览众山小"这句诗。

师：蝉原来还是个哲学家呀，它懂得借助树的高度实现自己的心愿——把歌声送得更远。就像牛顿说过的一句话：如果我看得更远的话，那是因为我站在巨人的肩膀上。

读两遍牛顿名言，争取记住，或者有点儿印象。蝉站在大树的肩膀上，加之声音嘹亮，所以"声自远"，并非凭借秋风。

当学生熟练背诵后，我总结道："今天，我们更深刻地认识了蝉这位哲学家。我希望大家都有蝉的自信和底气。这种底气来自'居高'和实力，而不是'藉秋风'。"

师：虞世南仅仅是在写蝉吗？阅读虞世南的简介，你又发现了什么？

生：我发现虞世南更像是写自己，他就是一只有实力的蝉。（学生笑）

生：虞世南写出这样的诗句，是与他当时的心境相吻合的，言由心生。

生：虞世南之所以声名远播，靠的是踏踏实实地做事做人的品行，靠的是好学精神，靠的是刚正不阿的为人原则，靠的是为国为民的博大胸怀，不是歪门邪道。

教学此诗，联想到我们老师，唯有自己底蕴深厚了，一张口就是语文，立得稳了，才可能在课堂上"声自远"，才可能在家长心中"声自远"。

师：唐诗中还有一只蝉，这又是一只怎样的蝉？出示：

在狱咏蝉

[唐]骆宾王

西陆蝉声唱，南冠客思侵。

那堪玄鬓影，来对白头吟。

露重飞难进，风多响易沉。

无人信高洁，谁为表予心。

补充历史背景，疏通意思。

师：虞世南是浙江人，骆宾王也是浙江人。但两人笔下的蝉差异较大，你来分析。

生：骆宾王笔下的蝉很无奈，很凄惨，就像在狱中的他，想说话但无人听。

生：骆宾王笔下的蝉虽然有点儿悲惨，但它不屈服，有股倔强。

师：虞世南和骆宾王这两个优秀的小伙子不约而同地以蝉自比，很像辩论赛中的正反和反方，也像一个人内心深处的两种声音，非常有趣。

接下来就是埋头背诵，并工整摘抄。

学生进入高年级，我时常由此及彼，促进知识的比较和融合，引导学生进行思辨性阅读和表达，深受学生喜欢。

（二）细节编织的情网

内容：五年级上册第四单元《圆明园的毁灭》。

我抓住题眼"毁灭"做足文章，感觉效果较好，现摘取两个片段加以分析。

片段一：在"咬文嚼字"中深化理解。

师：英法联军是怎样毁灭圆明园的？请读第五自然段。

师：读了这一段，你想到了哪些词语？

生：我想到了"肆无忌惮"这个词语。

生：我想到了"滔天罪行"这个词语，英法联军犯下了滔天罪行。

生：我想到了"肆意妄为"这个词语。

师：你从哪些词句体会到的？

生：他们把园内凡是能拿走的东西，统统掠走。也就是说体积小、重量轻的奇珍异宝，他们都收入囊中，一个也不放过，很疯狂，很贪婪。

生：他们拿不走的就毁坏掉，这是最可耻的。他们没有的也不让我们有，极其可恶。

生：我还想到了"疯狂肆虐""狂风暴雨"。

生：实在运不走的，就任意破坏、毁掉。3 000多名侵略者都在破坏，他们肯定红了眼，用脚踢，用手砸，用枪扫射，他们肯定是疯了，就像狂风暴雨席卷一切。

师：好一个"席卷"，好！

生：我还想到了"洗劫一空""毁于一旦"等词语。

生：大火连烧三天，烟云笼罩了整个北京城，到底烧毁了多少稀世珍品谁也不知道。

师：我们只知道，烧毁一幅名画仅需——

生：几秒钟。

师：烧毁一座建筑仅需——

生：几分钟。

师：打碎一个瓷器，仅需——

生：片刻、瞬间。

师：概括地说说英法联军是如何毁灭圆明园的，同桌互相交流。

生：英法联军动用一切可以采用的方法，烧毁了、拿走了、砸烂了，像一群野兽。

生：英法联军狂风暴雨般席卷一切，为所欲为。

生：英法联军丧尽天良，顷刻间，金碧辉煌的圆明园化为了废墟。

片段二：品读中的想象与升华。

师：那三天三夜到底烧毁了多少奇珍异宝呢？来看录像。（大火焚烧圆明园的无声镜头）

师：在这熊熊烈火之中，在这滚滚浓烟之中，英法联军烧毁了……烧毁了……烧毁了……；英法联军掠走了……掠走了……掠走了……（出示）

师：同桌两人互相交流。

允许学生不用举手，依次站起来说。一个说完下一个紧接着说，努力形成一种紧张的气氛，突出英法联军的毁灭是肆无忌惮的。学生谈得很激动。

生：那把大火烧毁了玲珑剔透的亭台楼阁，烧毁了金碧辉煌的殿堂，烧毁了历代的名人书画……英法联军掠走了历代青铜礼器，破坏了西洋景观，破坏了人间胜景……

生：那把大火烧毁了能工巧匠们的心血，烧毁了人民智慧的结晶。英法联军掠走了无数的金银珠宝，破坏了价值连城的奇珍异宝。

生：那把大火烧毁了汇聚古今中外风格的建筑，烧毁了历史上最有名的名人书画，烧毁了价值连城的青铜礼器，毁灭了我们引以为豪的万园之园。

……

师：那把大火烧毁了太多太多，英法联军掠走了太多太多，那毁灭的仅仅是圆明园吗？读读第一自然段。

师：联军毁灭的到底是什么？

生：文化。

师：谁的文化？怎样的文化？

生：中国的文化，中国五千年的文化。

师：世界的文化，世界文化中最璀璨的中国文化。因为，文化是没有国界的。

生：四大文明古国之一的伟大的中国文化。

生：不可复制的中国文化、世界文化。

师：是呀！圆明园可以复制，但文化是不可复制的。打开你的情感之门，把你心中的火倾泻进这段话的朗读中吧！

生配着熊熊烈火的声音朗读。

教学反思：王荣生教授指出，教学的设计应力求简约，关键是把握以下两个要点：①提炼教学内容和切入文本的精华、精髓，并聚焦在关键词句的核心点上；②教学的各个环节围绕、指向教学内容的核心点，并在课堂教学的一个个点上具体落实。《圆明园的毁灭》是一篇思想性很强的文章。教学时，我紧紧围绕"毁灭"这个核心点展开两个环节：怎样毁灭？毁灭了什么？步步推进，力求让学生在充分品读词句的基础上渐渐升华出浓烈的情感，因为英法联军的一把大火到底烧毁了多少东西，我们无从考证。伴随着视频，激发学生的想象力就显得尤为重要。我引导学生说"在这熊熊烈火之中，在这滚滚浓烟之中，英法联军烧毁了……烧毁了……烧毁了……；英法联军掠走了……掠走了……掠走了……"，学生在品读词句、联系前文、情景渲染、发挥想象的基础上，搭建起情感的阶梯，对英法联军的憎恨也就油然而生。

王崧舟老师曾说："'语文味'就是守住语文本体的一亩三分地。"在这个片段中，"语文味"表现为品读词句的"品味"，情景渲染的"情味"，想象入境的"况味"，动情诵读的"读味"。很多名师执教过此课，我也看过一些，但终究不是自己的，"拿来主义"是要的，更需要的是活学活用，读出真我。用心阅读才能成就家常课的精彩。

（三）在幽径分岔处

内容：五年级上册第七单元纳兰性德的《长相思》。

因学习了王崧舟老师执教的此课，我就想在视导课上也体验一把王崧舟老师的游刃有余。

　　我和学生沉浸在纳兰性德"山一程,水一程,身向榆关那畔行,夜深千帐灯。风一更,雪一更,聒碎乡心梦不成,故园无此声"的意境里,学生随着词人的情绪起伏体验了一番"才下眉头,却上心头"的怀念,感受了一遭"剪不断,理还乱"的愁思。我窃喜,课前挖空心思的备课,马上要收获了。

　　为了在课堂上再掀高潮,我抛出了最后一个问题:"感悟到这里,我不禁想起了'醉卧沙场君莫笑,古来征战几人回'的大义凛然,想起了'会挽雕弓如满月,西北望,射天狼'的英雄气概,想起了'王师北定中原日,家祭无忘告乃翁'的深切挂念。纳兰性德也太儿女情长,太柔了吧。你同意老师的观点吗?谈谈你的看法。"

　　我选定了口齿伶俐的王盈科来回答,我想他肯定会说"不同意",他肯定慷慨陈词,博得我的表扬,从而无形中为后面回答的学生戴上了"紧箍咒",这节课也就大功告成了。

　　然而他的回答却是"我同意"。我一惊,思维出现瞬间"休克"。

　　还好,课前我对纳兰性德研究得很充分,我说:"说说看。"

　　王盈科振振有词:"纳兰性德才华横溢,与康熙皇帝关系很好,是他的贴身侍卫。纳兰性德的父亲还是康熙的宰相明珠。他们一家很得康熙的宠信。尽管如此,纳兰性德却对仕途没有兴趣,特别是在死了爱妾后,他就更消沉了,有点儿像康熙的父亲顺治皇帝。他的很多作品都是在怀念他的妾,心根本不在国家大事上。所以说,纳兰性德就是有些儿女情长。"

　　哦,我忘记了王盈科对历史特别钟情,他还看过二月河的《康熙大帝》。他的一番话似乎一下子推翻了我努力营造的淡淡伤感的氛围,尽管他的话让学生听得饶有兴趣。

　　我握着他的手说:"谢谢你,让我们了解个一个更全面、真实的纳兰性德。由此可见,透过一首诗词是不能全面地了解一个诗人的。我们怎么更全面地了解这个诗人呢?"

　　生:可以多读读他的其他作品,通过作品了解诗人。

　　生:还可以听听、看看诗人的小视频。

　　生:通过查找资料更全面地了解诗人。

　　师:对,大家说的这些了解诗人的方法都很好。向大家推荐"喜马拉雅"

上的视听专辑《纳兰心事有谁知》和《百家讲坛：纳兰性德》。希望大家在周末听一听。

师：不过，儿女情长有没有错？再来谈谈。

我没想到的是，话题一出，孩子的回答颇有可圈点之处了。

生：纳兰性德儿女情长没有错。他长期跟随康熙，肯定处处小心。唯有和自己的亲人在一块才放松，特别是漂泊在外时。

我说：伴君如伴虎。谁不渴望平静、安宁的生活，人之常情啊！

生：纳兰性德除了儿女情长，他还有一颗热爱祖国的心。他有一身好武功，在战场里立了不少战功。

生：纳兰性德是个忠诚、文武双全的一等侍卫，他知道身上的重任，所以康熙皇帝很宠信他。

……

在幽径的分岔处，拾得满园春色。

我顺势总结道："也就是说纳兰性德的长相思不单是儿女情长，还包含着对祖国的关心、忠诚，是一种超越了儿女情长的'长相思'。所以评论家说他的词柔而不软、悲而不颓，融细腻情感于雄壮景色中，尽显非凡。再来读读，看能不能体会到这一点。"

学生读得有声有色。

最后我这样说："让我们这样安慰那些天各一方的亲人们吧，'两情若是久长时，又岂在朝朝暮暮'；让我们祝愿那些天各一方的人们吧，'但愿人长久，千里共婵娟'。"听着孩子在我的提示下感同身受的朗诵，我感到教学进入了我期望又出乎意料的境界。

在比较一致的赞美声中，我陷入了思索。有意栽花花不发，无心插柳柳成荫。如果教师的思维被预先设计好的套路紧箍住，那备学生的要求就是纸上谈兵。如果没有充分的备课，对生成的教学资源就熟视无睹，甚至会浇灭孩子的思维火花。

备课也要多在幽径分岔处停留。

（四）读写结合之《两茎灯草》

内容：五年级下册第四单元《两茎灯草》。

本则短文的语言特点是在夸张中尽讽刺之能事,严监生舍命不舍财,到死抱着一根灯草不放的吝啬鬼形象跃然纸上。课文虽然只有区区三百字左右,但是语言的精练传神,其无限的语言张力是学生读写一体化的好材料。为了让学生能学习运用这种语言特点,我进行了如下引导。

师:作者是如何写"临死前"这一特定生命表现的?我们透过这一段经典描写来研究"死"这一人生主题。

生:"严监生的病,一日重似一日,再不回头。"说明他已病入膏肓,只能等死了。

师:这是从病情的角度写的。

生:"诸亲六眷都来问候。"说明严监生的亲戚也都来见最后一面了。

师:这是中国的传统,死前见最后一面,从人的角度写的。

生:"到中秋已后,医家都不下药了。"严监生的病已经无药可救,这是从医生的角度写的。

生:"病重得一连三天不能说话。""严监生喉咙里痰响得一进一出,一声不倒一声的。"这是直接描写严监生临死前的样子。

师:前边的都是侧面描写,这一句是直接描写。两种描写方法组合使用更有表现力。

我引导学生仿照这种语言特点描写一个说话喋喋不休的人。下面是学生的描写,真可谓栩栩如生。

崔家润:这个人说话速度极快,如果和刘翔赛跑的话,刘翔也应甘拜下风。

刘魏烨:他说得天昏地暗,如置身在夏天的青蛙塘边。

张仕佳:他的嘴唇上下翻动,唾沫星子如小雨般飞洒。

任钰轩:这个人巧舌如簧,如果让他到秦始皇陵旅游,能把秦始皇从棺材中说出来求饶。

徐乾生:谁要与他谈话,半分钟内就会被他的唾沫星子淋湿头发,他似乎下定决心要把所有的话说完。

孙芯雅:他就像一台织布机,整天嗡嗡地说个不停,置身其中,如坠莺歌燕语的鸟世界,昏昏进入梦乡。

沈奕诺:他说话的声音如同闹蝗灾了一样,在我们耳边"嗡嗡"作响,我们的愉悦之情也像要被蝗虫吃掉的庄稼一样一点点消失。

张铭轩：他的嘴巴犹如一架机关枪，每时每刻都喷射着语言的子弹。

赵月曼：这个人说起话来口若悬河，天地似乎也要随之摇摇晃晃起来，让人不禁想起"飞流直下三千尺，疑是银河落九天"的诗句。

陈顺鑫：看着他翻动的舌头，自会想起蛇的须子，一会儿噼里啪啦，一会儿呜呜呀呀，一会儿叽里咕噜，全凭舌头演奏的"交响乐"，说得天地黯然神伤起来。

……

然后我说：是不是很有意思？原来说话可以这样描写，很好玩。我们再来赏读一段写人吝啬的小古文，你来体会两篇文章的各自特点。

出示：

俭啬老

汉世有人，年老无子。家富，性俭啬，恶衣蔬食。侵晨而起，侵夜而息，营理产业，聚敛无厌，而不敢自用。或人从之求丐者，不得已而入内取钱十，自堂而出，随步辄减。比至于外，才余半在，闭目以授乞者。寻复嘱云："我倾家赡君，慎勿他说，复相效而来！"

老人俄死，田宅没官，货财充于内帑矣。

理解了基本意思后，学生谈了这篇文章是如何写一个人吝啬的，并与《两茎灯草》做了比较，体会了"不著一字，尽得风流"的表达效果。

师：学习贵在举一反三，你还会用这种语言风格写什么？

生：我想用这种夸张、讽刺的语言写一个人很拖沓。

生：我想尝试写一个人很小气。

生：我想写一个人很漂亮。

……

师：那就趁热打铁，写上几句吧！

孩子们热火朝天地写起来。以下是孩子写的小古文，描绘了爱笑的妹妹，很传神，颇有情趣。

吾 妹

吾有妹，名家妍，两岁半，甚爱笑。

晨起，其笑声胜似闹钟，准且亮，休想贪睡。贪睡者，妹必趴耳笑，其声似母鸡下蛋，直至你起与她戏耍。回眸一笑百媚生，卖萌必备，索物必用，无人能拒。

爱笑小妹，百花皆羞；爱笑小妹，如阳普照，再无烦恼。

（崔家润）

反思：合理引导学生，相信他们能做到。抓住文本语言特点，在引导学生揣摩体会的基础上，辅之以类似文本的拓展阅读，形成阅读群，然后引导学生适时练笔，学以致用，促进孩子对规范文本的汲取和揣摩，这无疑是提高学生作文水平的有效途径之一。这样的小练笔简洁、有效，应当经常进行。

七、"国学小名士"征战记

2022年的这个暑假最有意义的事情之一就是带领我班学生崔家润先后征战县、市两级"国学小名士"竞赛活动。

崔家润作为全市小学组的第一名正在准备全省的"国学小名士"选拔活动，并参加了《中国诗词大会》百人团的选拔活动。不管省里比赛的战绩如何，孩子从县里杀到市里再杀到省里，一路凯歌，是对他1 000余首诗词积累量的检阅，也是对我传统文化教育的检阅。

用崔家润的话说，凭借我班学生的诗词积累量，我们都有可能在县里获奖。截止到五年级上学期，我班学生的平均诵读量在720首左右，个别突出的学生在900首左右，像崔家润这样特别闪耀的孩子也有十几个，我为此感到自豪。因为热爱，所以执着。

仅以三篇公众号里的文章激励我继续以赤子之心，育岭上花开。

（一）河源学子读书养气，传承国学熟读深思

2022年7月28日，沂源县第九届"国学小名士"中华经典诵读电视大赛圆满落幕，沂河源学校的崔家润同学获得小学组冠军，吕俊泽同学获得初

中组季军，成绩优异。其中，崔家润同学作为小学组的唯一一位选手将参加市里的比赛。

小学组比赛设有诗词接龙、飞花令、智勇双全和创意诵读四个环节。崔家润同学凭借丰富的知识储备，一路过关斩将，最终以优异的成绩胜出，赢得小学组冠军。尤其是在创意诵读环节，崔家润同学身穿汉服，慷慨激昂地朗诵了《蜀道难》，配以精美的视频画面，两幅书法作品在身后徐徐展开，让在场的每一个人仿佛身临其境，精彩诵读赢得了评委和观众的阵阵掌声。

初中组比赛设有诗词接龙、飞花令、智勇双全和妙笔生花四个环节。吕俊泽同学"腹有诗书气自华"，思维敏捷，对答如流，展现了扎实的国学功底。在"妙笔生花"环节，吕俊泽同学以"月、水、愁"三个关键字描述了一位女子对军中情郎的思念之情，颇有"但愿人长久，千里共婵娟"的意味，令人叹服。

河源学子读书养气，传承国学熟读深思。沂河源学校着眼于学生核心素养的提升，一直非常重视大阅读、大积累。学校创新做法，营造浓厚的"日日诵""天天读"国学经典传承氛围，学生的诵读量远远超出课程标准的规定数量。本次比赛充分彰显了沂河源学子丰厚的国学经典素养和对国学文化的热爱。

（二）国学小名士，出征再夺魁

近日，淄博市第九届"国学小名士"中华经典诵读电视大赛在淄博广电大厦的演播大厅拉开战幕。

沂源县沂河源学校四年级学生崔家润代表我县出征淄博市"国学小名士"小学组竞赛。他不负众望、过关斩将、高歌猛进，最终夺冠成功。

大赛分复赛和决赛两个阶段。先是上午的复赛，来自全市的11名选手同台竞技。崔家润在"大隐于市"的笔试中夺得第一，后在"飞花令"和"创意诵读"中也有不俗表现，最终以第2名的成绩结束上午复赛，顺利闯进下午决赛。

下午决赛从零开始，气氛相当紧张激烈。崔家润在"诗词接龙"中独领风骚，后在"智勇双全"的必答环节中一分未丢，在抢答环节得分更为领先，又在"妙笔生花"的古体诗创作中完美收官，以绝对优势卫冕夺魁。

在接下来的电视台专访中，崔家润这样说："江山代有才人出，各领风骚数百年。这次我代表沂源县参加小学组的竞赛并夺得冠军，心里十分高兴。功夫不负有心人，我近两个月的努力没有白费。我将更加热爱国学，国学也将让我更自信和阳光。"随后，电视台主持人和两位评委老师亲切地和崔家润同学合影留念。

的确，崔家润同学自接到任务开始，就自我加压，大量背诵国学经典，不断复习往年的"国学小名士"竞赛题目，勇于挑战今年的新比赛项目。尤其是"妙笔生花"比赛环节要求选手在10分钟内根据关键词创作一首古体诗，这对于四年级学生来说是个极大挑战。崔家润同学不畏困难，在老师指导下勤于钻研，大胆下笔，创作出了不少佳作。

崔家润同学夺冠成功，是沂河源学校长年坚持经典诵读的一次检验、一次反馈。这必将激励更多师生在国学经典诵读的路上昂扬向前，增强文化自信并自觉传承。

（三）别人怀宝剑，我有笔如刀

市级比赛中有一个"妙笔生花"环节，要求学生在10分钟之内根据给出的关键词创作一首古体诗。选手创作过程中，有歌舞、弹奏等节目同时进行，以考查学生的定力和思辨能力。

为了让崔家润成为全面型选手，我研究了古体诗的平仄和押韵，以及不同韵脚表达的不同情感，不同韵脚适合表现的不同主题。然后，我着手教他创作简单的古体诗。崔家润创作完成后，我再帮其修改润色，并阐释清楚修改的理由，让孩子知其然更知其所以然。一番训练后，崔家润写出了一首首略显粗糙和稚拙的诗篇，而我则见证了国学小将的足迹。长江后浪推前浪，青出于蓝而胜于蓝。

表6-8呈现的是崔家润在整个过程中的创作，记录留痕，为成长点赞。

表6-8 崔家润写的诗

关键词：书、少年 勤　学 三更灯火书声朗， 少而好学如朝阳。 正是少年读书时， 锤炼羽翼来路长。	关键词：柳、故人 折柳送别 柳色青青雨如烟， 今朝一别泪湿衫。 浊酒一杯脱相赠， 明年草绿待君还。	关键词：暮、天、思 思　乡 日暮残红浸天边， 愁思多年泪湿衫。 春风吹绿故乡岸， 梦中明月照我还。
关键词：明月、梦、江山 月夜梦江山 万里明月照江山， 梦魂飞越夜度关。 王师何时定中原？ 为国垂泪满青衫。	关键词：明月、梦、江山 孤　蓬 江山瓠离明月冷， 故园不曾来入梦。 鸟尽水寒独往来， 孤蓬飘飘万里征。	关键词：月、水、愁 乡　愁 遥望江水始觉忧， 抽刀断水水更流。 皎皎轮月上寒空， 借酒消愁愁更愁。
关键词：酒、雨、相思 雨中思乡 细雨如丝使心寒， 乡思愁苦难排遣。 浊酒一杯家何在？ 斜阳西下望青山。	关键词：山水、乡、思 乡　思 细雨如烟望欲穿， 思乡多年何时还？ 山水迢迢坐长叹。 斜阳西照酒正酣。	关键词：牧童、月、歌 牧　童 牧童归来月色凉， 歌声朗朗韵律长。 竹篓草绿复虫鸣， 对月饱饭把诗唱。
关键词：塞、雪、曲 塞外乡思 塞上冬来天地寒， 燕山飞雪覆江山。 折柳曲中离人泪， 一曲终了白发还。	关键词：舟、江、思 秋　思 月上柳梢秋意闹， 江枫渔火夜高照。 一叶扁舟荡江上， 乡思渺渺暂收篙。	关键词：柳、夏、雨 夏　日 柳绿阴浓夏日狂， 楼高水冷甜瓜凉。 暂系扁舟安睡去， 江湖风雨十年伤。
关键词：烟尘、飞、国 杂　诗 烟尘滚滚安史乱， 国无良将哀民叹。 东风吹越玉门关， 遥望王师又一年。	关键词：春、草、读书 春日乐读 春雷滚滚雨苍茫， 美酒入胆我癫狂。 草绿风暖一色新， 美哉善兮读书郎。	关键词：一、书 勤　读 一日无书百事芜， 铁杵成针方去粗。 一寸光阴不可弃， 最是读书志不渝。

我也以糙诗表达对该生的赞叹：吾生志学以广才，诗词书法自热爱。国学夺魁润心苗，涵泳功夫未曾怠。此诗写在参加县国学小名士复赛活动之际。惊心动魄的市级比赛归来，我写道：名士江湖多侠客，国学小将求平仄。

过关斩将雄者谁？吾生家润再夺魁。

11月，崔家润将代表淄博市参加省级的"国学小名士"的选拔活动，祝愿他享受过程，再奏凯歌。

（四）最是书香能致远

在努力培养我班"国学小名士"的过程中，我也努力修炼，多读多背，日有所进。尤其钟爱古典诗词，希冀以诗词之力量慰藉奔波之中年，以零星碎语记录我的修炼之路。

人到中年读东坡："学习强国"中6集苏东坡纪录片做得真好，一气看完，收藏反复看；林语堂的《苏东坡传》需要在夜深人静之时沉心细读；"意公子"视频号是一个有温度、有情怀的节目，其中的苏东坡系列颇费心思，值得品读；《唐诗宋词鉴赏辞典》更是我之爱。东坡词，时常读，养气神，沉心境，莫相忘。

——今日背《水龙吟·次韵章质夫杨花词》

心念归去来兮，身却不断流放。百年三万六千场，场场自思量：怕负直言极谏名，故抵死说短论长；怕负清风皓月美，故拄杖吟啸疏狂。身心相煎苦，两曲《满庭芳》。

——感苏轼《满庭芳》两首

感谓世间有东坡，胜似荔枝三百颗。多少芳华与狗血，柔奴一句尽囊括。

——读苏轼献给美女柔奴的《定风波》

会有一天，我以对苏轼的热爱与研究，带领学生也与苏轼来场邂逅，酣畅淋漓。唯有热爱，才可带动。

秋高云淡，闲云片片。信步漫道，我心悠然。朝听书，午小憩，暮伴读。一首诗，一支笔，一页书，一堂课，一群娃。弃浮名，日小进，不负日月，不负卿。不念过往，只期未来。

——写在秋季开学季

儿童多行处，芳甸多闲顾。游人如穗苞，都在和春住。春风吹尽繁花开，繁花开尽绿荫来，绿荫铺尽子初成，春天有脚不相待。

——游春漫兴

八、浅谈跨学科设计在古诗教学中的应用

——以《枫桥夜泊》为例

中国是一个诗的国度，言简义丰是古诗的一大特点。"义丰"表现在丰富的动植物意象以及文化内涵中，这两者都为古诗的跨学科教学提供了很大空间。新课标（2022年版）强调，要拓宽语文学习和运用领域，围绕有意义的话题，综合运用语文、科学、美术、数学等方面的知识和技能，开展跨学科的综合性实践，使学生在不同内容和方法的相互交叉、渗透和整合中开阔视野，提高各方面素养。本部分以《枫桥夜泊》为例，重点讨论如何在古诗教学中实施跨学科主题学习，以及实施跨学科学习的意图及依据。

《枫桥夜泊》是五年级上册语文第七单元"四时景物皆成趣"中的内容，承载的语文要素是"初步体会课文中的静态描写和动态描写"。此诗情味隽永，意境清远。诗人在动静结合、明暗变化、空间转化、景物巧搭等方面极其用心，人、景的交融和契合得到完美呈现。细究此诗，我们还会发现很多值得探究的点，巧妙设计这些点，它们就可成为学生开展跨学科学习的"码头"，学生由此可驶向广阔的大海。

（一）语文活动一：动静巧搭配，更有诗意美

1. 动静归类，体会意境

诗的布景密度大，仅用28个字写了8种景象：前两句用14个字写了6种景象，布景紧密；后两句写了2种景象，布景舒朗。月落、乌啼、霜满天、渔火闪、钟声传是动态描写；江边静、枫树止、山寺安是静态描写。诗人抓住景物特点，动静交错，明暗有变。由此设计的问题是：诗人描写的动态、静态景物各有什么？特点是什么？这些景物与诗人当下的心境有什么联系？

这三个问题密切联系本单元目标，意在引导学生联系古诗学习经验，辨别动态、静态两种描写除了符合真实观察之外，还折射了诗人当时的缕缕清愁，这样对其动静结合的表达效果也就体会到位了，达到了阅读与鉴赏的目的。

2. 比较阅读，细察入微

赏读元朝白朴的小令《天净沙·秋》："孤村落日残霞，轻烟老树寒鸦。一点飞鸿影下。青山绿水，白草红叶黄花。"整首小令不见"秋"字，却尽得秋意，动静相生，人景合一，与《枫桥夜泊》在写法、情感上有异曲同工之妙。教师引导学生继续围绕上边的三个问题展开学习，想象诗境，体会诗情，在拓展阅读中深入体会"动静巧搭配，更有诗意美"的文学阅读之道。

3. 想象链接，创意表达

学习完以上内容后，教师鼓励学生在动静结合的原则下对两首作品进行"重组"，也可以选择其他景物进行动静组合，在大胆创作中实现"文学阅读"到"创意表达"的转身，如"乌啼江枫霜满天，月落渔火对愁眠。夜半城外寒山寺，点点钟声到客船"。再如"落日轻烟残霞，孤村老树寒鸦。牧童弄笛犊返，归来饱饭，须插满头菊花"。在学生完成创意表达后，教师引导学生继续用上边的三个问题进行评价，促进教学练评一体化，帮助学生深入掌握本单元要素。

（二）语文活动二："乌""寒"内涵丰，点燃旅客情

1. 探究"乌鸦"文化

乌鸦，在中国传统文化中的象征意义是有其流变历程的。曹操的"月明星稀，乌鹊南飞，绕树三匝，何枝可依"中的乌鸦是预兆吉祥的鸟儿；乌鸦反哺，孝鸟也；"枯藤老树昏鸦""一片神鸦社鼓"则渲染了凄苦、萧索之境；俗语"乌鸦头上过，天灾必有祸""老鸦叫，祸事到"中的乌鸦则是凶鸟；《乌鸦喝水》《狐狸与乌鸦》等故事中的乌鸦则是聪明鸟的化身；"乌鸦嘴""乌合之众""爱屋及乌"等词语更贴近现代生活……让学生围绕"喜鸟乌鸦""凶鸟乌鸦""孝鸟乌鸦""聪明乌鸦"等方面展开综合性学习，用研究报告、思维导图、课件展示等方法进行信息整理和呈现所学。新课标（2022年版）在"梳理与探究"部分中指出：第三学段学生要在跨媒介阅读与运用中，初步运

用多种方法整理、呈现信息。此项活动的设计就很好地体现了这一点。

2. 趣说"寒"之意

"寒"字是一个文化内涵十分丰富的词。寒山、寒秋、寒意、寒门、寒舍、寒鸦、寒士、寒衣……让学生用"深秋之山是寒山""贫穷之门叫寒门"的方式趣解"寒"之意。

学生通过以上两个主题探究，不但了解了"乌""寒"的丰富内涵，更明白了诗词中这两个意象所承载的羁旅者的情感。透过一个词的深入学习，学生窥见了中华传统文化的博大精神。小中见大，触类旁通，利于学生建立文化自信。同时，这两项语文活动皆以素养为导向，落实单元核心目标，兼顾了育人价值、思维方法、语言积累和学习方法的习得，是必须落实好的。

围绕上述两个主题，我们设计了以下跨学科活动。

（1）科学活动："霜""月""钟"里知识多，深入探究释其惑。《枫桥夜泊》这首诗里包含了很多科学知识的"散点"：霜是怎么形成的？大都是"霜满地"，诗中怎么是"霜满天"？诗中的月是"上弦月"还是"下弦月"？寒山寺的钟声是怎么传到客船的？夜间的声音为什么传得更远？这些"散点"涉及的知识，学生在科学课上都曾接触过。教师提供给学生研究的支架，鼓励他们再次阅读相关科学书，查阅资料，完成古诗中的科学解码，用研究报告、思维导图、课件展示、实物模拟等形式呈现研究所得。

（2）美术活动：动静明暗变化多，移步换景巧配画。《枫桥夜泊》这首诗写了相对狭窄空间里的八种景物，这些景物有动静之别、明暗之异、空间之差，是诗配画的好素材。学生在完成诗配画的过程中，也必然考虑这些因素，特别是明暗和空间的处理需要在着色、构图时格外注意，从而提升审美品位。教师也可通过一张诗配画检验学生对古诗的理解情况，见微知著，一画可知。

（3）音乐活动：古筝曲中赏枫桥，殊途同归悟其妙。古筝协奏曲《枫桥夜泊》是当代作曲家王建民先生的作品。此曲用音乐的语言解读、扩大了古诗意境，情感表达更加外显。两个作品表现形式虽不相同，但作品意境相得益彰。教师可让学生反复欣赏：第一遍纯粹欣赏，不告知学生曲子的相关信息，让学生说一说听后的所思所想；第二遍告知学生此曲与古诗的联系后欣赏，再让学生说说听后的所思所想。先跳出古诗再联系古诗的设计有助于放飞学生想象的翅膀，锻炼他们想象画面的能力。若班内有弹古筝的学生，教师也可鼓励他们学一学此曲，在家长、同学面前展示。

（4）后记：主题引领，因材施教。在设计此次跨学科学习时，团队老师提出可设计上数学活动，如用七巧板拼一只乌鸦，用密铺的知识设计一张密铺图；也有老师提议，设计上美术折纸，折出一只乌鸦。这些都被删掉了，原因是这些活动是单线设计，是碎片化的，与单元目标、语文要素、文化建构联系不大。由此得知，跨学科学习不能为跨学科而跨学科，简单堆砌，还得寻一条主线，以学习主题为引领，以学习任务为载体，整合学习内容、情境、方法和资源，最终实现主题学习的深化和拓宽。

设计好了跨学科学习，是不是让每位学生都得逐项完成呢？我个人认为，不可。学生的认知水平、兴趣爱好有差异，全面铺开未必全面结果。可取的做法是：针对语文核心素养的必须落实，如语文活动一；起到拓展深化作用的可选择性落实，如语文活动二中的"1.""2."，可让学生自由选择；具有挑战性的任务可小组合作完成，如科学活动任务；美术活动可作为家庭作业；音乐活动可让音乐教师协助。总之，跨学科学习要量学生之力实施，做到因材施教或分层施教为好。

（《时代教育》2022 年第 28 期）

九、借物喻人：群文阅读主题教学设计

（一）教学目标

（1）阅读《落花生》，理解含义深刻的句子，了解"借物喻人"的写作方法。

（2）拓展阅读《桃花心木》和《点地梅》，对照学习单，能在品读文本中，结合生活事例，谈出借物喻人在文本中的体现。

（3）品读借物喻人的诗句，能用这些诗句和某一事物赞颂某一类人。

(4)练笔,写由每一种事物想到的人。

(二)教学重难点

能够结合文本和生活事例,谈出借物喻人在文本中的体现。

(三)教学准备

《点地梅》《桃花心木》的阅读材料、前置性学习单。

(四)教学过程

第一板块:群文阅读,梳理内容。

阅读材料包括三篇课文和一些诗句。通过学习,争取更全面地了解这一写法并尝试运用。要求学生借助表6-9,梳理课文中的借物喻人。

表6-9 "借物喻人"主题教学分析表

课　文	借　物	喻　人	人与物的共同点	关键句段	联系生活
《落花生》					
《桃花心木》					
《点地梅》					

第二板块:重点交流,想象练说。

1. 品读句子,感受点地梅的品质

句子1:它的根扎得很深,枝蔓却细小而矮,一丛一丛地几乎贴着地皮,一团团地拥抱着土地。我不知道这是花还是草,但能猜出这是一种生命力十分顽强的植物。

感受点地梅顽强的生命力。

句子2:点地梅开花了,怒放的点地梅十分美丽。紫艳艳的花儿,亭亭玉立地缀满枝头,仿佛一串串粘连在一起的紫色豆珠儿,散发着一阵阵浓浓的醉人芳香。阳光照耀下,花儿更紫得晶莹、紫得透亮、紫得鲜艳。天上是白悠悠的云彩,地里是紫幽幽的花儿。青藏高原的天有多蓝,云有多白,点地梅就有多美!

感受点地梅的美丽。

句子3：那里的每一片白云都记载着一桩平凡而伟大的筑路兵的故事，每一朵点地梅都代表着一颗筑路兵的美好心灵。

我喜欢唐古拉山顽强而美丽的点地梅，我更喜欢像点地梅一样可亲可敬的高原筑路兵。

2. **看图想象练说，理解借物喻人**

出示几幅带病奋战在铁路上的士兵图片，学生把坚毅、美丽的点地梅和高原士兵联系起来，体会高原士兵就是最美的点地梅。

总结：青藏铁路创造了许多的世界第一，被称为天路。天路的筑成是无数像点地梅一样的筑路兵用青春和热血、用顽强的意志和对祖国的赤子之心铺成的。高原筑路兵就是最美的点地梅。

借助表格，学生交流《落花生》和《桃花心木》中的借物喻人。

第三板块：古诗中的借物喻人。

（1）学生交流搜集到的借物喻人的诗句。

（2）集中赏析一些借物喻人的诗句。

谁言寸草心，报得三春晖。——孟郊《游子吟》

不要人夸好颜色，只留清气满乾坤。——王冕《墨梅》

落红不是无情物，化作春泥更护花。——龚自珍《己亥杂诗》

粉骨碎身浑不怕，要留清白在人间。——于谦《石灰吟》

千磨万击还坚劲，任尔东西南北风。——郑板桥《竹石》

采得百花成蜜后，为谁辛苦为谁甜？——罗隐《蜂》

春蚕到死丝方尽，蜡炬成灰泪始干。——李商隐《无题》

（3）交流题目：你会用哪些物或诗句赞颂下列人物？

教育了三千弟子的孔子；

为国投江的爱国诗人屈原；

虽受酷刑仍坚持写《史记》的司马迁；

宁可饿死也不吃美国救济粮的朱自清；

起早贪黑的清洁工人；

辛勤的园丁；

平凡伟大的母亲；

第四板块：运用练笔。

（1）填空训练（表6-10）。

表6-10 "借物喻人"填空训练表

借 物	特 征	喻 人
蜡烛	燃烧自己，照亮别人	
竹子		挑战自己，不断进步之人
	凌寒怒放，默送暗香	克服困难，默默奉献之人
石子	承受重压，延伸希望	
大海	海纳百川，有容乃大	
狼群		团结协作，永不言弃之人
	吃的是草，挤的是奶	
动物反刍	反复咀嚼，去粗取精	

（2）你还会借哪些物喻什么人？

（3）总结：借物喻人，就是借某一事物的特点比喻人的一种品格。物的特征＝人的特征，喻人＞借物。

（4）练笔：纸上得来终觉浅，绝知此事要躬行。围绕"由一种事物想到的人"这一主题写一篇文章或几个片段，具体体会借物喻人的运用。

附学生的一篇习作。这篇习作是全班学生写的2022年高考作文《本手·妙手·俗手》中的一篇。结合借物喻人，我为学生补充了大量的资料，学生自己也搜集了一些资料。全班学生都写，成文后我做成了美篇，被市语文教研员转发点赞，我也很受鼓舞。

儿童视角、儿童思维下的高考作文，有阐发、有事例、有生活、有思考。多维阅读，高阶思维，大胆书写，学生经过四年多的悉心调教，回我以屡屡曙光。

本手之道

下围棋时有三手：本手、妙手、俗手。

本手是指合乎棋理的正规下法；妙手指出人意料的精妙下法；俗手指貌

似合理，但从全局看通常使全局受损的下法。

　　人一般追求妙手。妙手虽然精妙，但是往往靠的是运气，还伴随着风险。如果一着不慎就会造成对自己步步不利的俗手。而本手是踏实、步步为营的下法，一步步走下来，看不出什么精妙，但一步一得，积跬步方可至千里。李昌镐在下棋时就只用本手，一步棋只求百分之五十一的概率胜于对方即可。

　　达·芬奇，那个用心画鸡蛋的大画家，同一个鸡蛋，角度不同，投来的光线不同，看到的也就不一样，达·芬奇把画家的观察力放在一枚鸡蛋上锻炼。这枚鸡蛋真是达·芬奇的老师呀，达·芬奇由此开始了艰苦的画画之路。画鸡蛋是本手，观察力是本手，耐得住反复重复也是本手。因为达·芬奇的本手能力足够卓越，他的画技都超过了老师，作了许多栩栩如生的画，成为世界伟大画家。

　　再如李时珍，他看了许多医学书籍，发现有些医学书籍里有许多错误，决定再编一本《本草纲目》造福人世。他用了三十年时间阅读古籍，翻山越岭，尝遍百草，著书立说，解决了重重困难和疑惑。三十年，一年一本手。伟大的《本草纲目》，一页一本手。

　　"本"，木之根也。那一横就是深扎土壤的根，就是大树生命之本。"本"字的下边由多个三角组成，而三角形具有稳定性。这就告诉我们，练好了多方面的本手才具有稳定性。如果一开始，你的基本功就没打结实，三脚架就会倒塌，那么恭喜你，你还得花更多的功夫去修复三脚架。

　　水滴石穿，聚沙成塔，就让我们从今天开始磨炼本手吧！

（沈奕诺）

　　这次围绕"借物喻人"开展的主题式教学，熔群文阅读、读写一体为一炉，学生在丰富的语文实践活动中，阅读、比较、推断、讨论，搜集筛选资料，梳理观点、事实与材料的关系，练笔成文。整个过程，板块推进环环相扣、循序渐进，学生的阅读视野得到拓宽、理性思维和理性精神得到培养，是高段教学主题式教学的一个缩影。

十、"一花一鸟总关情"主题教学设计

（一）第一板块：读写一体

五年级上册第一单元的语文要素是"初步了解课文借助具体事物抒发情感的方法"：《白鹭》《珍珠鸟》借两只美丽的鸟儿或抒情或悟理；《落花生》借一果抒发对生活的感悟；《桂花雨》借一株花寄托思乡念亲之情。四篇文章皆以平常之物寄托人之常情。

最是人间烟火气，最是寻常抚人心。我带领学生徜徉在字里行间，俯拾人间真情，感悟借物抒情、借物喻人的写作方法，付诸笔端，片段练写，读写一体。

《白鹭》散文诗一样的语言，形散神聚。学完课文后，我鼓励学生加上自己独有的语言，打乱课文原有的段落、句子顺序重新组合成一篇新的散文诗，学生大胆下笔，不唯课本至上，写出了自己的散文诗，这也是读写一体的一种实践。

白　鹭

白鹭是一首韵在骨子里的精巧散文诗。

那雪白的蓑毛，铁色的长喙，那青色的脚，素之一忽则嫌白，黛之一忽则嫌黑。其色素的搭配是那么适宜。

白鹭那流线型结构增之一分则嫌长，减之一分则嫌短，配置以适宜的身段就更美了。白鹤与之相比，白鹤太大又生硬；朱鹭与之相比，朱鹭显得更大且太不寻常，远不及白鹭的寻常又不寻常的美。

白鹭是极其优雅的。站在清水田里的白鹭在悠闲地钓鱼，整个水田成了一幅嵌在玻璃框里的画，而白鹭则是这幅画里的主角。站立于树绝顶的白鹭更是悠然自得，前倾后摇，飘飘忽忽，依然稳如泰山，这种独有的嗜好让人叹为观止。

黄昏的空中，时常见有白鹭在飞，那是乡居生活的恩惠，只有眼中有光的人才能看到。谁说白鹭不会唱歌是一种遗憾，因为白鹭本身就是一首很优美的歌。

我喜欢白鹭这首精致的散文诗。

（张铭轩）

花生会让我们想到那些默默无闻作贡献的人。看到下面的事物，你会想到哪些人？选择其中一两个，写话。

先练说再动笔，学生开始的练说是生硬的板块堆砌，如先用几个词概说梅花的特点，然后用一两句说联想到的人物，条块分割，毫无美感。在我的指导下，他们渐渐走向人物合一的浑然表达，其中不乏佳作。下面择取部分学生的习作，记录教学点滴。

"此君志欲擎天碧，耸出云头高百尺。只恐年深化作龙，一朝飞去不留迹。"这就是竹子，它有着刚正不阿、坚韧不拔的精神。它们长在山上，任凭风吹雨打，任凭风雪寒霜也不倒下。它让我想起了守卫边疆的战士们，从酷热的南沙群岛到极寒的黑龙江漠河，再到空气稀薄的帕米尔高原，战士们用热血守卫着祖国的边疆，挺立在界碑旁边，克服艰苦的自然条件，用坚韧不拔的精神为祖国和人民站好岗、戍好边、守好门。

（魏陈梓轶）

"咬定青山不放松。"到底是什么咬定青山呢？是竹子。诗词里的竹子都是坚韧的、高洁的。它们都具有坚韧不拔的性格，在极度困苦的环境中生长，却虽苦犹乐。这让我想起了顶天立地的军人。在电影《长津湖》中，军人受了不少的苦难，有的被冻死，有的被乱枪打死，有的在爆炸中牺牲，有的被车轧过去，还有的被饿死，但是军人们毫不畏惧，呐喊着冲刺，凭着一方血气和对祖国的忠诚，杀退了一批批敌人。

（齐卓然）

"咬定青山不放松，立根原在破岩中。"提到竹子，我们自然会想起郑板桥的《竹石》。竹子的特点就像诗里写的那样坚韧不拔，任凭别人刀砍斧劈，它们依然稳如泰山，不动不摇。我们的生活中也有这样的人，那就是守卫边疆的战士。有一个叫"詹娘舍"的地方，在藏语中意思是"鹰都飞不过去的地方"，可见那里的条件是多么艰苦。那里的战士都得接雨水，冬天接雪水喝。为了补充矿物质，水缸里都得放几块大石头。但是战士们都是自愿去的，他们宁愿挤在20平方米的雪山吊脚楼里，也不愿住在舒适的地方。因为他们心中有祖国，他们就像竹子一样高洁向上。

（唐睿泽）

　　琦君笔下的《桂花雨》重点写了童年时和母亲一起的摇花之乐："这下，我可乐了，帮大人抱着桂花树，使劲地摇。摇哇摇，桂花纷纷落下来，我们满头满身都是桂花。我喊着：'啊！真像下雨，好香的雨呀！'"

　　读着这清新朴实的文字，想起了杨万里写的《稚子弄冰》："稚子金盆脱晓冰，彩丝穿取当银铮。敲成玉磬穿林响，忽作玻璃碎地声。"孩子的快乐很简单，很直白，毫不掩饰，像一湾清泉，似一声鸟鸣。

　　为了让学生体会这别样的快乐，老师可以结合插图，创设氛围，让学生变身小作者，想象桂花落到发辫上、落进脖颈里、掉进嘴巴里、沾到眉毛上……自己会有怎样的反应和想象呢？写一段话。

　　八月里来桂花开，我满头满身都是桂花。头发上有一朵桂花，小巧精致的花瓣夹在发丝间，感觉都不用戴发卡了；脖子里夹着一朵桂花，感到好痒痒，丝丝香气钻入鼻孔，沁人心脾；嘴里落了一朵桂花，嚼一嚼，和妈妈做的美味饭菜不相上下；眉毛上挂着一对桂花，眉毛就变成了金色的，金灿灿的；手上落了一朵桂花，闻一闻，真是芳香四溢。桂花落在衣服上，成为衣服天然的点缀；落在鞋子上，鞋子就有了大自然的气息，让人沉醉。

（张铭轩）

　　摇哇摇，桂花纷纷落下。桂花落到了我的小辫上，哇！小桂花成了我天然的发卡；桂花落到了脖子里，顿时像是戴了一串桂花项链，闻一闻还有一股清香；桂花掉进嘴巴里，嚼一嚼，香甜中夹杂着一丝清淡的苦味；桂花沾在了眉毛上，我的眉毛变成了黄色的……我整个人都变成一朵小桂花了，我喊着，啊，真像下雨，好香的雨啊！

（王俞丹）

　　有几朵桂花落在头发上，哟，多么像戴了几个黄色的桂花发卡，可真漂亮，与四周的环境搭配极了。又有好多落在了脖颈里，多像戴了一串金黄色的项链啊！多么华贵！嘴巴里又落进去了几朵，实在没忍住，轻轻一嚼，啊！一股芳香，甜甜的，伴随着花香，好好吃呀！太美妙了，像是飘浮在空中一般。桂花继续往下落……我的快乐也随着飘落的桂花飞舞。

（沈奕诺）

"读"与"写"不再是平行线，让其交叉、重叠，构建共同体，促进学生语文素养的整体提升。

（二）第二板块：《鸟之赞歌》探究性学习教学设计

1. 教学目标

（1）阅读大量关于鸟的成语、美文、诗词，完成导学案，培养自学能力和搜集信息的能力。

（2）运用点面结合、动静结合的方法练说完整的话，积累跟鸟有关的诗词、成语、美文，在言语实践中理解"鸟"这一文化元素的丰富内涵。

（3）激发爱鸟、护鸟的意识，以及保护自然、热爱自然的情感。

2. 阅读材料

（1）跟鸟有关的成语、俗语、谚语、歇后语、诗句。

（2）文本：《鸟语》节选——公冶长的故事、孙树红的《春天，有鸟语盈耳》、梁实秋的《鸟》节选、郑振铎的《燕子》节选、巴金《鸟的天堂》节选。

3. 教学过程

（1）谈话导入，激发情感。

①你喜欢鸟吗？你喜欢鸟的什么？

②读句子：

鸟儿是林音的"歌手"，是云间的"花朵"，是美丽的"宠儿"，是春天的"使者"。

③今天，我们就为大自然的精灵——鸟儿献上我们的赞歌。

（2）赞"鸟之态"。

①我们先从赞美鸟的姿态开始吧！看着你的导学案，先来交流你搜集到的或者你写的描写鸟的姿态的词句。

②指导生成：根据学生的交流，渗透点面结合、动静结合的描写方法，连句成段，连段成篇。

（3）赞"鸟之语"。

①鸟儿是林中歌手，鸟鸣是它们的语言。我们欣赏一段唢呐名曲《百鸟

朝凤》中百鸟争鸣的旋律。

②你搜集的资料中有跟这段乐曲搭配的吗？交流。

③根据乐曲指导练说一段完整、生动的话。

④配乐并有感情地朗读老师呈现的内容。如下：

百鸟争鸣　婉转悠扬　悦耳动听　呢喃软语　呼朋引伴

那一片声音是清脆的，是嘹亮的，有的一声长叫，包括着六七个音阶，有的只是一个声音，圆润而不觉其单调，有时候是独奏，有时候是合唱，简直是一派和谐的交响乐。

⑤你是否也想当公冶长呀？引出公冶长通晓鸟语的故事并叙述。

（4）赞"鸟之意"。

①鸟成为文学家、诗人描写的对象由来已久。可以说，鸟已不仅仅是鸟了，这些精灵的身上有了很多的文化内涵。下面我们走进"鸟之意"。

②学生在小组内交流搜集到的内容。

③出示，成语连线并说说自己的理解。

　　　笨鸟先飞　　　　　一箭双雕

　　　一石二鸟　　　　　勤能补拙

　　　精卫填海　　　　　兔死狗烹

　　　鸟尽弓藏　　　　　锲而不舍

　　　天高任鸟飞　　　　花盆里长不出苍松

　　　鸟美在羽毛　　　　各唱各的调

　　　惊弓之鸟　　　　　海阔凭鱼跃

　　　早上的林中鸟儿　　人美在心灵

　　　鸟笼里飞不出雄鹰　一朝被蛇咬，十年怕井绳

④成语填空，拓展引申，识记积累。

飞（　）传书：这是一种传递信息、情报的方法。

（　）桥相会：你联想到的故事……

（　）程万里：毕业礼，同学们互赠留言时写道……

孤（　）难飞：独木难支，告诉我们……

（　）发童颜：联系生活说句子。

（　）歌（　）语：我们老师讲起课来……

新婚（　）尔：借物喻人。与此相反的是"棒打鸳鸯"。

（　）击长空，鱼翔浅底：祝愿大学毕业的哥哥姐姐……

⑤诗词中的鸟儿。鸟，这一意象在古典诗词中更是常客。请你来读。你喜欢哪一句？出示：

泥融飞燕子，沙暖睡鸳鸯。——杜甫

高蝉多远韵，茂树有余音。——朱熹

落霞与孤鹜齐飞，秋水共长天一色。——王勃

千山鸟飞绝，万径人踪灭。——柳宗元

总结：以上诗句中的鸟，表示的是一种自然现象。快速背诵。

⑥负载情感的鸟。出示：朗读并思索你从中读出了怎样的情感。

众鸟高飞尽，孤云独去闲。——李白

月落乌啼霜满天，江枫渔火对愁眠。——张继

燕雀安知鸿鹄之志！——司马迁

大鹏一日同风起，扶摇直上九万里。——李白

旧时王谢堂前燕，飞入寻常百姓家。——刘禹锡

总结：以上诗句中的鸟，就成了一种情感的化身。有感情地吟诵。对照图片，背诵古诗。

4. 总结

今天，我们在大量的成语、美文、诗词、俗语、名曲中做了一回公冶长，唱了一曲鸟儿的赞歌。越学越觉得鸟儿的确是我们人类的朋友。

5. 诵读

诵读白居易的诗句，激发爱鸟、护鸟意识。

鸟
白居易

谁道群生性命微？一般骨肉一般皮。

劝君莫打枝头鸟，子在巢中望母归。

附学生练笔两则：

鸟

鸟，自然之精灵，形多异，态甚美。啼叫于树叶间，其声多变，自然之歌手也。

吾常想化为飞鸟，翱翔天际，去留无意，甚好。或为鲲鹏，冲天而起；或为黄鹂，婉转鸣啼。鸟，自然之馈赠，劝君莫打枝头鸟，劝君切莫锁笼中。人与鸟，美美与共，和谐共生。

（唐睿泽）

鸟

婀娜情态风姿绰，百啭千啼似诉说。
人间自有精灵在，切莫深受笼中锁。

（崔家润）

本次主题式教学仍然是"1+X"群文阅读教学模式的再次探讨，其中《鸟之赞歌》在全县教学研讨会上展示，受到老师们的肯定，从而更加坚定了我继续开展探究主题式群文读写教学的决心。本次主题式学习围绕"一花一鸟总关情"展开，"1"指的是部编版教材中的文章《白鹭》和《桂花雨》，"X"代表的是课外读写，是和"1"具有相似特点的一组文章，内容丰富，极大地扩充了学生的群文阅读量。语文作为一门以培养学生运用语言文字能力为主要目标的综合性实践性课程，不应该是"教课文"，而应该是引导学生"用课文来学语文"。我在探究主题式群文读写的过程中初步体会了其中的奥秘。

十一、小古文学习的多样变奏

小古文是文言文中比较适合小学阶段学生学习的文体。小古文大都篇幅短小，语言精练，内容却丰富有趣，往往包含着深刻的教育意义。小学阶段多读一些小古文，不但可以丰富学生的文言知识，促进学生了解古代文化，而且有助于增强学生的情感体验，综合提升学生的语文素养和思维品质。

传承和弘扬祖国优秀传统文化是文言文学习的重要任务，教师必须站在文化的高度定位自己的教学。教学中，依托课本上的小古文习得方法，提升能力，辅之以大量的课外小古文诵读，尤其注重古文学习过程中的思维训练和读写转化。多样化的教学策略不但引导学生学好了小古文，也拓宽了我的语文研究之路。

教育，不是谁焐热了谁，而是老师和学生的双向奔赴和互相成就。

（一）思维训练，古文学习之根

小古文虽然短小精悍，但思维含量却很丰富。日常教学中，除了落实语文要素外，我特别注重透过文本进行思维可视化训练，精心设计每篇小古文的思维训练要点，围绕要点进行思维碰撞。学生在各抒己见中体会思考的乐趣。培养学生的独立之思想、独立之人格是教学的最高境界。表6-11是部编版小学语文教材中小古文选材与思维训练要点一览表。

表6-11 小古文选材与思维训练要点一览表

册 数	小古文篇目	选材类别	思维训练要点
三上	《司马光》	人物传说	借助注释，用自己的话讲一讲这个故事
三下	《守株待兔》	寓言故事	借助注释，说说农夫为什么被笑话
四上	《精卫填海》	神话	结合注释，讲讲这个故事；列举一下生活中"精卫填海"的人或事
四上	《王戎不取道旁李》	人物传说	结合注释，讲讲这个故事；说说为什么"树在道边而多子，此必苦李"
四下	《囊萤夜读》《铁杵成针》	人物传说	借助注释，理解每一句话的意思；我们应从这些故事中学习些什么
五上	《少年中国说》	励志短文	结合注释，说说课文的意思；课文用哪些事物来赞美少年中国？这些事物与少年中国之间的内在联系是什么？少年中国和中国少年之间有什么联系
五上	《古人谈读书》	励志短文	借助注释，说说课文大意；联系自己的读书体会，说说古人读书方法对你的启示
五下	《自相矛盾》	寓言	联系上下文猜测词语的意思；用自己的话讲这个故事；生活中有自相矛盾的人或事吗
五下	《杨氏之子》	人物传说	借助注释了解课文；从哪些细节看出杨氏之子的机智与幽默

附《少年中国说》思维训练实录。

训练要点：课文用哪些事物来赞美少年中国？这些事物与少年中国之间的内在联系是什么？少年中国和中国少年之间有什么联系？请结合手中的资料分析阐释。

师：梁启超为了说明少年中国的模样，选择了很多典型、具有特别意义的事物来赞美少年中国，选择了哪些事物？

生：红日、河流、潜龙、乳虎、鹰隼、奇花、干将。

师：这些事物与作者理想中的少年中国有内在的联系，借助资料分析一下。

生：我想说第一种事物"红日"。早上，红彤彤的太阳刚刚升起，世界到处充满了霞光，预示着少年中国像朝阳一样蓬勃向上。还有一句话说，少而好学，如日出之阳。好学向上的少年也像那冉冉升起的太阳。

师：你的分析逻辑严密，表述清晰。

生：我想说第二种事物。河流浩浩荡荡，朝着一个目标往前奔，大海是它们的归宿。海纳百川，有容乃大。每一个中国少年就是一条条小溪流，无数个少年共同汇聚成中国这个浩瀚的大海。

师：不积小流，无以成江海。这个分析颇有见地。

生：龙是中国的图腾，我们都是龙的传人。少年中国是潜伏在水底的龙，它在等待时机，它在孕育力量，然后一飞冲天。

师：潜龙，不鸣则已，一鸣惊人。这些事物代表着蓬勃向上，代表着一股潜在的力量，都像今日之少年一样。（回应读"故今日之责任"句）

生：鹰、隼都是空中猛禽，自由地翱翔在天空，它们凶悍有力。梁启超希望少年都像鹰隼一样勇于展翅翱翔，那少年中国就会前途无量。

师：花盆里长不出苍松，鸟笼里飞不出雄鹰。鹰隼属于天空，祖国需要鹰隼一样的少年。

生：我通过查找资料，知道干将、莫邪是传说中两位打造锋利宝刀的工匠，后来就用干将代指宝刀。读了这句诗，我想起了贾岛的《剑客》："十年磨一剑，霜刃未曾试。今日把示君，谁有不平事？"

师：每个少年经过十年的淬炼，已经剑鞘开张，只等着少年中国的一声召唤，他们就双刃出鞘。（回应读"故今日之责任"句）

……

师：若你来写少年中国的模样，你还会选择哪些有象征意义的事物来比喻呢？

生：我会用珠穆朗玛峰来比喻，珠穆朗玛，世界之巅，少年中国，未来的世界之巅。

生：我会用蓝鲸比喻少年中国。蓝鲸，深藏海底的海洋霸主，它平时默默无声，但只要一出海就会喷出冲天水柱。

生：我会用长城比喻少年中国，每一个少年都是一块砖，一方石，大家齐心协力共筑钢铁长城。

……

这个片段凸显了学生的主体性，学生借助资料条分缕析地阐释了典型事物、中国少年、少年中国三者之间的内在联系，强化了逻辑思维、形象思维，思维的可视化训练有迹可循。

学习了梁启超的《少年中国说》，学生阅读背诵了《爱莲说》《马说》，了解了"说"是古代以记叙、议论或说明等方式来阐述事理的一种文体。我鼓励学生尝试写自己的"说"，如《爱梅说》《坚持说》《读书说》等。这样的要求肯定不是一刀切的，量力而行，行者则上，弱者勿伤。你别说，心里无限相信孩子，事情就成了一半。你看，我班古文达人耿瑞含的《太阳花说》。

太阳花说

吾见韧者也，多哉！但未见此番韧者哉。

花者，多娇也。而太阳花异也，勿娇，勿弱，勿求！此花乃花中苏武也！

一日出游，拔此花欲归栽，归来忘矣，多日无土少水，叶蔫而奄，花犹见阳光开之。

吾叹："此花之韧多乎哉？"答曰："不多也，花之天性乃娇也，韧者，不易得也！"

人多言曰："吾爱玫瑰，丽哉！香也！爱之！"

吾独赞："爱不在于饰貌，在于精神也。吾为太阳花叹之！"

（二）小古文拓读，一组一得

五年级上册第一单元主题是"一花一鸟总关情"，语文要素是"初步了解课文借助具体事物抒发感情的方法"。课文有散文诗《白鹭》、许地山的《落花生》、琦君的《桂花雨》、冯骥才的《珍珠鸟》，四篇课文皆选择"微而美"的事物抒发或热爱或思念或感动的情感。文字有温度，冷暖人心知。

在引导学生学习《桂花雨》后，我们还阅读了《桂》这篇小古文，作为拓展阅读篇目：

庭中种桂，其叶常绿。秋时开花，或深黄，或淡黄。每遇微风，浓香扑鼻，人咸爱之。花落，取以和糖，贮于瓶中，虽历久而香甚烈。

要求学生把古文的意思化为自己的语言放到课文中，不但丰富了对课文内容的理解，还让简洁的古文根植在现代文里，相得益彰，降低了学生学习古文的难度。

在学完了整个单元后，我们拓展阅读了三篇小古文，作为群文阅读材料。

燕　子

燕子，汝又来乎？旧巢破，不可居。衔泥衔草，重筑新巢。燕子，待汝巢成，吾当贺汝。

已死的母熊

猎人入山，以枪击母熊。中要害，端坐不倒。近视之，熊死，足抱巨石，石下溪中有小熊三，戏于水。所以死而不倒者，正恐石落伤其子也。猎人感动，遂终身不复猎。

岁寒三友

儿侍父，立庭前。见梅树着花，松、竹并茂。儿问曰："霜雪之时，他树多枯落，何以三者独否？"父曰："其性皆耐寒，与他树不同。古人称岁寒三友，即松、竹、梅也。"

这三篇小古文与本单元主题和语文要素相辅相成。世间万物皆有灵，一花一鸟总关情。学生在阅读小古文时，围绕两个问题进行思考：古文写了具体事物的哪些方面？抒发了什么样的感情？交流完毕后，鼓励学生熟读成诵。

以上就是我们刚开始学习小古文时的片段举例。总结一下，即多以短小篇幅的古文为主，且是只写一种景物或只说一件小事的古文，强调随课文读，即根据单元主题和语文要素，遴选一组适合群文阅读的小古文，强调一组一得。

没想到，一石激起千层浪。这居然打开了很多同学自学小古文的一扇门。他们利用"学习强国""喜马拉雅"等学习平台，搜集到了很多与主题相关的小古文，背诵下来，做成读书笔记在班内分享。下边的小古文就是学生提供的群文阅读材料，我们为了鼓励这部分学生，让这部分学生当小老师，引领其他学生也如此学习。

菊

菊花盛开，清香四溢。其瓣如丝，如爪。其色或黄，或白，或赭，或红。种类繁多。性耐寒，严霜既降，百花零落，唯菊独盛。

芦 花

水滨多芦荻，秋日开花，一片白色，西风吹来，花飞如雪。

母 鸡

母鸡孵卵，数周成雏。随母出行，未尝远离。母鸡每得食，必先喂其雏。若遇猫、犬，尽力护之，与父母爱子无异。

雪

冬日严寒，木叶尽脱，阴云四布，弥漫天空，飞鸦千百成群，未暮归林。夜半，北风起，大雪飞。清晨，登楼远望，山林屋宇，一白无际，顿为银世界，真奇观也！

雨

今日天阴，晓雾渐浓，细雨如丝。天晚雨止，风吹云散，明月初出。

从理解意思到有感情地朗读再到熟读成诵，然后观察小古文多用四字词语说明事物的特点，体会其简洁、韵律十足的表达效果。因其短小，学生学得轻松。接下来，就是鼓励学生用小古文的方式写身边事物，学以致用，言意兼得。

下面是三个学生的作品，"一花一鸟总关情"的文学表达有了雏形。

蚁

蚂蚁微弱也，故每次觅食，群出洞搬之。

有一日，吾见大青虫，可为蚁食。乃弄虫置于蚁洞口。少焉，蚁鱼贯而出，想弄青虫于洞内，内拉外推，时时不动。于是，众蚁钻于青虫之内，少时，青虫剩皮，蚁搬虫于洞内。吾大惊呼！

吾见一蝇与之抢食，蚁群起而攻之，未果。见蚁咬蝇翅，竟断也，蚁又断蝇之脖，蝇命丧，蚁食之双得，毫不费力。

蚁真勇夫也！

（贾舜翔）

六月十日雨

午后天阴，响雷数声，大雨至。雨如倾盆，天地如倒垂水帘。

少焉，雨暂歇，日出，天地一片澄澈。

倏忽，一道闪电撕裂寂寞长空，随后无声；数声惊雷，响彻万里之际，声声欲摧。等许久，见雨未至。只见天上光似龙，将天分两半，东为晴，西为阴，三分钟后，阴云以迅雷不及掩耳之势向东席卷，雨落。百鸟速归树避雨。人皆成落汤鸡也！

傍晚雨停，今日再无雨。

（刘建平）

清 莲

河之清，如镜；林之密，如织；鸟儿鸣，如乐。美哉！乐哉！

朵朵清莲，雅也。莲，犹高洁之士，出淤泥而不染；莲，终生浸水而不垂，亭亭净植，不畏也！莲下藕，生于污泥，坦然适之，盘根错节，节节洁白多丝，朴素也！

青莲，爱之品格，人众矣！

（崔真语）

透过学生创写的小古文，我深深体会到"一花一世界，一叶一菩提"的人文关怀、美学眼光已走进他们心里。

古文是走进传统文化的必由之路，古文是学好中国语言的方便之门。汉语具有雅致之美，古文更是雅致之美的集中体现。学生通过"三步走"建立起了学习小古文的有效连接：跟随课文学古文—群文阅读小古文—小古文练写。这是我推动小古文学习过程中最日常的方式。

（三）读写结合，勇于下笔

为了让小古文学习"有米可炊"，我们购买了《一天一篇小古文》，人手一册，从中有选择地阅读。为了减缓坡度，我们还是多采用随课文拓展阅读的方法，筛选与单元主题密切相关的古文进行阅读，进而练笔。

五年级上册第七单元主题是"四时景物皆成趣"，语文要素是"初步体会课文中的静态描写和动态描写"和"学习描写景物的变化"。所编课文有《古诗词三首》《四季之美》《鸟的天堂》《月迹》，这四篇课文语言简洁优美，动静描写巧妙穿插。学生从课文中得法，在小古文阅读中用法。

正巧，《一天一篇小古文》中有一部分也是描写四时景物的，如陶弘景的《答谢中书书》中对山川之美的描摹："高峰入云，清流见底。两岸石壁，五色交辉。青林翠竹，四时俱备。晓雾将歇，猿鸟乱鸣；夕日欲颓，沉鳞竞跃。"庾信的《小园赋》中对小园的倾心："鸟多闲暇，花随四时。"袁宏道《初至西湖记》这样写与西湖的初次见面："山色如娥，花光如颊，温风如酒，波纹如绫；才一举头，已不觉目酣神醉。"三篇小古文都是写景色的，且多用四字词语描绘，简洁上口。

我领着学生读一读，赏析一下四字词语的神奇表现力，鼓励学生也用四字词语写一下当下的美秋。唐睿泽写得颇有风韵：

秋色之美，美不胜收。天高如洗，湛蓝碧透。闲云朵朵，飘飘悠悠。暖风如酒，沐浴心头。鸟多闲暇，一展歌喉。层林尽染，画笔在手。硕果坠枝，脆甜可口。波纹如绫，鱼虾轻游。秋色如画，出门走走。

后来，为了调动学生读古文、用古文的兴趣，我把写作的要求放宽为"习作超市"：同一要求下可写白话文的习作，也可写小古文。多了一把尺子衡量学生的习作，也就多了一处风景，多了一份自信。于是，居然每次习作都会有几个学生大胆尝试写小古文。星星之火，可以燎原。教育本就是一项充满无限可能的事业，只要你想做。

五年级下学期，全体学生到圣佛山实践基地开展了为期三天的实践活动。活动归来，我要求他们以活动日记形式展现三天所得。下面的这篇小古文是闫宸睿写的，可圈可点。

游圣佛山记

戊戌年仲夏，群生来此实践，此地名曰圣佛山。圣佛者，麻城东四五里也。

临行前，备足衣食水，欢呼雀跃而去。

浩浩荡荡去也，当日整内务、晒衣被，不亦乐乎。游山玩水，晚洗漱，私语不觉困累。

翌日，天鱼肚白时，晨跑吁吁。饭毕，登山跨河，山路崎岖，蚊虫咬，抓痒不止，累如死狗。自包水饺，饺露馅，满锅沸，硬咽之。午休各方争战，吵吵嚷嚷，被师嗔而笑。下午，各自鸟兽散，独觅佳境玩，最快乐之。嘻哈夜，不觉间睡去，一觉天亮。

第三日活动繁多：水帘洞探险、逮鱼摸虾、趣味游戏、篝火之夜。不一而足。

夫山，巍峨莫过于齐鲁之岱岳，险峭莫过于秦陕之华山，危高莫过于川蜀之峨眉，奇秀莫过于桂粤之象鼻。吾独爱沂蒙圣佛之恬淡。得暇，约好友三五，欣欣然前往，分分钟即至。捉虫赏鸟蝶，提蟹戏鱼虾，乐在其中也。野餐谷中，胜饕餮宴。及返，一日矣。

呜呼！古人云：五岳归来不看山，黄山归来不看岳。圣佛不逊之也。

我让学生总结一下近段时间来的读书情况，作为评选新学期小书虫的一个参考。他们可以把所读图书开列清单，可以文字形式总结，可加上父母评语，亦可制作读书思维导图。收齐批阅，我发现了下面这篇小古文，是齐姿涵的日常读书记录：

阅读之于良辰。今晨醒来，鸟语花香，醉人时刻在于此。

吾想赖于床，美美享受周末好时光，日上三竿又如何？

忽然间，母亲之声如炸雷般传入耳边："起！速起！休要赖床！"吾翻身盖被，听而不闻，假寐。

母亲近于前，曰："一日之计在于晨，速起阅书。"吾曰："为何？"母曰："良辰阅书既长知识，亦能速记矣！"吾不悦却不敢驳，曰："即刻起。"顷刻，梳洗完毕，坐于窗前，静心阅书——梁国杨氏子九岁，甚聪慧……

坚持数日早起晨读，既增长知识，亦速记矣，背古文如张飞吃豆芽，母亲之言甚对。

一日之计在于晨，一日无书，百事荒芜。百川东到海，何时复西归？少壮不努力，老大徒伤悲！吾定当谨遵古训，饱览群书，学而不厌。

（四）化整为零，坚持打卡

教学有法，教无定法。在部编教材小学语文之高年级文言文教学中，教师应坚持践行"重教材、重读书、重想象、重方法、重传承"的教学策略，激发学生学习文言文的浓厚兴趣，培养学生学习文言文的基本能力。教师教之有序，学生学之有味，学生的文言文素养就能不断提升。除了上面提到的学习小古文的策略之外，我利用零零碎碎的时间带学生学习小古文，化整为零，坚持打卡。小坚持撬动大梦想。我的目标是毕业前小古文积累量在100篇左右。

仅以下面几篇随笔和教学设计记录古文学习掠影。

1.《五官争功》改写教学设计

《五官争功》原文：

口与鼻争高下。

口曰："我谈古今是非，尔何能居我上？"

鼻曰："饮食非我不能辨。"

眼谓鼻曰："我近鉴毫端，远观天际，唯我当先。"又谓眉曰："尔有何功居我上？"

眉曰："我虽无用，亦如世有宾客，何益主人？无即不成礼仪。若无眉，成何面目？"

（1）明确目标。

①读熟《五官争功》，会加标点，明白意思。

②写成一篇不少于600字的作文。

（2）明白意思。

①标点怎么加？

②借助注释说说意思。

③练习朗读。意思明白了，请有节奏地朗读一遍，读出它们"争"的味道来。

（3）成文指导。

①接下来，我们要把这篇86字的小古文，转化成不少于600字的作文，有信心吗？

②如何改写，你有什么窍门？

③分步改写。

A.改写题目。先把题目改写成20字左右的一段话，作为第一自然段。

围绕一个"争"字，我们读一些表现争的词句（你一言我一语、七嘴八舌、不可开交、热火朝天）。

B.口鼻之争。最先发言的是……这会是一张怎样的口？（樱桃小嘴、厚嘴唇、宽嘴巴）这张嘴会怎样地说？（慢条斯理、放爆竹一样、一板一眼、字正腔圆、口齿伶俐、含混不清）

口说了什么？（中华上下五千年；人间大是大非；上知天文，下知地理；帮主人赢得演讲比赛；打赢官司；何德何能；大言不惭；居然敢骑在我头上撒野）

鼻子一听，倒吸了一口气，说……还说……还说……说到这儿，鼻子越想越委屈，看看高高在上的眼睛说……（尔何能居我上），说……（你这滴溜溜乱转的家伙，快给我下来），还说……（你这视而不见的家伙，居然敢在我头上指手画脚），还说……（我跟主人如影随形，你们的作用与我相差十万八千里）。说完，它挺了挺身子，更加趾高气扬。

C.眼鼻之争。眼睛一听，转动了一下眼珠，翻了几下白眼，铿锵有力地说……一字一句地说……

说了什么？（别嘚瑟了，不知天高地厚的家伙，你处在正中央还嫌不够威风呀。即使你爬上来，你能像我一样近鉴毫端，远观天际吗？你能像我一样高瞻远瞩，洞察一切吗？你能像我一样既有颜值又有本事吗？安守本分最重要，不要不自量力）

D.眼眉之争。眼睛越说越狂妄，想想自己尴尬的位置，既不是中央，也不是上方，不上不下地活难受，就对上边开火了。

它说……（眉毛啊，眉毛胡子一把抓的眉毛，在我看来，你最没用，居然高高在上，居显赫位置，苍天呀，大地呀，这是为什么呢？）（像柳叶一样的东西，你纯粹是多余的，你有什么功劳配得上你这位置？）

眉毛向来处变不惊，最沉得住气。只见它……（欠了欠身子，缓缓说道）（不温不火地说）

说了什么？（原文的意思）还说了什么？从成语中延伸开去。出示：

挤眉弄眼　眉开眼笑　横眉竖眼
愁眉不展　浓眉大眼　眉清目秀

（从这些词语来看，我就应该在你头上呀，没有眉，哪有目，眉目眉目

嘛！你说起话来真是毫无眉目）

E. 耳之辩。

耳曰："尔等休要争功。若无耳，主人何以听声？"

耳朵怎样说？说了什么？

F. 结尾。五官们个个说得面红耳赤，谁也不肯示弱。主人听得不耐烦了，他猛一跺脚，挺直了腰板，断喝一声："尔等休再辩斗！"读课件上的内容。

那如何结尾？

总结：结尾要简单明了，整篇文章张弛有度、详略得当。

（4）反面描写来拓展。这样写来，600字绰绰有余了。如果让你写到800字，又该怎样拓展呢？我们来看一段小品，这段小品就讲了五官争功。看完之后，你就知道怎么继续往下拓展了（播放春晚小品《五官争功》中反面描写的一段）。

师：这段小品侧重从反面描写，我们来读一读他们的对话。出示，男女生接读：

口无遮拦、信口雌黄就是你嘴的毛病；

花言巧语、满嘴跑火车说的就是你嘴；

贫嘴、多嘴多舌、乌鸦嘴就是你；

麻木不仁、不闻不问就是你鼻子的毛病；

偏听偏信、充耳不闻就是你耳朵的不对；

视而不见、睁眼瞎说的就是你眼睛；

世上的红眼病都是你惹的祸；

你眼里揉不下沙子，小气；

一个鼻孔里出气、沆瀣一气说的就是你鼻子没有原则；

不见棺材不落泪说的就是你眼睛的顽固。

总结：这样，我们既可以从正面写自己的功劳大，还可以从反面写别人的缺点。一正一反，800字好写不？

（5）现场成文、交流。

①根据下面的思维导图（图6-2）分组写，从正反两方面来写。

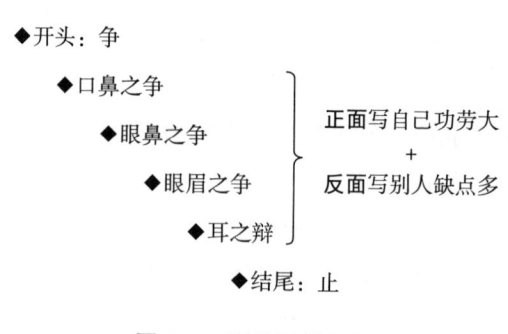

```
◆开头：争
    ◆口鼻之争  ┐
    ◆眼鼻之争  │  正面写自己功劳大
    ◆眼眉之争  ├        +
    ◆耳之辩    ┘  反面写别人缺点多
◆结尾：止
```

图 6-2　写作思维导图

②交流中再指导。

③总结：今天，我们给这篇小古文加了标点，明白了意思，并改写成了一篇 800 字的作文，大家很有收获，下课后把全文改写完成。

附学生习作：

五官争功

一日，五官趁主人熟睡之际，围绕"谁的功劳大"这个问题争吵起来。它们你一言我一语的，争得面红耳赤，唾沫星子乱飞。

那张厚嘴唇、宽嘴巴的大嘴先开口了。它说："中华上下五千年，没有我不知的，没有我说不上来的。人间的大是大非没有我辨别不清的。我曾帮助主人赢得演讲比赛的冠军，更是主人称霸学业的帮手。没有我，主人哪有今天的成就？你们何德何能，居然都在我上边耀武扬威，快滚下来！"

上边的鼻子一听，哼了一声，不紧不慢地说："口呀，你说的多，做的少，祸从口出，你给主人惹了多少麻烦，你忘了吗？"它卡顿了一下，继续说："你们看我，天下美味我皆能辨别，冷空气经过我的过滤让主人吸进体内，保证了主人的健康。我若是消防员的鼻子，作用可就更大了，我能通过气味迅速辨别燃烧物中的化学成分，你们谁有这个本事？还不乖乖下来臣服于我。"

说完，它朝上翻了一下白眼，瞟了一下眼睛，不再说话。

眼睛也不是省油的灯，急不可耐地说道："别嘚瑟了，身在福中不知福的家伙，你处在正中央还嫌不够威风吗？即使你能爬上来，你能像我一样近鉴毫端，远观天际吗？你能像我一样高瞻远瞩，洞察一切吗？安守本分最重要，不要不自量力。一个鼻孔出气说的就是像你一样没有原则的人。"

眼睛越说越狂妄，想想自己尴尬的位置，既不是中央，也不是上方，不上不下地活难受，就对上边开火了。它说道："眉毛啊，眉毛胡子一把抓的眉毛，你位居显赫位置却是最没有用的，识趣点儿，下来吧！"

眉毛向来处变不惊，稳如泰山。它缓缓地说道："你没听说过红眼病这个词语吗？眼里揉不下沙子说的就是你这个小气鬼。"它挺了挺身子，继续说："我看似没用，实际上重于泰山。如果没有我，主人的脸还是脸吗？"它长叹了一口气，继续说："你知道愁眉不展、浓眉大眼、眉清目秀这些词语吗？我天生就是排在你们前边呀！"

一直在听的耳朵听它们争吵的声音小了，不紧不慢地说道："你们都不要再争了。如果没有我耳朵，天下美妙的声音、父母的呼唤你怎么能听到？无声的世界该是多么无聊和痛苦。"

其他器官一听都纷纷说："一个耳朵听，一个耳朵冒。你根本不存盘。"

五官的争论声越来越大，谁也不肯示弱。主人早就听得不耐烦了，他猛一跺脚，挺直了腰板，断喝一声："尔等休再辩斗。我这帅气的模样全靠你们团结协作，缺一不可。各归其位，继续为我服务，我不会亏待你们的！"

五官听罢，各司其职，不再争斗。

2. 小古文——燕雀与鸿鹄

除了小古文的群文阅读之外，利用零碎时间的小古文阅读步骤简单。先读通，读顺，读出节奏，读出"声断意连"的感觉，再理解一下意思，然后拓展一点儿相关知识，特别识记一些与现代文意思不同的词语，或者结合生活联想与文本要义相关的人和事，最后计时强化背诵，填鸭式地短时记忆。我和学生一起闷头背诵，必然我先背过在学生面前卖弄，引得学生不服气向我挑战，一篇古文也就达到了60%的背诵率。

《陈涉世家》一文如下。

文：陈胜者，阳城人也，字涉。吴广者，阳夏人也，字叔。

师：你也学着这个样子介绍一下自己。

于是，我张口胡诌道："张吉爱者，沂源人也，字能。吾爱诗词和古文。年少时无书读，求学后自奋发。为人师我之乐也，吾生奋自强，皆比为师强。"

学生哄然大笑："张能，老师叫张能。老师，我们现在还不如你，你别那么谦虚好不好？"我的课堂让笑声飘扬。

学生吵嚷着纷纷自我介绍起来。其中张恩泽的介绍很长，在我的现场引导下，居然形成了下文：

吾

吾乃张恩泽也，年方十一，学生矣。读书不辍，不读则忘。吾爱《魔法手指》，此书讲："有一女孩，生有魔法，曾把一人变猫，四人变鸽。"作者乃罗尔德·达尔也，我亦渴望魔法附身。

吾甚活泼，然遇外人则少言寡语。吾想好学，然力不足焉，因吾甚爱玩也，吾定改之。

文：陈涉少时，尝与人佣耕，辍耕之垄上，怅恨久之，曰："苟富贵，无相忘。"

师：陈胜、吴广，何许人也？

四年级时，班内掀起一股读历史的热潮，同学们很快就明白了陈胜、吴广作为秦末农民起义领袖的历史。

师：像陈胜、吴广这样年青不得志，后来却很有作为的人不在少数。你还知道哪些？

学生陆续说出了胯下受辱后征战四方的韩信、浑小子刘邦、要饭皇帝朱元璋、卖草鞋的刘备等人的故事。

文：陈涉太息曰："嗟乎！燕雀安知鸿鹄之志哉！"

师：燕雀，这里指谁？鸿鹄，指谁？为什么说他们是燕雀？

学生结合前文谈出了胸无大志、目光短浅、逆来顺受、不图思变的其他佣人就是燕雀。我总结说，不是人人都可当鸿鹄的，穷则独善其身，达则兼济天下。这些佣人独善其身是无可厚非的。

师：你知道哪些有鸿鹄之志的人的故事？

学生聊到了项羽看到秦始皇威武地坐在辇车上，便指着说"彼可取而代之"的故事，还谈到了毛泽东的"学不成名誓不还"、周恩来的"为中华之崛起而读书"，总结出人需要"鸿鹄之志"，还需要脚踏实地。

所受的苦难终将化为陈胜、吴广前行的铠甲，而对普通佣人们而言则化为一层痂。然而，终将是非成败转头空，浪花淘尽英雄。中年妇女的我读出的却是这些，多少有些颓废，只可意会，不可言传给学生。

3. "假高尚"介之推

学习古文《介之推不言禄》，理解完意思后，我问学生："你喜欢这篇文章里的介之推吗？"学生异口同声地说："不喜欢。"

学生在我的引导下谈了如下几条，颇有见地。

生："晋侯赏从亡者，介之推不言禄。"那其他的从亡者也不太好意思要，介之推给他们带来了压力，不合群，朋友圈冷清。

生："天实置之，而二三子以为己力，不亦诬乎？"晋侯逃亡，这些从亡者功劳也是很大的，介之推居然都说成是老天保佑，抹杀自己的功劳是高尚，抹杀别人的功劳不可取。

生："窃人之财，犹谓之盗。况贪天之功，以为己力乎？"介之推不但抹杀人家的功绩，还进行人身攻击，实在是有点儿"假高尚"。

生：介之推带着老母亲葬身火海的事情更是广为世人诟病，当介之推的老母亲实在是太苦了，不但衣食无着落，还得隐身山林葬身火海，实在是大不孝。

我再问，介之推如何既保持自己的清高，还能保得性命，养得老母？学生纷纷给介之推出主意。

我总结："由此，我们学习古文，自己的思考最重要，尽信书不如无书，弃其糟粕，取其精华才是学习之道矣。"

十二、《草船借箭》群文读写教学设计

（一）文本

五年级下册第二单元第5课《草船借箭》。

（二）教学目标

（1）运用两种方法概括课文大意。

（2）运用批注，感受人物形象。

（3）对话朗读，补充人物心理、动作、神情等，提升对人物特点的感受。

（4）补充阅读相关材料，丰富对名著的认识，激发阅读整本书的兴趣。

（三）教学过程

1. 第一板块：了解背景，导入新课

（1）假期大家都读了《三国演义》，用简洁的话讲讲你的收获。

（2）整本书简介：《三国演义》是讲述魏（曹操）、蜀（刘备）、吴（孙权）三国的兴起和衰败的故事。

（3）补充草船借箭的背景，引出课题。

三国鼎立形成之前，魏、蜀、吴三国都在蓄势待发。赤壁之战标志着三国鼎立的形成。已经统一北方的曹操，带着大军攻打蜀国的刘备。因为煮酒论英雄，曹操把刘备看作英雄。势单力薄的刘备与江东的孙权联合起来，在策划的赤壁之战中大败曹军。

今天学习的《草船借箭》就是赤壁之战中的一个小插曲。（出示图片：诸葛亮与鲁肃推杯换盏、谈笑风生的场景）

2. 第二板块：两种方法概括课文大意

（1）扩充题目法：让学生尝试说，然后根据提示再说。出示：

时间：赤壁之战时；

地点：江边；

人物：诸葛亮＋鲁肃＋曹操＋周瑜；

事件：借箭。

（2）补充三要素法：概括起因、经过、结果。

（3）总结：把厚书读薄，需要大家不断提升概括能力。这两个方法要多加练习。

3. 第三板块——分人物朗读课文，品味人物特点

（1）赏析"妒忌"：寻找近义词—毛宗岗的批注—了解毛宗岗—品味"妒

忌"。出示：

　　毛宗岗批注：妒其才高于周瑜，忌诸葛亮有害于吴。妒为私，忌为公。周瑜心中，左右为难。

　　毛宗岗：清初文学批评家，评点本《三国演义》闻名于世。

　　（2）分人物读课文：读全所有这个人物的描写，体会他的性格特点。在书上做批注。

　　交流：分人物交流，周瑜—鲁肃—诸葛亮—曹操，补充内容并朗读。

　　4. 第四板块——朗读四次对话，走进人物内心

　　（1）课文的特点是用对话推进故事发展，直接的对话有四组，借箭前三组，借箭中一组。课文中直接写了人物对话，几乎没有对人物心理活动、动作、表情的描写。提升一下学习的要求：既得读好对话，还得揣摩人物的内心活动。

　　（2）老师做示范。

　　（3）周瑜—诸葛亮：同桌两人分角色读，揣摩心理。

　　（4）周瑜—鲁肃：主仆二人的对话气氛就融洽得多，人物的话也长了。师生合作后自己读，个别展示。

　　（5）诸葛亮—鲁肃：这次对话也意味深长，谁来挑战？

　　（6）诸葛亮—鲁肃：大雾弥漫、锣鼓喧天去取箭，人的心情都紧张，所以说话也很简短。我们通过加提示语的方法来揣摩。老师示范后，同桌互说。

　　（7）总结：读好人物的对话，揣摩内心活动是赏读名著人物的好方法。

　　5. 第五板块——梳理文脉，提升认识

　　（1）诸葛亮草船借的只是箭吗？他还借了很多东西。梳理文章，形成以下思维导图（图6-3）。

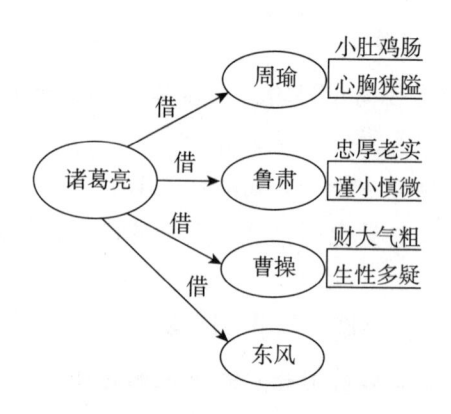

```
                    小肚鸡肠
            ┌→ 周瑜  心胸狭隘
         借 │
            │       忠厚老实
         借 ├→ 鲁肃  谨小慎微
  诸葛亮 ───┤
         借 │       财大气粗
            ├→ 曹操  生性多疑
         借 │
            └→ 东风
```

图 6-3 《草船借箭》思维导图

（2）总结：对于情节复杂的小说，建议大家用做思维导图的方法来梳理情节，不断提高自己的概括能力。

（3）拓展：题目中一个"借"字大有讲究，读毛宗岗的论述。出示：

毛宗岗批摘：

诸葛亮用计之妙，善于用借。

破曹军者，借江东之兵；

助江东者，借曹军之箭：

借于东又借于北也。

取箭者，借鲁肃之舟；

疑操者，借一江之雾：

是借于人又借于天也。

兵可借，箭可借，

东风亦可借，

无不可借矣。

（4）总结：四大名著不太好懂，建议大家读一点儿评论家的评论，有助于理解。

6. 第六板块——歇后语＋文学作品

（1）三国故事的广为流传，延伸出了好多歇后语，只《草船借箭》这一课就很多。生交流后读老师补充的。出示：

草船借箭——巧借东风

草船借箭——满载而归

草船借箭——有借无还

草船借箭——用的是疑兵之计

鲁肃上了孔明的船——糊里糊涂

（2）历史上英雄人物的多面性：赏读古诗词，品英雄人物。出示：
白骨露于野，千里无鸡鸣。生民百遗一，念之断人肠。

——曹操《蒿里行》

老骥伏枥，志在千里；烈士暮年，壮心不已。

——曹操《龟虽寿》

山不厌高，海不厌深。周公吐哺，天下归心。

——曹操《短歌行》

师：多面曹操——这是一个爱民如子的曹操；这是一个不服老、志在千里的曹操；这是一个求贤若渴、爱惜人才的曹操。（生根据提示朗读诗句）

豪情周瑜——这是雄姿英发、百战百胜的周瑜。出示：
烈火张天照云海，周瑜于此破曹公。

——李白《赤壁歌送别》

遥想公瑾当年，小乔初嫁了，雄姿英发。羽扇纶巾，谈笑间，樯橹灰飞烟灭。

——苏轼《念奴娇·赤壁怀古》

鞠躬尽瘁的丞相——下面这两首诗描写的是鞠躬尽瘁、一心为公的诸葛亮。出示：
三顾频烦天下计，两朝开济老臣心。出师未捷身先死，长使英雄泪满襟。

——杜甫《蜀相》

出师一表真名世，千载谁堪伯仲间。

——陆游《书愤》

（3）总结：看名著，更希望大家积累跟名著有关的其他作品，丰富认识。当然，还有好看的电视剧等着你去欣赏、比较，我们在电视剧《三国演义》的主题曲中结束这节课。

滚滚长江东逝水，浪花淘尽英雄。是非成败转头空。青山依旧在，几度夕阳红。白发渔樵江渚上，惯看秋月春风。一壶浊酒喜相逢。古今多少事，都付笑谈中。

——《三国演义》主题曲

附学生写的《三国演义》读后感：

莫问英雄苦

东汉末年，皇帝昏庸无能，天下大乱，出现了魏、蜀、吴三国鼎立的局面。魏国兵多将广，以曹操为首的官员挟天子以令诸侯，取得了政治上的优势，他身边有张辽、徐晃、曹洪、张郃等大将，多年征战后统一了长江以北。东吴以孙权为首，有周瑜、吕蒙、陆逊等猛将，占据了富庶的江东，并且凭借长江天险和曹操对抗到了最后。刘备的地盘是西川，简称蜀汉，有关羽、张飞、赵云、黄忠和马超这五位上将，个个英勇善战。此外还有足智多谋、鞠躬尽瘁的诸葛亮。应该说刘备的江山一半靠诸葛亮，一半靠五虎上将。多年后，曹操、刘备、孙权等纷纷去世，魏国司马炎统一了天下，改国号为晋。

我对《三国演义》中的一个故事深有感触，因为我和主人公犯过同样的错误。马谡不听诸葛亮的劝告，自以为是，把大寨扎到了山上，困自己于弹丸之地，后来魏国十万大军把大山团团围住，马谡大军拼死突围，死伤无数，惨败而归。我也经常像马谡一样不听老师的建议，比如做数学题时一定要画图，我为了省劲经常省略掉这一步骤，结果频频丢分。

"三顾频烦天下计，两朝开济老臣心。"诸葛亮，是我非常喜欢的人物之一，我禁不住联想到了管仲，他们都足智多谋，并且尽心尽力地辅佐君主。诸葛亮为刘备出谋划策，打仗百战不殆，帮助刘备当上了汉中王，是刘备的得力助手。春秋时期，虽然齐国在长勺之战中被鲁国打败，但齐桓公和管仲不放弃，管仲出了许多妙计，齐国的经济实力、军事实力一跃而起，别的国家心服口服，自此齐国称霸天下。由此可见，得一人得天下不是吹的，天下真有此等奇人。

三国时期的英雄数不胜数，真是太多了，也留下了一系列引人入胜的故事。关羽忠心耿耿，不管曹操对他多么好，关羽还是过五关斩六将回到刘备身边，留下了千里走单骑的美名；赵云英勇过人，单枪匹马救下刘备的妻子和孩子；关羽和张飞兄弟情深，关羽死后，张飞心痛不已，恨不得把自己变成一支箭射到孙权身上为关羽报仇。纷繁乱世充满了生离死别，也造就了无数英雄。

  这些英雄故事，细读荡气回肠，浮想联翩。我若有匹战马，定要手执长剑驰骋沙场。莫问英雄苦，只看英雄书。

  打开《三国演义》，体验一把真英雄。

（崔家润）

十三、从《威尼斯的小艇》到《家乡的石碾》

  文本：五年级下册第18课《威尼斯的小艇》。

  "足下万里，移步换景，寰宇纷呈万花筒"是第六单元的导语，本单元以《威尼斯的小艇》《牧场之国》《金字塔》为读本承载着"体会静态描写和动态描写的表达效果"的单元训练任务。其中《威尼斯的小艇》一课，层次分明地介绍了小艇与威尼斯人息息相关的三个方面，我们在阅读中梳理出文本结构，如6-4所示。

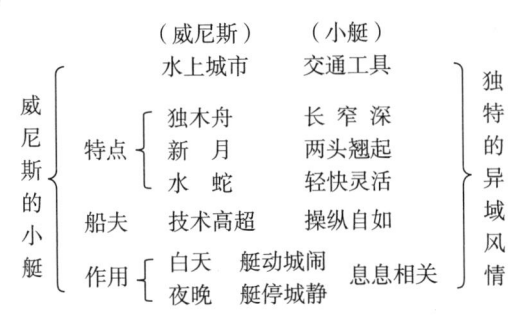

```
                    （威尼斯）  （小艇）
                    水上城市    交通工具
                          ┌ 独木舟    长窄深 ┐
                    特点 ┤ 新  月    两头翘起 │ 独
威                       └ 水  蛇    轻快灵活 │ 特
尼                                            │ 的
斯  ┤ 船夫  技术高超    操纵自如              │ 异
的                                            │ 域
小                       ┌ 白天  艇动城闹 ┐   │ 风
艇                  作用 ┤                │ 息息相关 情
                         └ 夜晚  艇停城静 ┘
```

图6-4 《威尼斯的小艇》思维导图

  为了落实单元要素，我们依据此课提纲改写了《家乡的石碾》提纲，如图6-5所示。因为学生都见过石碾，很多同学推过石碾，通过练笔进一步体会对同一事物进行静态描写和动态描写的不同表达效果。学生因为有切身体会，写出了一篇篇美文。

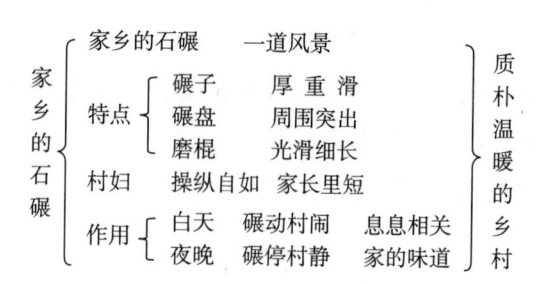

```
                 ┌ 家乡的石碾    一道风景                        ┐
                 │        ┌ 碾子   厚重滑                       │ 质
         家      │ 特点 ┤ 碾盘   周围突出                        │ 朴
         乡      │        └ 磨棍   光滑细长                      │ 温
         的    ┤                                                ├ 暖
         石      │ 村妇   操纵自如   家长里短                      │ 的
         碾      │        ┌ 白天   碾动村闹   息息相关            │ 乡
                 │ 作用 ┤                                        │ 村
                 └       └ 夜晚   碾停村静   家的味道             ┘
```

图 6-5 《家乡的石碾》思维导图

附学生习作：

家乡的石碾

我的老家附近有台石碾，每逢周末或假期，我都喜欢回到老家，跟着爷爷奶奶在石碾周围享受乡村生活的恬静。石碾是乡村生活的一道风景，它与人们的生活息息相关，更是父老乡亲生活中的必需品，也是与人们朝夕相伴的朋友。

石碾又厚又重，像大象的身体那样结实沉重。石碾的表面又滑又凉，大概是长年累月的使用，才把原来凹凸不平的表面磨到了现在这么光滑。

别看石碾那么厚实，但推起来却异常轻快灵活。吱吱扭扭的推碾声和远处叽叽喳喳的鸟叫声混杂在一起，像一首晨曲，划破了宁静的气氛，开启了美好的一天。

乡村里，人人都会推碾，而且技艺高超。你看那位阿姨，背上背着娃娃，用肚子推着碾子，手不停地在碾盘上划扫着，吱吱扭扭，吱吱扭扭，一圈又一圈。孩子在背上也吱吱呀呀的，似乎在为妈妈加油！

清晨，伴着第一缕微光，碾子边又响起了一阵阵音乐，是谁这么早起来碾米呢？原来是一位中年妇女趁着淘气的宝宝熟睡的时间，急急忙忙地准备一天的伙食。夜幕渐渐落下，石碾边又传来清晰的话语："明天，儿孙们回来，得赶紧碾点儿米，他们走的时候拿着……"

天渐渐黑了，石碾边也静寂了下来。星星把寂寞的天空照得更亮了，石碾在微风的吹拂下也沉沉入睡了。石碾是家乡发展的见证人，它忠实地记录着每家每户的生活变化。我想，如果石碾会说话，它知道的故事一定很精彩。

我热爱家乡的恬静，喜欢石碾旁的温馨。因为那里有浓浓的乡情和甜甜的爱意。

（徐靖雯）

十四、为小学作跋，给未来写序

——"我们的小学生活"综合实践活动总体设计

我们将要告别美丽的母校，告别朝夕相处的老师、同学，带着依依不舍的深情，开启一段崭新的旅程。临近毕业，让我们展开回忆和赞美的翅膀，通过一系列的语文活动展示我们的小学生活吧！

第一篇章：同学情深。
（1）写一个自己最要好的同学，写出他的特点。
（2）同学间互相写赠言。
（3）选择与同学合影的照片，写背后的故事，学写小标题。

第二篇章：师恩难忘。
（1）写一个自己最喜欢的老师，写出他的特点。
（2）搜集老师给你写过的评语。
（3）写出老师与你的精彩瞬间（照片）背后的故事，学加小标题。
（4）给老师写赠言。

第三篇章：盘点我的小学生活。
采用多种形式记录自己的小学生活，如时间轴、手抄报、图片配文字、视频、PPT、思维导图等。

第四篇章：我为母校做点儿事。
可以写倡议书、建议书，可以为母校做次美化活动，可以给低年级的同学上次课，或捐赠一本有价值的书等，并把活动过程通过照片和文字的形式记录下来。

第五篇章：毕业联欢会的设计。
（1）班委制订联欢会的方案，做好人员分工，选出节目主持人，写好节目串词。

（2）"我的联欢，我参与"具体实施。

以上内容将在今后一段时间内陆续做起来，希望大家以一颗真诚的童心和一支生花妙笔为童年留影，为童年喝彩！

（一）第一板块：我的小学生活——关键词

5年的时间过得真快，丰富多彩的校园生活历历在目，令人难以忘怀，大家的内心充满祝愿。

1. 根据提示写出成语

（1）表示时间易逝的。
（2）表达同学情谊深厚的。
（3）表现老师教导的。
（4）祝愿同学的。
（5）祝福老师的。
（6）敬祝母校的。
（7）鞭策自己的。

2. 根据提示写诗句

（1）表示时间易逝的。
（2）表达同学情谊深厚的。
（3）赞美老师教导的。
（4）祝愿同学的。
（5）祝福老师的。
（6）敬祝母校的。
（7）鞭策自己的。

3. 根据提示写精彩的比喻句、夸张句或排比句等

（1）表示时间易逝的。
（2）表达同学情谊深厚的。
（3）赞美老师教导的。
（4）祝愿同学的。

（5）祝福老师的。

（6）敬祝母校的。

（7）鞭策自己的。

（二）第二板块：同学情深

一条小木凳，一张小木桌，伴随着你我度过童年的岁月。同一间教室走出的你我，流光的岁月把我们分开了，但永远分不开的是我们彼此的情谊。带上一颗真诚的心和发现美好的眼睛，选择一位自己最要好的同学写一写，争取写出他的特点。

参考题目："我的知己""我的闺蜜""告好友自白书""我最要好的同学""我和他的那点事儿"等。

同学之情——"笑"：微笑是最美的语言。临近分别，我们最应该记住的是美好，是微笑，是温暖。阅读补充文本《忘不了的笑声》后，你是不是也禁不住想写一写我班"活宝"们的笑声了？

片段练写那些魔性的"笑"。徐琰博是笑话大王，冷笑话层出不穷；崔宸睿的笑只见笑脸，不闻笑声；张浩宇的笑野性十足；卜令轩的笑豪放、率真。可以运用的构段方法有总分段式或分总段式。

尝试运用的写法有描写法（你看到的、听到的、想到的）和反语法（用反语的方法表达喜爱之情），或者把二者合一更好。

（三）第三板块：师恩难忘

老师——您如春天中的细雨，
滋润着花儿，灌溉着大地，
而我们吮吸着细雨茁壮成长。
老师——您如秋天里的一丝风，
吹黄了大地，唤金了稻谷，
而我们得到了丰收的硕果。
老师——
在我成长的人生道路上，
是您为我点燃了一盏照亮前行之路的灯

……

带上一颗真诚的心和发现美好的眼睛,选择一位自己最喜欢的老师写一写,争取写出他的特点。

参考题目:"我的疯狂'老班'""Maths 老师的文学梦""会唱歌的体育老师"等。

(四)第四板块:我的小学生活掠影

(1)可以用纪念成长册的形式整理,也可以用写文章的形式呈现。

(2)"我的小学生活掠影"练写要点:

可尝试运用的写法:散点扫描法、具体事例法、首尾呼应法等。

布局谋篇:分 5 段,第一段简单总写;第二段散点扫描;第三、四段写具体事例;第五段呼应开头,抒发情感。

参考题目:"丰富的小学生活""麻辣小学生活""怪味小学生活""小学生活交响曲""小学生活的特写镜头""小学生活串串烧"等。

(五)第五板块:《给校长的建议》练笔

阅读文本《给校长的建议》一文,我们也来给母校留下一份中肯的建议吧!

第一步:选材——选取你认为学校最应该改进的一方面来写,选择的方面应是学校在短时间内可完成的、比较符合实际的,如:更换可调节的桌椅;丰富课程设置,开发一些有意义的活动;定期让家长来听课;拓展读书场所,丰富藏书;等等。

第二步:布局谋篇——借鉴例文《给校长的建议》的构段特点,确定每段的写作要点,可以用思维导图或列提纲的方式布局谋篇。注意建议书的格式。

参考:围绕更换可调节的桌椅一事构思如下。

第一自然段:即将毕业,感激母校培育,提出明确建议——更换可调节的桌椅。

第二自然段:分析当前学生使用的课桌椅现状(坑坑洼洼、高度一致、桌洞太小等)。

第三自然段：过渡段。

第四至六（七）自然段：提出具体措施，每段一条，如资金问题、桌椅保护问题等。

最后一段：希望建议被采纳，祝福语。

写在后面：每次送毕业班，我都会以最后一个单元"我们的小学生活"这一综合性实践活动为载体，以语文的方式唱响对童年的赞歌，点赞每一个孩子，感恩孩子们的陪伴，也引导他们用语文的方式去感恩同学、感恩老师、感恩学校，总结童年。小学教师是最幸福的，与童心相伴，与童年同行，定不负每朵盛开的花。